Über dieses Buch

Wie kommt man als gewöhnlicher Karl-Heinz Schmidt oder als einfache Anna Krause voran? Wie schafft man sich klangvollere Namen, eine gute Adresse, einen imposanten Background? Wie rangelt man sich empor in die Crème de la crème? Und was wird, hat man es endlich geschafft, dann noch von einem erwartet? Ist es wirklich lustig, »o« zu sein? Oder nur so, wie es ein Lord bei Oscar Wilde beschrieben hat: »Dabei zu sein, dazuzugehören, ist ziemlich öde, manchmal sogar gräßlich langweilig, aber nicht dabei zu sein, nicht dazuzugehören, das ist geradezu eine Tragödie, einfach schauderhaft!«

O wie oben gibt anhand vieler Anekdoten und Beispiele Anleitungen für Manager- wie für Bettkarrieren, beantwortet Fragen aller Art: wie man sich einen Namen macht, wo man wohnt, wie man lebt, und vor allem, wie man es schafft, anerkanntermaßen *»in«* zu sein. Und natürlich wird auch – anhand erfolgreicher Lebensläufe – genau erklärt, wie man anderen deutlich macht, daß man »o« ist, o wie oben ...

Bernt Engelmann hat dieses reportierende Buch 1971 abgeschlossen. Es wird in der Taschenbuchausgabe bewußt unverändert vorgelegt, denn alle biographischen Angaben und Mitteilungen über Einfluß und Vermögen zu aktualisieren hätte bedeutet, daß das Buch weitgehend neu zu schreiben gewesen wäre. Der Leser möge sich also dieser und jener möglichen Veränderung im Detail bewußt sein (auch einiger Todesfälle unter der hier erwähnten Prominenz) – die Beispiele behalten ihre Gültigkeit.

Über den Autor

Der Autor Bernt Engelmann wurde 1921 in Berlin geboren. Der Krieg begann für ihn bei der Luftwaffe und endete in Dachau. Er studierte dann Jura, Literatur und Soziologie, war sieben Jahre Korrespondent beim SPIEGEL und später Fernsehjournalist beim »Panorama« (NDR). Von seinen zahlreichen zeitkritischen Büchern hat der Bestseller »Meine Freunde, die Millionäre« eine Auflage von mehr als 200 000 Exemplaren erreicht. Bernt Engelmann lebt mit seiner Familie in Rottach-Egern.

Bernt Engelmann

O wie oben

Wie man es schafft, ganz O zu sein

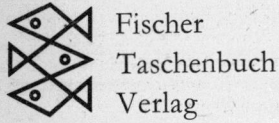
Fischer
Taschenbuch
Verlag

Fischer Taschenbuch Verlag
1.–17. Tausend: März 1974
18.–25. Tausend: April 1975
Ungekürzte Ausgabe

Umschlagentwurf: Christoph Laeis

Fischer Taschenbuch Verlag GmbH, Frankfurt am Main
Lizenzausgabe mit freundlicher Genehmigung
des Verlages Hoffmann und Campe, Hamburg
© 1971 bei Verlag Hoffmann und Campe, Hamburg
Alle Rechte vorbehalten
Gesamtherstellung: Hanseatische Druckanstalt GmbH, Hamburg
Printed in Germany
ISBN 3 436 01870 8

Für meine Prinzessin »aus dem Persilkarton«

Dabei zu sein, dazuzugehören, ist ziemlich öde, manchmal sogar gräßlich langweilig. Aber nicht dabei zu sein, nicht dazuzugehören, das ist geradezu eine Tragödie, ja einfach schauderhaft.

Oscar Wilde

Inhalt

Countdown zum Senkrechtstart

Wie steigt man auf? Wie bleibt man oben? Wie wird man *in*? Diese Fragen beschäftigen – unabhängig von Nationalität, Hautfarbe, Religion, Stand oder Geschlecht – Menschen in aller Welt, Klein- und Großverdiener gleichermaßen, bei Tag und besonders bei Nacht.

Doch während etwa ein tibetanischer Lama vorwiegend mit den Aufstiegschancen seiner Seele beschäftigt ist (oder doch sein sollte), wird ein Post-Supernumerar in Imst (Tirol) zunächst sein Avancement zum etatmäßigen Inspektor (mit Ortsklassenzuschlag) beim Telegraphenbauamt Innsbruck ins Auge fassen, alsdann eine Verehelichung mit der stattlichen Gastwirtswitwe in Matrei, den damit verbundenen Platz am Honoratioren-Stammtisch und die sich daraus automatisch ergebende Kandidatur für den Gemeinderat.

Ein gertenschlanker, jedoch an den entscheidenden Stellen bereits wohlgerundeter Backfisch in Kankan, Volksrepublik Guinea, mag Betrachtungen darüber anstellen, ob eine junge Dame wie sie besser – »Bleib im Land und nähre dich redlich!« – Konkubine des Herrn Distriktsgerichtspräsidenten werden, die mit diesem Posten verbundene Planstelle im Staatssekretariat für Sport, Verkehr und Geburtenkontrolle einnehmen und so in die Hautevolée der Landesmetropole aufsteigen oder lieber versuchen sollte, die schon bestehenden und sporadisch sehr intimen Beziehungen zu fast allen Offizieren der 2. motorisierten Gardekavallerie-Grenzsicherungsbrigade zu einer raschen Republikflucht und anschließendem Senkrechtstart (aus der Horizontalen!) im »Chat noir«, dem elegantesten Nachtclub der benachbarten, steinreichen Elfenbeinküste, zu benutzen, wo einer erstklassigen *»Stripteaseuse«* wie ihr nicht nur ein hochdotiertes Jahresengagement winkt, sondern auch, sozusagen, alle Türen offenstehen ...

Und der neunundzwanzigjährige Versandhaus-Mitarbeiter Karl-Heinz P. aus Köln-Nippes, der vermittels Kleinanzeige – »spät. Heir. ncht. ausgeschl.!« – mit einer Vielzahl von Damen unterschiedlichen Alters und Vermögens in regen Briefwechsel getreten ist, ersehnt sich womöglich vorerst nur eine Versetzung vom Packtisch VII zum Packtisch I (was ihm, neben Prestigegewinn, auch endlich Gelegenheit verschaffte, in der Mittagspause die private Post durch den Firmenfreistempler laufen zu lassen).

Andere haben weit ehrgeizigere Träume: Clarissa Ethel B., 16, zur Zeit noch auf dem – ungemein vornehmen und, wie Clarissa sagt, »unheimlich exklusiven« – Mädchen-College von Heathfield bei Ascot, Grafschaft Berkshire, England, hofft beispielsweise zuversichtlich, daß ihr der durch immens erfolgreiche Transaktionen auf dem Schrott- und Müll-Sektor erworbene Reichtum ihres aus den Slums des Londoner East-End aufgestiegenen Vaters in der kommenden Saison (sprich: ssihsen) die Lancierung als »Deb«(ütantin) erlauben wird, alsdann die Vermählung (auf altmodische Weise in St. George's, Hanover Square, anschließend Empfang im Hause 55, Park Lane) mit dem ehrenwerten Archibald T.-B., einem knapp dreißigjährigen, »unheimlich gutaussehenden«, homophilen, nahezu mittellosen und auch »unheimlich« hoch verschuldeten, doch – wie er selbst meint – noch durchaus sanierungsfähigen Society-Lichtbildner und Titelerben, wodurch Clarissa die Schwiegertochter eines hochbetagten Pairs von England, Großcousine Ihrer Majestät und Nichte mindestens dreier Herzoginnen werden, auch im Nu Anschluß an supermondäne Cliquen und den internationalen Jet Set finden könnte.

Der sechsundzwanzigjährige Giovanni Giuseppe (»Gigi«) S., verzärteltes einziges Söhnchen eines – durch seine permanent glückliche Hand bei Bodenspekulationen, glänzende Beziehungen zum maßgebenden Finanzberater des Heiligen Stuhls sowie durch Errichtung von Trabantenstädten in Leichtestbauweise – zu sehr stattlichem Vermögen gekommenen römischen Bauunternehmers, erwartet sehnsüchtig seine endliche Ernennung zum *gentiluomo** eines (mit Papa geschäftlich eng zusammenarbeitenden) Kurienkardinals sowie die Berufung eines zuverlässigen Onkels mütterlicherseits in den Aufsichtsrat des (vom Vatikan mitkontrollierten) *Banco di Santo Spirito*, beides unabdingbare Voraussetzungen für seine eigene eheliche Verbindung mit einer zwar erheblich älteren, sehr hageren, habichtsnasigen und ungemein arroganten, aber mit gewaltigen Latifundien und riesigen (von besagter Heiliggeistbank verwalteten) Aktienpaketen gesegneten Principessa, die »Gigi« zu arbeits- und mühelosem Einkommen, höchstem gesellschaftlichen Ansehen und lebenslänglichem Dolce Vita verhelfen könnte, ohne ihn allzusehr zu strapazieren, sind bei ihr doch alle ungeraden Kalendertage außerhalb der Fastenzeit lesbischen Neigungen vorbehalten.

Und der in Ehren ergraute Toilettenpapierfabrikant H. K. in Mainz-Gonsenheim, den wir in Anbetracht der hohen Qualität (»Jede Rolle ein Präsent!«) und des Weltrufs seiner (in geheimnisvoller Abbreviatur mit »HaKle« signierten) Produkte auch gleich mit vollem Namen und Titel als Herrn Generalkonsul Senator Hans Klenk vorstellen können, mag vielleicht davon träumen, die nächste rauschende Bundespresseballnacht nicht bloß im kargen Schmuck seines Großen Bundesverdienstkreuzes, seines

---

* Edelmann; eine ziemlich kostspielige, weil zur Bestreitung der sehr hohen Repräsentationsausgaben des betreffenden Kirchenfürsten verpflichtende Würde, deren Abschaffung bevorsteht, so daß Gigis Ungeduld doppelt begreiflich ist.

Comendador-Kreuzes von Panama sowie der Ritterkreuze des Königreichs Belgien und der Republik Italien zu verbringen, sondern bis dahin auch – wie sein Rollen-Konkurrent, der »Quelle«-Versandhändler und Vereinigte Papierwerke-Alleininhaber Konsul Dr. oec. h. c. Gustav Schickedanz – den begehrten, ungemein dekorativen und gesellschaftlich anhebenden St. Marcus-Orden des Patriarchen von Alexandria und Gesamtafrika anlegen zu können.

Alle streben nach oben, wenn auch auf sehr verschiedene Weise und mit (allerdings nur scheinbar) stark voneinander abweichenden Zielen: Was der einen die bewundernden, vornehmlich auf ihre prallen, sozusagen ins Auge springenden Rundungen gerichteten Blicke zahlungskräftiger Stammkunden des »Chat noir« sind (und die mit solcher Anerkennung wachsenden Chancen für einen raschen Aufstieg in die *Crème de la crème*, wenn auch nur die der Elfenbeinküste), das ist der anderen eine Einladung zu einem Teestündchen in »Buck House«*, wo es weit weniger aufregend zugeht als im »Chat noir«, und die Würdigung dieses bedeutsamen Ereignisses durch eine Dreizeilennotiz in den Hofchroniken angesehener Morgenblätter, (die dann von der gesamten britischen High Society nebst Anhang und Gesinde stirnrunzelnd zur Kenntnis und alsdann – mit unterschiedlich starkem Enthusiasmus – von Diplomatenfrauen, sozial eingestellten Herzoginnen, Veranstaltern von Modeschauen und Sekretären ambitionierter Clubs zum Anlaß genommen wird, die nun offensichtlich auch zur guten Gesellschaft zählende junge Dame künftig ebenfalls einzuladen). Und für den ehrbaren Fabrikanten einer in zivilisierten Kreisen zwar unentbehrlichen, wohl auch im stillen ob ihrer Qualität geschätzten, aber öffentlich kaum hinreichend gerühmten Ware von der Art jener schlichten, nur nach Ansicht ihres Herstellers als repräsentatives Geschenk bei festlichen Anlässen geeigneten Papierrollen mag es ähnlich erstrebenswert sein, mehr sichtbare Anerkennung – und sei es auch nur die des Patriarchen von Alexandria und Gesamtafrika – zu finden, wie für den römischen Playboy die endliche Vermählung mit der vielseitigen Principessa, selbst wenn ihm diese keine Millionen mit in die Ehe brächte, sondern nur ihre Blutsverwandtschaft mit neun Päpsten des Mittelalters, dreiundvierzig Kardinälen und siebenundzwanzig – nur zum geringsten Teil apokryphen – Heiligen . . .
Im Grunde wollen alle dasselbe: heraus aus ihrem, wie sie finden, allzu plebejischen Milieu! Sie möchten zu den Vornehmsten, zur

---

* So nennen Leute, die dort gesellschaftlich verkehren, Buckingham Palace, die Londoner Residenz Ihrer Majestät Elizabeth II. Allenfalls die dort beschäftigten rund 200 Domestiken, einige Hoflieferanten (noch) bürgerlichen Standes sowie die am Hofe von St. James akkreditierten US-amerikanischen Diplomaten, wenn man sie so nennen mag, sprechen mit scheinbarer Selbstverständlichkeit von »The Palace«, was wiederum Angehörige der britischen Oberschicht erschaudern und an ein Kino, Revuetheater oder Varieté denken läßt.

unangezweifelten Elite gehören. Sie lechzen nach Prestige und wollen, wie man es heutzutage nach angelsächsischer Manier zu nennen beliebt, »*in*« sein, ganz und gar »*in*« . . .!
Und was stellen sie sich darunter vor?

Nun, das ist – je nach Ausgangslage, Erhitzungsgrad der Phantasie und manchen anderen Umständen – sehr verschieden und läßt sich am besten an zwei Beispielen erläutern, einem weiblichen und einem männlichen. Wenn diese auch – weniger aus Rücksicht auf die Gefühle der Betreffenden, was eines Senkrechtstarters, erst recht desjenigen, der Anleitungen für steile Karrieren geben will, unwürdig wäre, vielmehr lediglich zur Vermeidung lästiger Prozesse – mindestens insofern als fiktiv bezeichnet werden müssen, als die Namen und andere äußere Erkennungsmerkmale hie und da ein wenig abgeändert wurden, so konnten sie doch ohne wesentliche Korrekturen aller sonstigen Umstände der Wirklichkeit entnommen werden.

Wir stellen diese durchweg sehr erfreulichen, auf die entscheidenden Phasen des steilen gesellschaftlichen Aufstiegs verkürzten Beispiele für *Karrieren, wie man sie sich wünscht*, einmal die einer Dame, zum anderen die eines Herrn, einer systematischen Anleitung voran, nicht zuletzt in der Hoffnung, daß sie so wirken mögen wie Karotten auf ein zögerndes Grautier, nur daß die Leckerbissen dem Interessenten hier keineswegs vorenthalten werden. Im Gegenteil, sie sollen ihn, sozusagen, auf den Geschmack bringen, ihn vertraut machen mit der ganzen Süße des *In*-Seins . . . !

Und noch eines sei bemerkt, das die gelegentlich – speziell im Kapitel *Un-o-iges und wie man es vermeidet* – benutzte fachwissenschaftliche Terminologie betrifft: Während der Ausdruck »*in*« als längst auch in den Sprachschatz noch keineswegs »*in*«-er« Kreise aufgenommen gelten kann und der Begriff des »*In*-age« (sprich: innitsch) keiner besonderen Erläuterung bedarf, weil ja »Image«, neubundesdeutsch wohl mitunter auch »Immitsch« geschrieben, inzwischen zu den bevorzugten Vokabeln eines jeden daran überhaupt Interessierten gehört, ist der Begriff des »O«-Seins bislang nur Persönlichkeiten vertraut, die unzweifelhaft »o« sind, es von der Stunde ihrer Geburt an waren und voraussichtlich auch immer »o« bleiben werden, »o« wie oben.

Der Ruhm, die »O«-Forschung begründet zu haben, gebührt einem Philologen, Professor Alan S. C. Ross, und dieser verdiente Wissenschaftler hat auch die Begriffe des »o« und des »un-o« geprägt. Im Jahre 1954 veröffentlichte er in der finnischen, zu Helsinki vornehmlich in deutscher Sprache erscheinenden Fachzeitschrift »Neuphilologische Mitteilungen« einen Beitrag, betitelt *Linguistic class-indicators in present-day English* (»Sprachliche Merkmale für Klassenzugehörigkeit im Englischen der Gegenwart«), und er definierte darin die von ihm eingeführten Begriffe »*U*« und »*non-U*« etwa wie folgt: »*U*« wie *upper class* bedeutet soviel wie fein, vornehm, erstklassig, anständig, »guter Stall«, den allerbesten Kreisen zugehörig oder dort so üblich, »guten Stil« verratend oder *gentlemanlike*; »non-U« bezeichnet das Gegenteil von »U«, also unfein, vulgär, drittklassig, unanständig, parvenühaft, plebejisch, piefkig, »einfach unmöglich«.

Vielleicht wäre Professor Ross' grundlegender Beitrag der breiten Öffentlichkeit verborgen geblieben, zumal Fachpressestimmen aus Helsinki, selbst die der »Neuphilologischen Mitteilungen«, ja leider oft nicht die ihnen gebührende Aufmerksamkeit finden, hätte sich nicht eine britische Aristokratin, die Honourable Mrs. Peter Rodd, besser bekannt unter ihrem Mädchen- und Schriftstellernamen Nancy Mitford, in der sehr *»U«*igen Zeitschrift *Encounter* des Themas angenommen, die Thesen des Professors Ross kritisch beleuchtet und seine Erkenntnisse noch um einige ihrer eigenen vermehrt. Wir wollen indessen noch einen Schritt weiter gehen und die Ross-Theorie, wenn man sie so nennen kann, auf das deutsche Sprachgebiet ausdehnen, wobei wir für *»U«*, was im Deutschen ja klar nach unten deutet, »o«, für *»non-U«* schlicht »un-o« verwenden. (Es empfiehlt sich, ein gesprochenes »o« durch ein optisch wahrnehmbares Signal zu unterstreichen: Man legt dabei die Spitze des Zeigefingers der erhobenen linken Hand an die des Daumens.)

Jedenfalls gebührt Professor Ross wie auch der Ehrenwerten Mrs. Peter Rodd an dieser Stelle unser respektvoller Dank, verbunden mit der Bitte um Nachsicht, daß wir, über das rein Sprachliche hinaus, Klassenzugehörigkeits-Indikatoren jeder Art – etwa das Tragen von Hosenträgern ohne ein sie verdeckendes Jackett darüber – nicht mehr als Unart, sondern ebenfalls als »un-o« bezeichnen.

So gerüstet wollen wir uns nun zielstrebig in die glanzvolle Sphäre derer begeben, die auf der steilen Leiter zu unbezweifelbarem O-tum schon sehr hoch gestiegen sind, geradezu schwindelerregend hoch, so daß sie ein wenig rasten müssen, ehe sie weiter eilig aufwärtsstreben. Sie – und auch wir – wollen uns ja erst einmal etwas gewöhnen an das noch bevorstehende gänzliche *»in«*- und *»o«*-Sein.

Es darf übrigens nur eine ganze kurze Rast sein, denn von unten drängen sehr viele recht unsanft nach, und andere, die schon höher geklettert waren, rutschen, von oben zurückgetreten, an uns vorbei wieder abwärts, kurz, die Leiter ist kein Platz für besinnliche Verschnaufpausen, auch wenn das erste unserer einführenden Karriere-Beispiele infolge ganz besonders glücklicher Umstände eher das Gegenteil vermuten ließe.

Karrieren wie man sie sich wünscht

a) Serenissima

Frau Magda geschiedene Grünfisch geborene Ploffke, »56 Jahre jung«, wie sie zu sagen pflegt, und einzige Tochter des verewigten Herrn Johannes W. Ploffke, Gelegenheitsarbeiter zu Berlin NO 23, eine alte Freundin des Autors, die ihm sehr ans Herz gewachsen ist und in dessen Œuvre bereits – vielleicht häufiger als angemessen – Erwähnung gefunden hat*, deren Überzeugungen, Pflichtauffassungen, Leitbilder und Ambitionen als typisch für viele schlichte und einsame Frauen gelten können und die bis vor kurzem in den schwarzgekachelten, auch sonst sehr luxuriös ausgestatteten Kellerräumen des Hotels *Esplanade* redlich und bescheiden ihres Amtes als Toilettenpflegerin waltete – zuständig für Damen *und* Herren –, verfolgte jahrelang, obwohl sie sonst, schon berufsbedingt, eher zum Realismus neigte, geradezu phantastisch ehrgeizige Pläne:

Angeregt durch die regelmäßige Lektüre einer ganzen Reihe von Blättern der sogenannten Regenbogenpresse sowie durch das ständige Plätschern, das ihre Arbeitswelt erfüllte und das in ihr die – schon von dem (ihr allerdings unbekannten) Heraklit vertretene – Überzeugung wachrief, daß »alles fließt«, folglich auch einem Kind des Volkes wie ihr, erst recht ihren – teils vor-, teils nachehelichen – Sprößlingen, ein gesellschaftlicher Aufstieg bis in die höchsten Höhen möglich sein müßte, pflegte Frau Grünfisch für sich, wenngleich zunächst nur in ihren Träumen, nichts Geringeres anzustreben als eine Königinmutter-Rolle, wobei sie ihre heranwachsende Jüngste, der sie bereits die anspruchsvollen Vornamen Ira Gracia gegeben hatte, mal als künftige Begum, mal als Schahbanu auf dem Pfauenthron zu sehen beliebte.

Ira Gracia Grünfisch war gerade dem Görenalter entwachsen und besuchte noch die Handelsschule – die Gemahlin Aga Khans III. hatte, bitteschön, sogar bloß als einfache Näherin angefangen! –, und sie war damals bereits von jeglicher erniedrigenden Hausarbeit freigestellt, durfte daheim auf der mit sorgsam geknickten Sofakissen und Teepuppen geschmückten Couch liegen, abwechselnd Weinbrandbohnen und Pfefferminzplätzchen knabbern, sich mit vollendeter Maniküre und Bergen von Romanheftchen die Zeit vertreiben, auf einen Prinzen warten und einen solchen auch – allerdings nur in besseren Tanzpalästen mit Tischtelefon und nicht länger als bis 23 Uhr – allabendlich suchen gehen, wäh-

* Vgl. hierzu Bernt Engelmann, »Meine Freunde, die Millionäre« sowie »Die Macht am Rhein«, Band 2 (Die neuen Reichen).

rend sich ihre Frau Mutter bereits von 22.30 Uhr an daheim in der gemütlichen Wohnküche bei ein, zwei Gläschen »Hautes-Sauternes« vom Streß der, wenn man so sagen darf, Geschäfte einer ungewöhnlich regen, weil naßkalten Herbstsaison erholte, da schüttete eines Tages Fortuna in Gestalt eines sommersprossigen Telegrafenboten ihr Füllhorn über Magda Grünfisch aus und zerschmetterte zugleich ihr bis dahin von ziemlich unrealistischen Träumen erfülltes, doch sorgsam gehegtes Idyll: Durch einen Haupttreffer im Fußball-Toto – bezeichnenderweise nicht im Lotto, worin die Grünfischs ebenfalls ihr Glück allwöchentlich versuchten – kam Frau Magda plötzlich in den Besitz von einer halben Million Mark und damit auch sogleich auf völlig neue Ideen.

Als herzensgute und stets opferbereite Mutter sorgte sie zwar zunächst für ihre Brut: Karl-Egon, Ira Gracias älterer Bruder, der als Metzger arbeitete und – als uneheliches, lange vor der zum Glück nur kurzen Verbindung mit Herrn Grünfisch geborenes Kind – den Namen des Geschlechts der Ploffkes trug, das ohne ihn im Mannesstamm erloschen wäre, bekam – »mit der warmen Hand«, wie Frau Grünfisch mehrmals betonte – bare hunderttausend Mark, wenngleich mit der strengen Auflage, sich damit unverzüglich selbständig zu machen und baldigst zu heiraten, zweckmäßigerweise in ein schon bestehendes und florierendes Geschäft seiner Branche, was er auch tat; für Ira Gracia wurde die gleiche Summe teils mündelsicher angelegt, teils sofort ausgegeben, und zwar für ziemlich aufwendige Garderobe, Accessoires, ein Silberfuchs-Cape sowie das, was Mutter wie Tochter respektvoll »Schliff« nannten und zu dessen Erlangung Ira fortan dreimal wöchentlich die Kurse eines Instituts besuchte, das von einer verwitweten Baronin Zwerchthal-Riesenfeld geleitet wurde. (»Die Rieselfeld«, wie Ira Gracia ihre im übrigen sehr erfolgreiche Lehrmeisterin der Mutter gegenüber zu nennen fortfuhr, bis diese ihr solches mit ungewohnter Strenge verwies, brachte ihrer Schülerin unter anderem nicht nur bei, wie man Herren – nicht Männern, versteht sich – ebenso formvollendet wie ungezwungen und selbstverständlich die – nicht behandschuhte – Rechte zum – nur angedeuteten – Handkuß reicht, auch und gerade wenn die Betreffenden solches gar nicht erwarten; nein, sie erklärte Ira Gracia auch, daß dergleichen, gänzlich unabhängig vom Alter, nur verehelichten Damen gestattet sei, zudem – wie manch andere Frivolität – nur in Ausnahmefällen unter freiem Himmel durchzuführen ...)

Aber Frau Grünfisch trieb solche Mutterliebe nun keineswegs bis zur Selbstverleugnung. Mit den ihr verbliebenen dreihunderttausend Mark verfolgte sie vielmehr auch eigene, sehr ehrgeizige Pläne:

Zu ihren Stammkunden zählte – nicht zuletzt wegen eines chronischen Blasenleidens – ein magerer älterer Herr russischer Herkunft, Emigrant des Jahres 1918, der seine sehr reichlich bemessene Freizeit in den im Winter gutgeheizten, im Sommer angenehm kühlen Schreibzimmern, Lese- und sonstigen, mit bequemen Polstermöbeln ausgestatteten Aufenthaltsräumen des »Esplanade« zu verbringen pflegte und dessen chevalereske Umgangsformen Frau Grünfisch stets entzückt hatten, so daß sie ihm bei Bedarf nicht allein mit ihren Nähkünsten gern behilflich gewesen war, sondern ab und zu auch mit geringen Summen Geldes, die den fast mittellosen, keineswegs zu den Logiergästen des Hotels zählenden, ja gewöhnlich nicht einmal durch irgendeinen, noch so bescheidenen Verzehr zum Aufenthalt im Hause legitimierten Junggesellen instand setzten, sich eine Portion Tee in der »Lounge« genannten Hotelhalle servieren zu lassen und dabei – endlich einmal unbekümmert um die forschenden Blicke des mißtrauischen Geschäftsführers – genießerisch allerlei wehmütigen Erinnerungen an glanzvolle Tage am Zarenhof von St. Petersburg nachzuhängen. Dort hatte er, ein Sproß des ersten Astes der dritten Linie des erlauchten Hauses Lobanow-Rostowsky, das sich in direkter männlicher Stammfolge von dem im Jahre 879 verstorbenen Rurik, dem Begründer des russischen Reiches, herleiten kann, einst sehr glückliche, obzwar in bestimmter Hinsicht auch recht strapaziöse Jugendjahre verbracht – als ein blutjunger, bei der nur wenig älteren Großfürstin Olga im Leibpagendienst stehender Fürst, denn ein solcher war er wie alle Lobanow-Rostowskys, eingetragen in den fünften Teil des nun leider seit mehr als einem halben Jahrhundert stagnierenden russischen Adelsregisters, und als vielumschwärmter Tänzer . . .

Frau Magda Grünfisch, deren Zielstrebigkeit bar jeder Ungeduld war, nahm zunächst nur unbezahlten Urlaub, erwarb ein dunkelblaues Schneiderkostüm, eine doppelreihige Zuchtperlenkette, ein Nerzkollier, eine umfängliche Krokodilledertasche, dazu passende Schuhe sowie einen neuen, sehr vornehm wirkenden Hut, suchte alsdann den Mann ihrer Träume, besagten blasenkranken Fürsten, in dessen möbliertem Zimmer auf und erklärte dem Erschrockenen (der sie erst gar nicht erkannte, nach Aufklärung über die Identität seiner Besucherin zunächst eine Eintreibung der von ihr empfangenen Darlehen befürchtete und schließlich, als sie statt dessen nur von den glücklichen Augenblicken ihrer sporadischen Bekanntschaft schwärmte, völlig verwirrt war), daß sie eine Italienreise mit anschließender Mittelmeer-Kreuzfahrt plane und sich nichts sehnlicher wünsche als seine Begleitung – natürlich, wie Frau Grünfisch eilig hinzufügte, »in allen Ehren«, auch gegen Erstattung seiner gesamten Unkosten und Ausfälle sowie eine Entschädigung für seine Mühe in Höhe von tausend Mark. Fedor Alexandrowitsch – wie er sie bald darauf bat, ihn zu nennen – ließ sich nicht lange drängen; die (Sub-)Repräsentanz einer kaum gefragten Zigarettenmarke russischen Typs, von der er zu leben vorgab, konnte seiner Anwesenheit leicht für ein paar Wochen entraten.

So reisten sie denn nach Venedig, Florenz und Rom, alsdann über Neapel nach Capri, Sizilien, Tunis und zurück über Nizza nach Genua. Schon kurz nach der Besichtigung der Blauen Grotte bat Fürst Fedor Frau Magda, die Seine fürs Leben zu werden. Er war tief gerührt, als sie einwilligte, und wäre sogar bereit gewesen, von seiner ursprünglichen Bedingung – dem Übertritt seiner Verlobten zum orthodoxen Glauben – großzügig abzugehen. Aber die Braut selbst bestand darauf, die Konfession zu wechseln und ihr bis dahin sehr gemäßigtes Luthertum im Interesse der ehelichen Harmonie preiszugeben. Anläßlich ihrer in der russischen Kirche zu Nizza vollzogenen Taufe nahm sie auch neue Vornamen an und hieß fortan Maria Irina Anastasia Iwanowna.

Die Hochzeit fand vierzehn Tage später in München statt – in Gegenwart sehr zahlreicher russischer Emigranten, die ausnahmslos von hohem und höchstem Adel waren und die Braut, aber auch den Bräutigam, auf das herzlichste umarmten und küßten, später enormen Durst entwickelten und nach dem Festmahl bei Walterspiel, dem Restaurant des Hotels *Vier Jahreszeiten*, den Gesellschaftsberichterstattern zuliebe Krakowiak tanzten. Auf besonderen Wunsch der Braut sang ein Donkosaken-Chor vielstimmig das Lied von den Wolgaschiffern, alsdann eine Weise, die von einem Mütterchen und viel rotem Sarafan berichtete. Ein Zigeuner-Trio fiedelte bis zum Morgengrauen, und Brauttochter Ira Gracia, in hellblauem Tüll, erhielt im Verlaufe der rauschenden Ballnacht nicht nur eine Reihe – teilweise ehrender, mindestens aber schmeichelnder – Anträge, die sie aber samt und sonders abwies, da es sich durchweg um recht betagte Herren handelte, sondern auch von ihrem neuen Stiefvater die durch einen etwas feuchten Kuß auf die Stirn besiegelte Zusage, sie in Bälde ebenfalls zur Fürstin zu machen.

Ira, erst zwei Jahre nach der Scheidung ihrer Mutter von dem – inzwischen selig entschlafenen – Herrn Grünfisch geboren, doch bis dahin noch seines Namens teilhaftig, wurde einige Tage später, durch eine einfache Willenserklärung ihres fürstlichen Elternpaares vor dem zuständigen Standesbeamten, »legalisiert«, hieß fortan Ira Gracia Fürstin Lobanow-Rostowsky und durfte sich geschlossene Krönchen in ihre Taschentücher sticken und auf ihre Briefbogen (aus handgeschöpftem Bütten) drucken lassen. Vielleicht finden wir sie sogar demnächst im Gotha oder – wie dieser heute heißt – im »Genealogischen Adelskalender der fürstlichen Häuser« verzeichnet, wenn auch nur in der (von Snobs als »unelegant« abgetanen) dritten Abteilung, dort aber immerhin vereint mit »anderen, nicht souveränen europäischen Fürstenhäusern« wie etwa den Battenbergs (Mountbatten), den Bismarcks, den Henckel-Donnersmarcks oder auch zahlreichen britischen und französischen Herzogshäusern, spanischen Granden, morganatischen und illegitimen Abkömmlingen großer wie kleiner Potentaten sowie italienischen Hocharistokraten, die ihre Titel vornehmlich der Vetternwirtschaft diverser Heiligkeiten verdanken.

Wenige Monate nach der Vermählung der Frau Magda, geborenen Ploffke, geschiedenen Grünfisch mit Seiner Durchlaucht und wahrscheinlich infolge eines plötzlichen Übermaßes an allzu lange entbehrten leiblichen Genüssen aller Art segnete Fürst Fedor das Zeitliche. Ihre Durchlaucht die Fürstin-Witwe und die gerade siebzehnjährige Ira (die es übrigens vorzog, in Abweichung von den strengen Hausgesetzen der Lobanow-Rostowskys, *Prinzessin* Ira genannt zu werden, weil der ihr rechtmäßig zustehende Titel einer Fürstin sie, wie sie meinte, zu alt machte) zogen bald nach dem Hinscheiden des kurzfristigen Familienoberhaupts mit den schon nicht mehr sehr großen Resten ihres Vermögens für einige Monate zu entfernten Verwandten des lieben Verblichenen, die in Mentone an der Côte d'Azur eine altmodische Villa, die ihnen durch Erbschaft zugefallen war, mit *paying guests*, natürlich nur solchen von hohem Adel, zu füllen trachteten.

Im nahen Nizza, genauer: im dortigen »Casino de la Méditerranée«, lernte Prinzessin Ira – nach einigen vom Standpunkt ihrer Mama aus betrüblichen, weil unschicklichen (und kostspieligen) Erfahrungen mit tiefbraungebrannten, auch muskulösen, auf leichtbehaarter Brust an goldenen Kettchen juwelenverzierte Talismane tragenden Twens, die (vielleicht im Auftrage der französischen Gesellschaft zur Rettung Schiffbrüchiger) von früh bis spät und mitunter sogar nachts Strandwache hielten, schließlich – es war, mindestens in finanzieller Hinsicht, allerhöchste Zeit – einen älteren italienischen Wermutfabrikanten kennen, klein und drahtig und gottlob gräflichen Standes, der sich Hals über Kopf in sie verliebte und zu heiraten begehrte.

Ira lispelte, wie sie es bei der Baronin Zwerchthal-Riesenfeld gelernt hatte, er möge zunächst das Einverständnis ihrer Mama, der Fürstin-Witwe einholen, sodann die des Fürsten Dmitri, des derzeitigen Chefs des Hauses, eines fast neunzigjährigen kaiserlich russischen Kapitänleutnants der Garde außer Diensten, mit Wohnung in St. Mandé bei Paris, seinem Ruhesitz nach drei Jahrzehnten angestrengter Tätigkeit als Nachtportier eines bescheidenen Stundenhotels in der Nähe der Gare de l'Est. Der Fürstin-Witwe Irina wie auch dem greisen Dmitri erschienen der (erst 1937 durch persönliche Intervention des damaligen Diktators Mussolini bei König Viktor Emanuel III. erlangte) Grafentitel, das gesetzte Alter (56) und das sehr stattliche Vermögen des stürmischen Freiers nach reiflicher Abwägung hinreichende Garantien für eine standesgemäße und glückliche Ehe, so daß sie der Verbindung ihren Segen nicht versagten.

Seitdem lebt Ihre Durchlaucht im Palais ihres sie hochverehrenden, nur durch sprachliche Barrieren an der ausführlichen Erläuterung seiner großen Zuneigung gehinderten Schwiegersohnes in der Nähe von Turin. Sie ist aller Geldsorgen enthoben, kümmert sich ein wenig um den Haushalt, zumindest insoweit, als sie streng darauf achtet, daß die zahlreichen Bäder und WCs untadelig rein, alle Kacheln fleckenfrei, sämtliche Waschgelegenheiten stets ausreichend mit Handtüchern und Seife versorgt und überall saubere Aschenbecher bereitgestellt sind. Sie fühlt sich dabei glücklich und zufrieden, zudem auf ganz besonders erfreuliche Weise »in«, da sie einerseits vollen Anteil am regen gesellschaftlichen Leben der regionalen Aristokratie hat und als Principessa hohen Respekt genießt, andererseits als eine mit Sprache und Sitten des Landes nur in geringem Maße vertraute Ausländerin auf ein Höchstmaß an Nachsicht rechnen kann, welchen Fauxpas sie auch immer begehen mag.

Die Contessa Ira hingegen, die ihre Zeit mit Cocktail-Parties, dem Besuch von Auto- und Pferderennen sowie mit der Ausübung von Schirmherrschaften füllt, die ihr – für Basare zu wohltätigen Zwecken, Friseurwettbewerbe und regionale Schönheitskonkurrenzen – mehrmals im Monat angetragen werden, hadert mit ihrem, von anderen als beneidenswert empfundenen Geschick. Teils klagt sie über die drückende Last ihrer gesellschaftlichen Verpflichtungen, den Mangel an Zeit, selbst für eine stille Stunde am Marmorkamin, und vor allem den Streß, dem nicht nur ihr bis zu vierzehn Stunden täglich mit der Kontrolle seiner Wermutfabriken belasteter Gatte ausgesetzt sei, sondern auch sie, muß sie doch an sechs Tagen der Woche jeweils zweieinhalb Stunden im besten Frisier- und Kosmetik-Salon der Stadt verbringen; teils jammert die Contessa aber auch über die Hochnäsigkeit gewisser römischer Hocharistokraten, speziell die der Principessa Torlonia, die es bislang nicht für nötig gehalten hat, die auf einem Gartenfest anläßlich der kürzlichen Mailänder Scala-Premiere genossene Gastfreundschaft durch eine Einladung in die Hauptstadt zu erwidern, wo man – das heißt die danach lechzende Ira – endlich mit wirklich tonangebenden, zum internationalen Jet Set gehörenden Leuten zusammentreffen könnte, anstatt in der Provinz zu versauern ...

Ehe wir uns nun den weiteren Beispielen zuwenden, erscheint es angebracht, etwaige letzte Zweifel zu zerstreuen, die hinsichtlich der tatsächlichen Aufstiegschancen einer Frau Grünfisch und ihres Töchterchens noch hie und da bestehen mögen.

Kann eine schlichte Frau aus dem Volke von mäßiger Anmut und minimalem Sex-Appeal, die bislang bescheiden von jenen Gro-

schen lebte, welche – *non olet!* – im gepflegten Souterrain des
»Esplanade« auf die von ihr an strategisch günstigen Stellen pla-
zierten Teller fielen, wirklich Fürstin, Schwiegermutter eines
Wermut-Grafen und hochgeachtetes Mitglied einer exklusiven
High Society werden, zu den vielbewunderten Premierengästen
der Scala gehören, von Herzögen und Industriekapitänen Hand-
küsse empfangen, in der Presse namentlich genannt werden, wann
immer ein gesellschaftliches Ereignis ihre Anwesenheit erfordert,
und die versnobten Empfangschefs aller Luxushotels zwischen
San Remo und Cortina d'Ampezzo zu ehrfürchtigen Verbeugun-
gen bewegen . . . ? Das wäre, so mag der eine oder andere meinen,
nicht nur früher, als Deutschland, Rußland und Italien noch
Monarchien waren, gänzlich unmöglich gewesen, sondern sei
auch heute noch, trotz zunehmender Durchlässigkeit der oberen
Gesellschaftsschichten, als allzu unrealistisch ins Reich der Fabel
zu verweisen!

Nun, dem ist entgegenzuhalten, daß es bereits im vorigen Jahrhundert, als die Hocharistokratie noch von niemandem ernstlich
in Frage gestellt wurde, auch fast ausnahmslos sehr reich und infolgedessen in Fragen des Standes, besonders solchen der Eben-
bürtigkeit, weit weniger konzessionsbereit war als heute, noch
viel erstaunlichere Karrieren als die der Frau Magda Grünfisch,
geborenen Ploffke, gegeben hat: Die erste Prinzessin Battenberg,
beispielsweise, Begründerin eines inzwischen mit den meisten
Königshäusern Europas eng verwandten und verschwägerten
Hochadelsgeschlechts und Ahnfrau des Prinzen Charles, des künftigen Königs von Großbritannien, war 1825 noch als schlichte
Demoiselle Julie Hauke in Warschau zur Welt gekommen; unter
ihren Vorfahren waren Kammerzofen, Offiziersburschen, ein im
Gefängnis verstorbener, recht zwielichtiger Zuckerbäcker sowie
die uneheliche Tochter eines deutschen Barons noch die vornehmsten . . . Die Fürsten Torlonia, deren Snobismus der Contessa Ira soviel Kummer bereitet und die heute mit den ältesten
Adelshäusern Italiens sowie mit den spanischen Bourbonen und
den meisten Kurienkardinälen versippt und verschwägert sind,
zählen zu den direkten Nachkommen eines noch zu Beginn des
vorigen Jahrhunderts als unerträgliche Parvenüs verschrienen
Paares – er: ein aus der Unterwelt Roms aufgestiegener Sohn eines
Hausburschen und eines deutschen Dienstmädchens; sie: eine
ungebildete, dafür um so arrogantere und protzigere Tochter
eines biederen Mainzer Sattlers . . . Und die Gemahlin des ersten
Fürsten Henckel-Donnersmarck, des reichsten Mannes im kaiser-
lichen Deutschland, war die 1826 zu Moskau geborene Flick-
schneiderstochter Blanche Lachmann, die bis zu ihrer Verheiratung mit dem schlesischen Magnaten einem Gewerbe nachgegan-
gen war, das zwar, zumal in Paris, dem früheren Beruf der Frau
Grünfisch an Eleganz überlegen sein kann, nicht aber an Wohl-

anständigkeit ... Diese wenigen Beispiele, die sich beliebig und bis in die Gegenwart hinein fortsetzen ließen, mögen genügen, um darzutun, daß der steile gesellschaftliche Aufstieg einer achtbaren und fleißigen Frau, auch wenn sie keine Sexbombe ist und ihre amtliche Berufsbezeichnung, ziemlich ungalant und zu Fehlschlüssen verleitend formuliert, »Abortpflegerin« lautete, gar nichts Außergewöhnliches darstellt.

Und schließlich sei noch – im Vorgriff auf die folgenden Kapitel – ein möglicher Einwand entkräftet, die sogenannte Bildung betreffend, an der es der Fürstin-Witwe, geborenen Ploffke, zumindest nach den strengen Maßstäben, nicht nur von Altphilologen, sondern auch von Absolventen einer Drogisten-Akademie, eines Zahntechnikums oder einer Hochschule für Leibesübungen, betrüblicherweise gebricht. Nun, diese Lücken, zum Beispiel eine gewisse Unsicherheit im Gebrauch von Fremdwörtern und unbekannten Namen – Ist der »irgendwie unheimlich gekonnte, geradezu phantastisch durchkomponierte Buffet«, von dem bei Tisch die Rede war, nun ein neues Musikstück oder die antike Anrichte? Ist »der fabelhafte Marc Chagall mit seinem umwerfend schlichten Rahmen« nun als neuer englischer Sport-Achtzylinder in der Garage zu bewundern oder in voller Blüte inmitten der Stiefmütterchen? Und muß Ira Gracia wirklich, wie ihr ohnehin reichlich dreister junger marokkanischer Diener und Chauffeur behauptet, »noch etwas konzipieren«, bevor sie endlich aufsteht, mit Mutter Magda frühstückt und dann die Blumenschau eröffnet? –, sie brauchen die gefürstete Frau Grünfisch überhaupt nicht zu stören.

Niemand erwartet von ihr Manifestationen universaler Bildung. Mit ihren deutschstämmigen Standesgenossen und -genossinnen, die gelegentlich zu Besuch kommen, kann sie sich ausgezeichnet unterhalten, und wenn Contessa Pallavicini, eine geborene Öttingen-Öttingen und Öttingen-Wallerstein, Äußerungen macht wie: »Habts Ihr schon *Wild und Hund* gelesen, ich mein das Hefterl vom März, da ist eine ganz süüße Geschicht vom Waldi, mei, hab ich gelacht!« dann revanchiert sich die Fürstin-Witwe mit einem Hinweis auf die nicht minder goldige Schilderung der munteren Streiche des kleinen Herzogs von Sparta in der »Bunten Illustrierten«, was allgemein als Beweis für ihre enorme Belesenheit und ihr waches Interesse für die großen Fragen der Zeit angesehen wird.

Bei Leuten minderen Standes – bürgerlichen Großkaufleuten und Industriellen, höheren Beamten und Militärs sowie Geistlichen vom Weihbischof abwärts – kann die Fürstin-Witwe kraft der unsichtbaren Krone, die über ihrem adrett frisierten Haupte schwebt, absolut sicher sein, nur aus angemessener Entfernung respektvoll bestaunt und niemals mit Fragen belästigt zu werden, die sie vielleicht in Verlegenheit bringen könnten. Ja, jeder wird geduldig warten, bis die hochgestellte Frau, sofern sie überhaupt dazu bereit ist und es nicht vorzieht, sich in hochmütiges Schweigen zu hüllen, mit einer leutseligen Bemerkung das Gespräch zu eröffnen geruht und dabei dem gewöhnlichen Sterblichen erkennbar werden läßt, welches Thema Ihrer Durchlaucht genehm ist.

So kommt es, daß die gefürstete Frau Grünfisch, geborene Ploffke, die in ihrem langen Berufsleben nicht nur – aus der einschlägigen Presse – intime Kenntnisse des Familien- und Liebeslebens an allen europäischen und einigen außereuropäischen Höfen, bis in die gynäkologischen Details hinein, erworben hat, sondern auch, von den Frühwerken der Marlitt bis zu den großen Frauenromanen unserer Tage, zahlreiche Bücher kennt, unter ihresgleichen geradezu als »Bildungsbestie« gilt. Ihre konziliante Art, mit der sie jedermann begegnet (und die vornehmlich auf äußerst geringer Kenntnis der Landessprache beruht), sowie ihr Geschick im Kartenlegen, einer Kunst, die sich in der Hocharistokratie seit eh und je besonderer Gunst erfreut, haben ihren gesellschaftlichen Erfolg noch beträchtlich verstärkt und ihr selbst die Zuneigung bigotter Herzoginnen verschafft, die ihr anfangs – wegen ihres orthodoxen Bekenntnisses – etwas reserviert gegenüberstanden. Kurz, es ist kein Zweifel mehr möglich: Frau Magda-Irina ist »in« ...!

Begeben wir uns nun zur Abwechslung in ein völlig anderes Milieu, nämlich in das eines jungen Mannes, der vor noch gar nicht langer Zeit in einer oberbayerischen Kreisstadt als Apotheken-Praktikant mit der Ausgabe von Pharmazeutika, Artikeln des sanitären und kosmetischen Bedarfs sowie mit der Herstellung einer Mehrzweck-Heilsalbe aus Murmeltierfett beschäftigt war, sich damals noch, teils seiner von den Bürgern besagter Gemeinde Oberbayerns abfällig beurteilten mitteldeutschen Herkunft wegen, teils infolge seiner prekären Finanzlage, von allen Freuden des Lebens, vor allem aber von jeder besseren Gesellschaft, ausgeschlossen fühlte, nun aber auch »in« ist, ganz und gar »in«, und zwar ohne ein dem der Frau Grünfisch auch nur annähernd vergleichbares Startkapital, (wobei hier noch abschließend erwähnt werden muß, daß Fürst Fedor seine Magda nicht etwa bloß ihres Fußballtoto-Hauptgewinns wegen zur Gemahlin genommen hat; er wäre auch mit einer weit geringeren Morgengabe, etwa einem bescheidenen Treffer im zweiten Rang, ja, wahrscheinlich schon mit der Aussicht auf regelmäßige Mahlzeiten und einem Platz am warmen Ofen in der behaglichen Wohnküche seiner hochherzigen Gönnerin vollauf zufrieden gewesen).

b) Der sensible Musterknabe
Zu Zwötzen an der Elster, im ehemaligen Fürstentum Reuß jüngere Linie, während der mittleren, noch siegreichen Phase des

Zweiten Weltkrieges geboren und daher von seinen Eltern mit den Vornamen Gernot Dietmar Volker bedacht, verlor der Knabe im Verlaufe des blutigen Völkerringens zunächst seinen Vater, den Reichsbahnstreckenarbeiter August Langenhagen (durch Unfall beim Rangieren infolge übermäßigen Alkoholgenusses), etwas später auch seine Mutter, die NS-Frauenschafts-Fachwalterin für politische Schulung bei der NSDAP-Kreisleitung, Emma, geborene Vondraczek, (ebenfalls auf tragische Weise, nämlich infolge des Genusses leider verdorbener, eigentlich dem Mütterhilfswerk der NS-Volkswohlfahrt zugedacht gewesener Fischkonserven) und wuchs so als Kriegsvollwaise im Hause eines Onkels heran, der viel Freude an dem aufgeweckten Knaben hatte, dessen schon mit drei Jahren ungewöhnlich zackig gebrülltes »Heil Hitler!« seinen eigenen Kindern als vorbildlich pries und Ortswalter der Deutschen Arbeitsfront war. Indessen schien Dietmars Onkel daneben auch geheime, selbst vor Frau und Kindern gut verborgene Beziehungen zu einer Widerstandsgruppe unterhalten zu haben, denn er wurde kurz nach dem Einmarsch der Roten Armee aus diesem Grunde zum kommissarischen Bürgermeister bestellt.

Zwei Jahre nach dieser so glücklichen Fügung kam Dietmar Langenhagen, wie er damals genannt wurde, in die Volksschule, weitere vier Jahre später – der Onkel war inzwischen in den »Rat des Kreises« aufgestiegen – auf die Polytechnische Oberschule in Gera. Zu dieser Zeit zeichnete sich der hochaufgeschossene, etwas blasse, fahlblonde Knabe nicht nur durch nimmermüdes Streben, vorbildliche Erfüllung seiner Pflichten gegenüber Partei und Staat und freiwillige Sonderleistungen aus; er berief sich auch Lehrern und Mitschülern gegenüber nicht allzuoft auf die einflußreiche Position seines Onkels und denunzierte nur ganz selten jemanden wegen dessen negativer Einstellung zum herrschenden System. Auf Wunsch der Partei begann er nach dem Abitur ein Studium an der Berliner Humboldt-Universität, und zwar – es galt da Lücken zu füllen – das der Pharmazie.

Auch in Berlin, wo sich Dietmar – zur deutlichen Unterscheidung von einem Kommilitonen gleichen Familiennamens, doch bourgeoiser Herkunft und verdächtiger Indifferenz in Fragen der Anwendbarkeit des Marxismus-Leninismus auf ihr gemeinsames Fachgebiet – nach seinem Heimatort »Langenhagen-Zwötzen« nannte, fiel der junge Mann teils dadurch auf, daß er jede Chance wahrnahm, sich als hundertzehnprozentig zuverlässiger Genosse zu beweisen, teils durch seinen auch vor Nötigungen nicht zurückschreckenden Ehrgeiz, stets die besten Noten zu haben.

Kurz vor dem Abschlußexamen erwischte der aufmerksame Dietmar bei routinemäßigem Nachspionieren einen Assistenten, als dieser gerade aus dem Panzerschrank eines Laboratoriums eine beträchtliche Menge Trimethoxyphenyl-Äthylamin, besser bekannt unter dem Namen »Meskalin« heimlich beiseitezuschaffen versuchte. Anstatt nun den empörenden Vorgang sogleich zur Anzeige zu bringen, wie es seine Pflicht gewesen wäre, ließ Dietmar diesmal Gnade vor Recht ergehen. Er forderte dem Ertappten nur das – schriftliche – Geständnis ab, er hätte das Rauschgift auf dem Westberliner Schwarzmarkt absetzen und mit dem Erlös allerlei in der DDR nur schwer erhältliche Luxuswaren erwerben wollen. Dann ließ er den jungen Wissenschaftler, nachdem ihm dieser noch aus freien Stücken jede erdenkliche Hilfe beim bevorstehenden Abschlußexamen zugesichert hatte, mitsamt dem Rauschgiftpäckchen laufen, denn er war nicht bloß strebsam und intelligent, sondern auch, wie er es nannte, sehr sensibel.

Dietmars Freude und seine Euphorie hinsichtlich eines nun ganz sicheren Bestehens der Staatsprüfung, selbst in seinen schwächsten, just von jenem Assistenten betreuten Fächern, währte indessen nur knapp achtundvierzig Stunden. Dann vernahm er mit Entsetzen, daß sich der Rauschgift-Dieb das Leben genommen und einen Brief hinterlassen hätte, worin er, so munkelte man, mit geradezu sensationellen Enthüllungen nicht eben sparsam gewesen sei . . . !

Zwar ergab sich dann, daß der Assistent aus ganz anderen als den von Dietmar vermuteten Gründen aus dem Leben geschieden war, auch in seinem Abschiedsbrief den Namen »Langenhagen-Zwötzen« nicht einmal erwähnt hatte. Aber zu dieser Zeit war Gernot Dietmar Volker Langenhagen-Zwötzen bereits republikflüchtig geworden und hatte bei einer westdeutschen Grenzbehörde um politisches Asyl gebeten, das ihm nach einem relativ kurzen Aufnahmeverfahren auch gewährt wurde. Und im Rahmen dieser Prozedur, die Dietmar mit einer ganzen Reihe von Behörden und – zum Teil sehr geheimnisvollen – Dienststellen in Berührung brachte, nahm dieser strebsame, fleißige und sensible junge Mann einige sich ihm bietende Chancen wahr, ohne deren rasche und bedenkenlose Nutzung ihm sein späterer Aufstieg sicherlich schwerer geworden oder auch gar nicht gelungen wäre.

Als er beispielsweise im Zuge der vielen Befragungen, die er über sich ergehen lassen mußte, an einen forschen älteren Herrn geriet, der nicht nur durch »Breeches« genannte Reithosen nebst Wickelgamaschen, sondern auch durch eine knappe, leicht schnarrende Sprechweise deutlich machte, daß er sich dem heimatvertriebenen ostelbischen Landadel zurechnete, und dieser ihn nach kurzem Blick auf Dietmars einzigen Ausweis, der auf den Namen GERNOT-DIETMAR V. LANGENHAGEN-ZWÖTZEN lautete, deutlich erfreut fragte: »Langenhagen? Hatte einen Kriegskameraden – Rittmeister von Langenhagen. Leider dann noch beim Endkampf um die Festung Breslau gefallen. Wohl ein Verwandter von Ihnen?« da erwiderte Dietmar nicht, daß eine solche Verwandtschaft, schon des seiner eigenen proletarischen Sippe fehlenden Adelsprädikats wegen, ganz ausgeschlossen sei und daß die Abkürzung V. auf seinem Universitätsausweis lediglich aus Platzmangel für den dritten Vornamen, Volker, stehe. Vielmehr antwortete er vage: »Vielleicht ein Bruder meines gefallenen Vaters. Ich bin wenig informiert, denn ich habe damals auch meine Mutter verloren und bin, soviel ich weiß, der Letzte meiner Familie . . .«

Der Herr mit den Breecheshosen zeigte sich, wie erwartet, teilnahmsvoll, behandelte Dietmar nunmehr als jüngeren Standesgenossen mit offenbar sehr tragischem Schicksal, erkundigte sich nur noch kurz nach der gewiß enteigneten v. Langenhagenschen Besitzung Zwötzen, über die Dietmar begreiflicherweise wenig wußte, sodann mit respektvoller Neugier, »was für eine Geborene die Frau Mutter gewesen« sei. »Von-dra-czek«, erwiderte Dietmar hierauf wahrheitsgemäß, doch die Silben so betonend, daß er den gewünschten Erfolg erzielte. Der ältere Herr kam zu dem Schluß, daß es sich nur um eine geborene »von Draczek« gehandelt haben könnte, böhmischen Adels vermutlich.

Die Unterhaltung war bald darauf beendet. Dietmar erhielt zum Abschied noch allerlei Ratschläge »für den ferneren Lebensweg im freien Teil Deutschlands«, die sich ihm als sehr nützlich erweisen sollten, sodann einen Bundespersonalausweis, der auf den Namen »Gernot Dietmar v. Langenhagen-Zwötzen« lautete.

»Halten Sie sich tapfer, junger Mann! Es kommen auch wieder bessere Zeiten! Und ein Langenhagen darf nicht aufgeben«, sagte der Herr mit den Wickelgamaschen, während er Dietmar zur Tür geleitete. »Vielleicht erlebe ich es noch, daß ich Sie auf Zwötzen besuchen kann . . . !« Und damit drückte er ihm – »als private Beihilfe unseres Vereins zur leider ja recht kümmerlichen staatlichen Starthilfe« – einen Umschlag mit drei Hundertmarkscheinen, eine Fahrkarte nach München sowie seine Visitenkarte in die Hand, auf der zwei Adressen vermerkt waren, die in Bälde »anzulaufen« er Dietmar ans Herz legte.

Wäre Dietmar nur strebsam und nicht auch intelligent und sensibel gewesen, so hätte er in der Folgezeit den Bogen vielleicht rasch überspannt, wäre allzu forsch und gierig aufgetreten und hätte sich von den Damen und Herren, deren Hilfe ihm sein Gönner in Aussicht gestellt hatte, bis an die Grenzen des Möglichen oder gar noch darüber hinaus aushalten lassen.

So aber legte er sich eine weise Beschränkung auf, gab sich betont zurückhaltend und sehr bescheiden, als er die erste der beiden Adressen aufsuchte, ein der Mitteldeutschen Landsmannschaft angeschlossenes Büro eines den speziellen Bedürfnissen enteigneter adliger Grundbesitzer Ostelbiens Rechnung tragenden Hilfsvereins. Der ihn dort betreuenden Dame, einem ältlichen Fräulein von Tschepplin, bereitete er insofern eine freudige Überraschung und rührte sie fast zu Tränen, als er das ihm angebotene, recht bedeutende und zinslose Darlehen freundlich, aber sehr entschieden zurückwies und ihr erklärte, er sei jung, es gebe gewiß manchen älteren Standesgenossen, der nötiger Hilfe brauche, und zudem wolle er den neuen Lebensabschnitt in der endlich gewonnenen Freiheit unter keinen Umständen mit Schulden beginnen.

Immerhin nahm er am Ende das Angebot, ihn bis zur Beendigung seines Studiums in einem landsmannschaftlichen Studentenwohnheim kostenlos unterzubringen und zu verpflegen, dankbar an, auch etliche Gutscheine, die zum Erwerb neuer Garderobe sowie von Fachbüchern berechtigten, verbilligte Fahrscheine, Freikarten für Oper, Theater und Konzerte, Gratisabonnements diverser, den Landsmannschaften nahestehender Zeitungen und Zeitschriften sowie eine Jahresfreikarte (für zwei Personen) des Zoologischen Gartens.

Auch bei der zweiten Adresse, die ihm der Herr mit den Breecheshosen gegeben hatte, wurde dem bescheiden abwehrenden Dietmar wertvolle Hilfe zuteil, so daß er, alles in allem, recht zufrieden sein konnte, um so mehr, als er keinerlei Gegenleistungen zu erbringen hatte, (wenn man einmal davon absieht, daß er bestimmten Organisationen, deren Vertreter ihn aufsuchten, die gewünschten Auskünfte über seine früheren Professoren, Kommilitonen und Parteigenossen sowie deren Familien und Freunde gab, dabei niemanden überflüssigerweise schonte, aber auch nur das Allernötigste an Belastungen hinzuerfand ...).

Sein durch ein Stipendium gefördertes Studium hatte Dietmar schnell beendet, war beim Examen mit Nachsicht behandelt worden und hatte dann die Mitteilung erhalten, daß er nach einjährigem Praktikum in einer bayerischen Offizin mit seiner Bestallung als Apotheker rechnen könnte. So kam es, daß Dietmar ein knappes halbes Jahr nach seiner Flucht aus der DDR in dem rund achttausend Einwohner zählenden oberbayerischen Rheuma- und Moorbad Aibling ein bescheiden möbliertes Zimmer bezog und in einer der dortigen Apotheken jenen praktischen Dienst begann, dessen Absolvierung die Voraussetzung dafür war, daß er dereinst zum einträglichen Handel mit pharmazeutischen Spezialitäten sowie mit Präparaten eigener Herstellung zugelassen werden würde.

Es war ein eintöniges und auch einsames Leben, das Dietmar in Bad Aibling zu führen gezwungen war. Die diversen Honoratioren, denen er von seinem neuen Chef, einem älteren Herrn, der Reihe nach vorgestellt worden war, ließen ihn deutlich spüren, daß sie sich aus Preußen, auch wenn sie aus Thüringen stammten, wenig machten, aus (landfremden) jungen Adligen schon gar nichts. Ihre Interessen, teils auf den Fremdenverkehr, teils auf Viehzucht und -handel ausgerichtet, waren wiederum Dietmar fremd. Von Lokal- und Landespolitik wünschte er sich fernzuhalten; er wäre auch, als ein den Gesetzen der Logik huldigender

Mensch, außerstande gewesen, den vornehmlich emotionellen Motiven der Politik dieses Landstrichs zu folgen.

Zu der Familie des Apothekers, der übrigens Mitglied eines Vereins zur Förderung des Andenkens Ludwigs II. war, fand Dietmar ebenfalls keinen Kontakt. Ob und gegebenenfalls von wem der geistesgestörte Bayernkönig ermordet worden sei, war ihm, so sagte er unvorsichtigerweise seinem Chef, völlig gleichgültig, woraufhin ihn dieser für einen Freimaurer hielt und fortan schnitt. Und mit der Apothekerin, einer sehr frommen Frau, vermochte Dietmar schon deshalb nicht in freundschaftliche Beziehungen zu treten, weil sie vom zweiten Tag seiner Anwesenheit an nicht mehr mit ihm sprach, nachdem sie erfahren hatte, daß er konfessionslos war, sie zudem durch das Verschmähen lauwarmer Weißwürste gekränkt hatte. Bei der Jugend von Bad Aibling, zumal bei der weiblichen, konnte Dietmar auch keine Freunde gewinnen, denn von Lehrlingen, Dienstboten, Serviererinnen und sonstigem »Personal« trennte ihn, den adligen Akademiker, unüberwindliche Standesbarrieren, und für die einheimische Jeunesse dorée sowie die wenigen jüngeren Kurgäste, mit denen eine Unterhaltung oder auch ein Flirt gelohnt hätte, war ein hagerer Aristokrat, der im weißen Kittel Salbe aus Murmeltierfett bereitete, nur eine komische Figur, ein junger Herr, der studiert, aber kein Auto und noch nicht einmal eine »sturmfreie Bude« hatte, allenfalls ein Gegenstand des Mitleids.

So war Dietmar alles andere als mit sich und seinem Los zufrieden, oft auch nahe daran, Ausbildungsstätte und Domizil zu wechseln. Aber würde es anderswo besser sein? fragte er sich, und bei dieser Überlegung spielte auch der Umstand eine Rolle, daß Aibling nur knapp sechzig Autobahnkilometer von München entfernt war. Zwar gestattete ihm seine finanzielle Lage bloß ganz selten, die nahe Metropole zu besuchen, aber der Höhepunkt des Faschings stand vor der Tür, und Dietmar war entschlossen, sich dann ein paar Tage Urlaub zu nehmen und nach München zu fahren. Später würde man weitersehen ...

So kam es, daß er an einem Freitagnachmittag im Februar mit dem Lieferwagen einer pharmazeutischen Fabrik an dessen Rückfahrt nach München kostensparend teilnahm. Unterwegs bot ihm der Fahrer, ein Medizinstudent, eine übriggebliebene Eintrittskarte für den an diesem Abend beginnenden Faschingsball der Münchener Bühnen, die »Traumkulisse«, an, und Dietmars Einwand, er hätte leider kein Kostüm, zerstreute der um den rechtzeitigen Absatz des Billets besorgte Mediziner, indem er auf den kleinen Koffer seines Mitfahrers deutete: »Wenn Sie einen Schlafanzug mithaben, in dem Sie sich sehen lassen können, ist das Problem schon gelöst ... !«

So stand Dietmar am Abend dieses denkwürdigen Tages, an dessen Morgen er noch, wegen des starken Föhns, beträchtliche Mengen Antineuralgica und kreislaufstärkender Mittel an wetterfühlige Aiblinger verkauft hatte, in einem hell- und dunkelblau getönten Pyjama, der ihm ein halbes Jahr zuvor auf einen Gutschein des Ostelbier-Hilfswerks zuteilgeworden und von ihm seitdem für eine Gelegenheit (die er sich allerdings ganz anders vorgestellt hatte) verwahrt worden war, im festlich geschmückten, von Tanzmusik und Stimmengewirr erfüllten »Traumkulissen«-Ballsaal und suchte, vergeblich zunächst, nach einem Platz.

Eine halbe Stunde später hatte Dietmar zwar noch immer keinen Tisch, aber immerhin bereits Anschluß gefunden – an eine Dame, die acht bis zehn Jahre älter sein mochte als er, »Hasi« genannt werden wollte, ihm recht attraktiv schien, ein Babydoll-Nachthemd trug und, unter Hinweis auf ihrer beider so praktische Kostümierung, der Ansicht gewesen war, sie paßten gut zusammen. Erst beim zweiten Tanz fiel Dietmar auf, daß »Hasi« recht begütert sein mußte, denn sie trug einen etwa kirschkerngroßen Brillant-Solitär am Finger. Beim dritten Tanz kam er zu der Überzeugung, die Frau, vielleicht nicht fürs Leben, so doch für erheblich mehr als ein vergnügliches Wochenende gefunden zu haben. Denn »Hasi« hatte erklärt, er sei genau der »herbe Typ«, den sie schätze; sie nähme ihn jetzt einfach mit an den Tisch in der Loge von »Tutti«, wo alle ihre Freunde säßen, doch er sollte sich ja nicht unterstehen, mit irgendwem zu flirten, auch nicht mit dem »Tutti«, schon gar nicht mit der »Hallo« oder einer anderen faden Kuh, und er brauchte – sie sagte: »bräuchte« – sich um die Finanzierung des Abends keine Sorgen zu machen; entweder zahlte der »Tutti«, der »stinkend vor Geld«, aber immens geizig wäre, oder irgendwer sonst ...

In dieser Nacht lernte Dietmar noch viele Träger von Kosenamen kennen, die er genausowenig zu identifizieren vermochte wie »den Tutti«, ihrer aller Gastgeber, einen etwas säuerlichen, recht aufwendig kostümierten Herrn von Anfang Vierzig. Da gab es zunächst zwei Jünglinge, »Dodo« und »Ruppi«, sodann ein paar muntere Twens, die »Bibi«, »Mauz« und »Boms« genannt wurden, ferner »Jocky«, »Ferry«, »Hetty«, »die Lex« und eine sehr, wenn auch vergeblich, um »Tutti« bemühte Schönheit namens »Hallo«. Die Unterhaltung am Tisch drehte sich ausschließlich um Abwesende, über die sich alle gemeinsam lustig machten: Da war vom »Poldi«, dem alten Gauner« die Rede, auch (kichernd) von »Anschis Mämä«, sodann (hellauf lachend) von »der Tante Betsy ihr'm Gschpusi« und (prustend) von »der Ex-Thai ihr'm Bötler«. Dabei hatte die Clique, wie aus der weiteren Unterhaltung hervorging, bei der letztgenannten Person, wer auch immer sie sein mochte, gerade erst Unmengen von Kaviar genossen; einige waren zuvor von »Anschis Mämä« mit etlichen – wie sie es, glucksend vor Wonne, nannten – »Fißkies« bewirtet worden und hatten von »der Tante Betsy ihr'm Gschpusi« ein vorzügliches, von ihnen schlicht Brotzeit genanntes Mittagessen bei »Humplmayr« spendiert bekommen, einem Schlemmerlokal der Münchener Prominenz, wie Dietmar als Leser der *Abendzeitung* wußte, das von der Runde als »Limping Meiers Speisewirtschaft« verspottet wurde.

Die Verachtung von »Hasis« Freunden für andere Leute nahm offenbar zu im Quadrat der ihnen von diesen erwiesenen Liebenswürdigkeiten, und deshalb wunderte sich Dietmar kaum noch darüber, daß die ganze Clique, kaum hatte »Tutti«, der sie mit Strömen von Champagner bewirtete, den Tisch für einen Augenblick verlassen, wie ein Mann über den Gastgeber herfiel, sich lustig machte über dessen »gespreiztes Gehabe«, »geradezu krankhaften Geiz« sowie die »Mediokrität« seines Geschmacks – »Tuttis Schwabinger Bude, auf die er so stolz ist, also, die ist eingerichtet, halb wie ein Puff in Czernowitz, halb wie ein drittklassiges Beerdigungsinstitut!« – und seine offenbar allen vertrauten sexuellen Neigungen, letzteres unter Verwendung von, wie Dietmar fand, ungewöhnlich säuischen Ausdrücken.

Wäre Dietmar – wir können es nur wiederholen – bloß ein Streber gewesen und nicht auch intelligent und sensibel, so hätte er vielleicht den Fehler begangen, sich bei »Hasis« Freunden, die ihm beneidenswert *»in«* zu sein schienen, durch besondere Liebenswürdigkeit und eilige Anpassung an den Stil ihrer Unterhaltung anzubiedern. Er gab sich indessen sehr kühl und blasiert, nahm sich eine Zigarette aus »Tuttis« juwelenbesetztem Platin-Etui, das auf dem Tisch lag, und rauchte schweigend, ohne auf die Annäherungsversuche von »Hallo« einzugehen, und er taute erst ein wenig auf, als »Hasi« sich mit ihrem gutentwickelten Busen an ihn schmiegte und verkündete: »Ich mag den ›Ditti‹, diesen herben Typ! Übrigens, ich finde, ›Ditti‹ paßt gar nicht zu ihm . . . wie heißt er denn noch? Langenhagen-Zwötzen! Ich weiß was! Ich werde ihn ›Zwötschi‹ nennen und, was ich noch sagen wollte, der ›Zwötschi‹, meine Liebe«, fügte sie mit warnendem Blick auf »Hallo« hinzu, »der gehört jetzt mir!« Die ganze Clique tat daraufhin mit lautem, glücklichem Wiehern ihr Einverständnis mit dieser Namens- und Partnerwahl kund, und der sensible Dietmar wußte, daß er damit zwar noch nicht ganz *»in«* war, aber drauf und dran, es bald zu sein.

Inzwischen war »Tutti« zurückgekehrt, und bald darauf hatte sich auch *der* Münchner Gesellschaftsklatsch-Kolumnist in der Loge eingefunden, den wir auch gleich mit seinem richtigen Namen, Hannes Obermaier (alias »Hunter«), nennen können. In seinem Gefolge tauchten – wie bei einem wilden Elefanten, der stets von bestimmten, mit ihm in loser Interessengemeinschaft lebenden Kuhreihern begleitet wird – Scharen von Pressefotografen auf, unter ihnen eine Dame schon etwas gesetzteren Alters, die trotz ihrer professionellen Ausrüstung gar nicht in dieses Metier zu passen schien und von ihren Kollegen – wohl im Scherz, wie Dietmar vermutete – »Prinzessin« genannt wurde, obwohl man ihr eher die Führung eines kleinen Zigaretten- und Schreibwarengeschäfts (nebst Leihbücherei) zugetraut hätte als die eines solchen Titels.

Die Fotografen blitzten eifrig und verschwanden dann wieder, mit Ausnahme der »Prinzessin«, der es vorbehalten blieb, für ein paar Minuten am Tisch Platz zu nehmen und sich von der Clique mit »Tuttis« Champagner bewirten zu lassen, während der Gastgeber mit »Hunter« tuschelte, der gar nicht zuzuhören schien und unter halbgeschlossenen Lidern den Blick fest auf »Hasis« durch das Babydoll-Nachthemd schimmernden Busen gerichtet hielt.

Wir dürfen den weiteren Verlauf der Nacht als im wesentlichen bekannt voraussetzen, zumal die Presse ja darüber sehr ausführlich berichtet hat. Die ganze Clique, vermehrt um »Hunter« und die fotografierende »Prinzessin«, war gegen zwei Uhr früh hinausgefahren an einen der nahen Seen des Voralpengebiets und auf einem Schloß, das »Tutti« gehörte, mit Feuerwerk, einer original brasilianischen, eigens zu diesem Zweck aus Rio eingeflogenen Combo sowie mit einem ganzen Ochsen am Spieß (zum Katerfrühstück) »überrascht« worden.

»Hunters« Bericht darüber füllte mehrere Spalten, und seine Liste der Teilnehmer las sich streckenweise wie ein Auszug aus dem »Genealogischen Handbuch der fürstlichen Häuser«. Über Dietmar schrieb er: ». . . Neues Gesicht gesichtet: Dietmar (›Zwötschi‹) von Langenhagen-Zwötzen, 24, neuer ständiger Begleiter der reizenden Gräfin ›Hasi‹ Esterházy zu Galántha und hartarbeitender Pharmazeut . . .«

Damit durfte sich Dietmar, der das Wochenende teils (mit »Hasi«) auf »Tuttis« Schloß, teils in »Hasis« Schwabinger Wohnung verbracht und zwischendurch Teile der Clique an ihren diversen Treffpunkten wiedergesehen hatte, durchaus *»in«* fühlen, zumal er die Beziehungen – nicht allein zu »Hasi« – fortzusetzen und vorsichtig auszubauen verstand. Er erlernte rasch den Cliquen-Jargon, wußte bald, daß »man« natürlich »Moritz« und »Anton« sagt, wenn man Sankt Moritz und Sankt Anton meint – »Vom Sportlichen her kommt nur Anton in Frage . . .« –; daß die Abkürzung »ritz« jedoch schon *passé* war und nur noch zur Karikierung neureicher Schickeria diente, (wogegen »Kitz« für Kitzbühel als völlig *»in«* galt). Er erfuhr, daß die »Prinzessin« genannte Pressefotografin tatsächlich Ihre Königliche Hoheit Prinzessin Maria Josepha von Sachsen, auch Herzogin zu Sachsen, die jüngere Schwester des Markgrafen von Meißen, war und zudem eine Kusine von »Tutti«; daß man bei »Anschis Mämä« oder auch bei »der Ex-Thai« (die Dietmar übrigens als eine hochgebildete alte Dame von überraschender Vitalität, auch beim Kampf um kalte

Büffets, kennenlernte) jederzeit gut, kostenlos und völlig unverbindlich essen und trinken könnte, desgleichen bei »den Franzens«, Inhabern des Restaurants »Humplmayr«, ohne jemals auf den Gedanken zu kommen, sich revanchieren zu müssen; daß es für ihn durchaus statthaft wäre, ja sogar als »chic« gelten könnte, sich von »Hasi« nicht nur mit Krawatten, Langspielplatten oder Rasierwasser beschenken zu lassen, sondern auch mit maßgeschneiderten Oberhemden, exquisiter Unterwäsche, Pullovern und Jeans, einem Tweedjackett von Menke, Maßanzügen von Dietl, dem Prominenten-Schneider der Isar-Metropole, einem goldenen Feuerzeug und sogar einem Sportwagen vom Typ MG; daß es hingegen »völlig unmöglich« sei, mit »Tutti« einen fünfstelligen Betrag nicht auf mindestens fünf Mark genau abzurechnen. (Der geizige »Tutti« hatte Dietmar einen dicken Packen Scheine zum Begleichen einer hohen Barrechnung gegeben, zweifellos in der Absicht, etwas an Trinkgeldern einzusparen, weil man von ihm, dem Multimillionär und Chef eines unter dem Namen »Fürstliche Hauptverwaltung« firmierenden Industriekonzerns einen erheblich größeren Obulus erwarten durfte als von einem Beauftragten ...)

So gewarnt, überraschte »Zwötschi« den bis dahin mißtrauischen »Tutti« auf das angenehmste, indem er auch nicht einen Pfennig Trinkgeld gab, was sein Auftraggeber gar nicht zu hoffen gewagt hatte, außerdem »Tutti« eine steuerabzugsfähige Quittung überreichte.

Mit diesem Akt der Selbstüberwindung gewann Dietmar »Tuttis« Vertrauen, außerdem – da er nun immer und überall für ihn bezahlen durfte – enormes Ansehen in der besseren oberbayerischen Gastronomie. Und nach seiner Bestallung zum Apotheker bekam er mit »Tuttis« Hilfe den Posten eines »wissenschaftlichen Direktors« in einer pharmazeutischen Fabrik, an deren Hausbank »Tutti« maßgeblich beteiligt ist.

Sicherlich spielte dabei auch eine Rolle, daß sich Dietmar in einer für »Tutti« ursprünglich sehr peinlichen Angelegenheit als Entlastungszeuge bewährte, der einen völlig anderen als den tatsächlichen Verlauf des zur Anzeige gelangten Geschehens in sehr eindrucksvoller Weise auf seinen Eid nahm.

Als hochdotierter und am Umsatz beteiligter Direktor einer florierenden Firma, die Männer und Frauen fortgeschrittenen Alters mit hochwirksamen Hormonpräparaten versorgt, ist Gernot-Dietmar von Langenhagen-Zwötzen nunmehr aller finanziellen Sorgen ledig, zudem noch ein wenig »in-ner« als zuvor. An den Parties der Clique nimmt er nur noch sporadisch teil; er findet die Freunde, trotz ihres durchweg blauen Blutes, »mindestens partiell ein bißchen schräg«. Auch von »Hasi« hat er sich, »natürlich in aller Freundschaft«, längst wieder getrennt, wobei es leider zu einer häßlichen, gottlob nicht öffentlichen Szene kam, und er heiratete kürzlich eine noch sehr junge Dame, die als Schülerin und Freundin eines verheirateten Mannes unvorsichtig und dann – bis zum sechsten Monat – allzu geduldig gewesen war. Damit hat er nicht nur, was er oft betont, seiner jungen Frau und deren Eltern einen großen Gefallen erwiesen, zumal es sich bei der schwiegerväterlichen Familie um eine enorm reiche, sehr vornehme und stockkonservative Sippe handelt, sondern auch dem früheren Geliebten seiner Frau, einem Cousin des lieben »Tutti«. Dieser, ein Prinz von Geblüt aus altehrwürdigem, christkatholischem Geschlecht, singt seitdem »Zwötschis« Loblied in den allerbesten Kreisen – in der Residenz des sehr einflußreichen Herrn Kardinal-Erzbischofs, im (zweimal monatlich im Hotel »Vier Jahreszeiten« tagenden) »Bayerischen Club« wie auch im sehr exklusiven Kuratorium der piekfeinen »Gesellschaft zur Förderung der Münchner Opernfestspiele e. V.«, und auch Dietmars neuer Schwiegervater, selbst leider nicht von Adel, schätzt sich glücklich, trotz der ungewöhnlich hohen Mitgift, die ihm abverlangt wurde, daß seine kürzlich eines gesunden Buben, Maximilian Emanuel, genesene siebzehnjährige Tochter Gaby nun eine Frau von Langenhagen-Zwötzen ist.

Dietmar hingegen quält noch einiges, beispielsweise, daß ihn Seine Königliche Hoheit Herzog Franz von Bayern, der neue Chef des Hauses Wittelsbach, noch nicht – wie seitens des Vaters von Maximilian Emanuel fest versprochen – zu einer Treibjagd im Perlacher Forst oder nach Stammham (bei Ingolstadt) eingeladen hat, in welchem Falle er sich endgültig den allerfeinsten Kreisen Süddeutschlands zurechnen dürfte. Auch hat Dietmar zu Weihnachten vom Senior des Bankhauses Merck, Finck & Co., Herrn August von Finck, dem neben dem Erbprinzen von Thurn und Taxis wohl bedeutendsten Grundbesitzer des Freistaates Bayern, weder einen Truthahn aus eigener Zucht ins Haus geschickt bekommen noch auch nur ein paar von dem Krösus selbsterlegte Wildenten, mit denen er sonst Beinahe-Arrivierte zu trösten pflegt. Kurz, Dietmar, obwohl völlig »in«, hat noch immer gewisse Prestige-Probleme, doch wir dürfen sicher sein, daß er sie zufriedenstellend und auf – wie er neuerdings zu sagen pflegt – »durchaus honorige Weise« lösen wird . . .

Die glänzenden Karrieren der Fürstin-Witwe Irina Iwanowna, geborenen Magda Ploffke, geschiedenen Grünfisch, und des sensiblen »Zwötschi« von Langenhagen dürfen uns, so lehrreich sie sind, nicht zu der Annahme verleiten, daß man, sozusagen, aus der Gosse aufsteigen müsse, um eines schönen Tages »in« zu sein. Dies ist – man möchte in doppelter Hinsicht sagen: leider – keineswegs der Fall.

Die meisten derer, die »in« sind, wurden in diesen für sie so angenehmen Zustand ohne nennenswertes eigenes Zutun bereits hineingeboren. Den mühevollen, dornenreichen und bedauerlicherweise sehr häufig nur unter Mißachtung göttlicher wie menschlicher Gebote sowie der meisten Regeln des Anstands möglichen Aufstieg aus der Gosse vollzogen für sie schon mehr oder weniger weit zurückliegende Generationen. Und auch daß die von der Wiege an zur gesellschaftlichen Elite Gehörenden bis an ihr Lebensende als *Crème de la crème* obenauf schwimmen, ist kaum ihr Verdienst. Im Gegenteil: Für einmal Dazugehörige bedarf es schon gewaltiger Anstrengungen, aus der Kaste der Allerfeinsten ausgeschlossen zu werden. Gewöhnliche Unzucht mit Abhängigen, eine Vielzahl von kleinen Diebstählen in Warenhäusern und Supermärkten, Urkundenfälschung, schwere Kuppelei, Falschspiel und Körperverletzung mit Todesfolge reichen auch gemeinsam nicht aus, eine wirklich erstklassige Familie in Mißkredit zu bringen.

Denn daß Herzog »Dodo« nun einmal eine Schwäche für blutjunge Hausmädchen hat, ist erstens nichts Neues und wird zweitens einem Mann, dessen seliger Großpapa noch jede sich sträubende Dame seiner Wahl auspeitschen lassen und auf diese Weise zärtlich stimmen konnte, niemand ernstlich verwehren oder gar übelnehmen wollen. Auch was des Herzogs erwachsene Enkelinnen treiben, ist keineswegs, trotz aller äußeren Merkmale und erfüllten Tatbestände, als gewöhnlicher Ladendiebstahl zu werten, denn das »Mitgehenlassen« von Kleinigkeiten beim »shopping« ist durchaus »*in*« und wird von Damen allerbester Kreise, und nicht nur solchen, die an – in der Familie seit den Tagen Kunos des Reizbaren erblicher – Kleptomanie leiden, als Sport betrieben. Es gibt übrigens dafür interessante Erklärungen, vor allem von Psychoanalytikern.

Das Fälschen von Testamenten wird in dieser Sippe, die noch nicht durch übertriebene Inzucht völlig dekadent geworden ist, sondern sich ihren natürlichen Selbsterhaltungstrieb bewahrt hat, zu den Pflichten eines um das Wohl der Seinen besorgten Edelmanns und guten Hausvaters gerechnet, und Kuppelei ist, wenn es um Bestand und Mehrung der Hausmacht geht, eine Selbstverständlichkeit. Hätte man damals, auf dem Wiener Kongreß, die reizenden Zwillingsschwestern nicht Seiner Majestät dem Zaren ans Herz und eine Woche darauf dem Fürsten Metternich ins Bett gelegt, wären die Entschädigungen für die verlorene Souveränität, von denen man heute noch lebt, nicht so reichlich ausgefallen ... Onkel »Albis« Mogeln beim Kartenspiel, zumal wenn er zahlungskräftige Parvenüs zu Gegnern hat, ist auch nichts Ehrenrühriges, da er sich nicht dabei ertappen läßt. Nur unter Kastenangehörigen gilt Falschspiel als unfein; der Betreffende muß, wenn er weiter in vornehmer Gesellschaft schummeln will, künftig Patiencen legen ... Und das sogenannte »Kullen schießen«, gemeint ist die Vergeudung einer wertvollen Schrotladung

auf das Gesäß eines als Treiber eingesetzten Tagelöhners, ist zugegebenermaßen schon etwas *démodé*, kann aber – wenn der Jäger
ein alter Herr ist und den Kullen waidgerecht angepirscht und
»erlegt« hat – nicht als standeswidrig gelten.

Und natürlich hat es auch dem Onkel »Pucki« niemand angekrei-
det, daß er damals durch seine Ruhmsucht und totale Unfähigkeit
den Feldzug und Unmengen von »Material« aller Art verloren
und sich alsdann unter Mitnahme der Kriegskasse eilig abgesetzt
hat. Gewiß, es hat Leute gegeben, die von Fahnenflucht faselten,
aber man ist gegen solche dreisten Verleumder gerichtlich vorge-
gangen, und Onkel »Pucki«, inzwischen ein rüstiger Mittneun-
ziger, bezieht weiter seine Feldmarschalleutnants-Pension ...

Kurz, man kann sich als Angehöriger der »*In*-nung« so ziemlich
alles erlauben, ohne je dafür zur Rechenschaft gezogen oder gar
aus der Elite ausgestoßen zu werden, (weshalb es ja wohl auch so
erstrebenswert ist, dazuzugehören). Schwer hat es nur der sich
gerade erst in die alleroberste Gesellschaftsschicht einschleichende
Emporkömmling, den bei der ersten sich bietenden Gelegenheit
rasch und unsanft wieder hinauszufeuern allen Elitemitgliedern
von altetabliertem »Standing« geradezu ein Herzensbedürfnis ist.
Deshalb ist es ja auch im allgemeinen so schwierig, als arrivierter
Außenseiter in der allerobersten Schicht, der *Crème de la crème*,
festen Fuß zu fassen, und darum sind diejenigen, denen das eben
erst mit unendlicher Mühe einigermaßen gelungen ist, auch noch
so schrecklich verkrampft und ängstlich darauf bedacht, bei ihren
neuen Kastengenossen nirgends anzuecken. (Die Fürstin-Witwe
Irina Iwanowna, geborene Magda Ploffke, ist in dieser Hinsicht
eine seltene Ausnahme und bestätigt als solche nur die Regel.)

Immerhin ist es möglich – auch für eine oder einen von ganz, ganz
unten –, sich emsig emporzurangeln und für sich und seine Nachkommen gutgepolsterte, gegen jedwede Unbill geschützte Plätzchen inmitten der Allerfeinsten, Allerreichsten und Allermächtig-
sten zu ergattern – ob dies genauso erstrebenswert ist, wie allgemein vermutet wird, und ob sich die dazu nötigen Anstrengungen
und Opfer auch wirklich lohnen, ist eine andere Frage, auf die wir
noch zurückkommen werden ...

Gehen wir zunächst davon aus, daß es auf dieser Welt nichts An-
genehmeres gibt, als endlich ganz und gar »*in*« zu sein – ob nur in
der Honoratiorenschaft von Neustadt am Rübenberge oder in der
Acapulco-Nassau-Cannes-Moritz-Marrakesch-Clique, ist eine
zweitrangige, vom eigenen Horizont und Ehrgeiz bestimmte
Frage; die Grundregeln sind im wesentlichen die gleichen, (nur
daß man wahrscheinlich in Neustadt am Rübenberge bei der Zulassung von Jungaufsteigern und überhaupt, zumal in Fragen der
Geschlechtsmoral, nicht ganz so großzügig ist wie der internationale Jet Set).

Und so sollen denn die folgenden Kapitel allen denjenigen Damen, die, unabhängig von Alter und Stand, sehnsüchtig hoffen, eines glücklichen Tages von der Marchioness of Abergavenny, Lady of the Bedchamber, als deren *»darling angel«* bezeichnet und Königin Elizabeth II. vorgestellt, mit »Bibi«, »Trix«, »Hetty« und »Boms« beim Einkaufsbummel in der Rue du Faubourg St. Honoré gesehen, von »Alec«, »Stasch« und »Guy« in den Nassau Yacht Club eingeladen oder von greisen, aus norddeutscher Hocharistokratie, eventuell auch nur bürgerstolzem hanseatischem Patriziergeschlecht stammenden Mitgliedern des piekfeinen »Hamburger Schleppjagd-Vereins« beim alljährlichen Point-to-Point-Ball zur Polonaise geleitet (und dabei gänzlich unvermutet in den Popo gekniffen) zu werden, eine systematische Anleitung zur Erreichung dieser und anderer ähnlich erstrebenswerter Ziele geben, auch allen Herren, deren sogenanntes »zentrales Anliegen« darin besteht, einmal vom Herzog von Windsor, 77, zu einer flotten Golfpartie auf dem privaten Platz – Verzeihung! Es muß natürlich heißen: dem privaten *links** des Barons de Rothschild aufgefordert, mit »Phil« und »Archie« (und allenfalls noch dem Herzog von Atholl) auf dem Sonnendeck einer Hochseeyacht fotografiert und von der Fürstin Ann-Mari Bismarck zu einer »ganz zwanglosen« Party des exklusiven »Corviglia«-Clubs von Moritz (!) eingeladen zu werden.

Ihnen allen, aber auch denen, die etwas weniger ehrgeizige Ziele haben, etwa nur die Mitgliedschaft im örtlichen »Lese«(vereins)-Vorstand, und erst recht denen, die einigermaßen, aber eben doch noch nicht völlig sicher sind, richtig *»in«* zu sein, mögen sich die nachfolgenden Ratschläge und Anregungen als nützlich erweisen.

---

* *Links*, das englische Wort für Golfplatz, wird als Singular *(a links)* und als Plural *(the links are ...)* gebraucht. Damit kann man auch Golfspieler tief beeindrucken, mehr als mit *driver, putter, brassie* und *mashie* oder *niblick*, den englischen Fachausdrücken für die verschiedenen Sorten Schläger. Und unterdrücken sie auch besser gleich das l in Golf, so daß es wie »gohf« klingt – das ist sehr *»o«*.

Wie man sich einen Namen macht

Wes mein Nam' und Art, so lautete früher häufig die Überschrift
eines Kapitels, worin sich Verfasser von Werken wie »Der Harzer
Schweißhund als Jagdgefährte«, »Beiträge zur Kenntnis der
uckermärkischen Herrensitze« oder »Bemerkungen zur Heraldik
der reichsfürstlichen Geschlechter (unter besonderer Berücksichtigung der Inhaber von Virilstimmen im Reichsfürstenrat vor
1582)« treuherzig vorstellten und ihren »Background«, wie man
heute sagt, einer vorwiegend aristokratischen Leserschaft zur
kritischen Begutachtung unterbreiteten. Von solcher Offenheit
kann einem ambitionierten Aufsteiger unserer Tage gar nicht
dringend genug abgeraten werden.
Den Luxus, seine schlichte Herkunft nicht ängstlich zu verbergen,
sondern sich ihrer gar noch zu rühmen, kann sich nur einer leisten,
der schon unwiderruflich *»in«* ist, etwa ein Fürst Fugger, der sich
damit brüstet, daß seine Familie noch zu Beginn der Neuzeit der
Tuchweberzunft angehört hat, oder eine Soraya, geborene Prinzessin Esfandiary, deren Mutter, die Fürstin Eva, aus schlichtem
Berliner Hausmeister-Milieu stammt, oder auch der Sunny boy
der westdeutschen High Society, Berthold Beitz, heute Vorsitzender der »Alfried Krupp von Bohlen und Halbach-Stiftung«
und stellvertretender Aufsichtsratspräsident der Fried. Krupp
GmbH, beide zu Essen, der einst seinen Direktor Johannes
Freiherrn von Bellersheim dadurch in Verlegenheit brachte, daß
er ihn anläßlich einer Sitzung des stockkonservativen Krupp-
Direktoriums an gemeinsame, ebenso glückliche wie intime Beziehungen zu ein und derselben jungen Frau aus dem Volke erinnerte, nämlich zu Mutter Erna Beitz, geborener Struth, die des
Barons Kindermädchen gewesen war.
Andere Konzern-Manager, beispielsweise der Erbprinz Johannes
von Thurn und Taxis, sind trotz *in*-nigsten *In*-Seins heute noch
nicht gern an ihre plebejische Herkunft gemahnt, weshalb auch
nur ganz am Rand erwähnt sein soll, daß die Taxis oder Daxis –
das »Thurn« ist auf einen später nicht korrigierten Irrtum eines
hochdotierten Familienforschers zurückzuführen – einfache,
wenn auch insofern nicht ehrliche Briefträger waren, als sie die
ihnen anvertraute Post indiskreterweise öffneten und mit den
fremden Geheimnissen, die sie so erfuhren, Geschäfte machten,
unter anderem mit den Habsburgern, die ihnen zum Dank dafür
Adelsbriefe ausstellten.
Erst recht sollte der gerade erst zum Aufstieg in die alleroberste
Schicht rüstende Parvenü hinsichtlich seiner Herkunft sparsam

mit Informationen sein und immer etwas vage bleiben. Auskünfte wie: »Wir hatten früher bedeutende Montan-Interessen im schlesisch-mährischen Raum ...« oder – mit entschuldigendem Grinsen –: »Wissen Sie, ich stamme aus einer alten Soldatenfamilie, Potsdam, *Semper talis** und so ...« genügen völlig.

Im ersten Fall mögen die so Belehrten ruhig glauben, den Sproß enteigneter Magnaten vor sich zu haben, vielleicht einen Nachbarn und Standesgenossen der Grafen von Schaffgotsch oder der Fürsten Pleß, eventuell auch der Barone Rothschild, denen die Witkowitzer Zechen und Hütten gehörten, obwohl es sich in Wahrheit um den Sohn einer Rybniker Bergmannswitwe handelt, die zum Empfang von Deputatkohle berechtigt war. Und im zweiten Fall bleibt offen, ob die Vorfahren nun seit Generationen im Gardeoffizierskasino speisten und tranken oder bloß dort in strammer Haltung, linke Hand auf dem Rücken, servierten ...

Man könnte einwenden, dies sei doch auch völlig belanglos. Das Beispiel des tüchtigen Beitz, dessen Vater es bis zum Wachtmeister bei den Ulanen und alsdann bis zum Obergeldzähler bei der Reichsbankfiliale in Demmin brachte, und auch die steilen Karrieren vieler, vieler anderer Söhne einfacher Leute zeigten ja deutlich, wie wenig es darauf ankomme, ob einer nun aus bescheidensten Verhältnissen stamme oder aus vornehmstem Haus. Ausschlaggebend sei doch allein die individuelle Leistung.

Darüber ist zwar unter vernünftigen und vorurteilsfreien Menschen wahrlich nicht zu streiten, aber erstens ist leider nur eine kleine und keineswegs radikale Minderheit weitgehend frei von Vorurteilen sowie bereit, vorhandene Vernunft auch walten zu lassen; zweitens sind die Angehörigen dieser Minorität in den seltensten Fällen identisch mit denen, die Karrieren kräftig fördern und ehrgeizigen Aufsteigern den heiß ersehnten Einlaß ins Paradies der High Society verschaffen können, und drittens gibt es unter denen, die danach lechzen, zur gesellschaftlichen Elite gerechnet zu werden, ganz unverhältnismäßig wenige, die daneben auch noch außergewöhnliche Leistungen vorzuweisen haben, während umgekehrt die etablierte Oberschicht höchst mißtrauisch gegenüber jedem Beweis von Tüchtigkeit ist und nur dann bereit, Emporkömmlinge zu akzeptieren, wenn diese sich ihr in jeder Hinsicht anzupassen bemüht sind. Zum letzten gehört auch, daß man andere tüchtig sein läßt, sie dafür gelegentlich mit einem leutseligen Schulterklopfen belohnt und so dazu ermutigt, ihr fleißiges – aber, was den gesellschaftlichen Aufstieg angeht, natürlich aussichtsloses – Streben fortzusetzen, wogegen man die eigene Auserwähltheit mit dem ererbten Reichtum, den erlauch-

---

* »Immer ein solcher«, Wahlspruch des Stabes und des 1. Bataillons des 1. preußischen Garderegiments zu Fuß, das sich – in aller Bescheidenheit – für das »erste (vornehmste) *Rrrehment* der Christenheit« hielt.

ten Ahnen, der vornehmen Erziehung und dem gepflegten Müßiggang begründet, den man treibt, und allein seinen Namen als »Entrée-Billet zur guten Gesellschaft« vorweisen will und kann.

Damit wären wir bei dem ersten Handicap eines jeden, der nach ganz oben drängt: seinem Namen! Man kann sich ja leider nur in den seltensten Fällen aussuchen, wie man heißen will, und so hängen einem ehrgeizigen Möchtegern-Aufsteiger oftmals ordinäre Vor- und Zunamen wie Sträflingsketten an, machen sein Helotentum jedermann erkennbar und lassen sich, so meint er resignierend, nicht mehr abschütteln ... Doch gemach! Es gibt Auswege, sogar in reicher Vielfalt, und wer sich als Aufwärtsstreber ein wenig bemüht, der kann auch von seinen plebejischen Vor- und Zunamen erlöst werden!

Beginnen wir mit den Vor-, Tauf- oder Rufnamen: Natürlich kann nicht jeder Jüngling Alfonso Maximiliano Maria Pablo de la Santisima Trinidad y todos los santos (zu Hohenlohe-Langenburg) heißen oder Johannes Baptista de Jesus Maria Louis Miguel Friedrich Bonifazius Lamoral (von Thurn und Taxis), nicht jede ambitionierte junge Dame Virginia Carolina Therese Pancrazia Galdina (genannt Ira geborene Prinzessin zu Fürstenberg) oder auch Maria Franziska Adelheid Josepha Philomena Coletta Rudolfine Octavie Theresia Dorothea Felicitas (Gräfin und Herrin von Schönburg-Glauchau).

Aber zwei, drei Vornamen pflegen selbst sonst sehr sparsame und gemeinhin einfallslose Eltern ihren Sprößlingen mit auf den Lebensweg zu geben, und diese sollten sie zu nutzen wissen. Schon aus einem ganz gewöhnlichen Max Müller, einer Emma Schulze oder einem Hans Schmidt kann alsdann ein Maximilian Amadeus Müller, eine Mechthild Gwendolen E. Schulze oder gar ein Johann Sebastian Fürchtegott Schmidt werden.

Wenn man Otto, dritter Fürst von Bismarck heißt, braucht man sich um seinen Vornamen keine Gedanken zu machen; er klingt gut und weckt die gewünschten geschichtlichen Assoziationen. Trägt man jedoch den schlichten Familiennamen Pachulke, so unterstreicht ein Otto davor nur noch das Vulgäre, das den Pachulkes anhaftet. Da ist es dann schon besser, sich wenigstens Otto E. Pachulke zu nennen, obschon das E. nur für Emil steht, und geradezu ideal wäre Prosper O. Brian Pachulke (wogegen O. Benvenuto Pachulke zu ironischem Mißbrauch führen könnte).

Wie viele unserer besten Aufsteiger sich mit großem Erfolg dieser einfachen Methode bedient haben, zeigt ein Blick in eines der einschlägigen Handbücher, zum Beispiel *Wer ist Wer?* (Das deutsche *Who's who?*) oder auch in die Mitgliederlisten einiger vornehmer Clubs. Da finden wir im *Wer ist Wer?* nicht nur einen Generaldirektor i. R., Senator Dr. h. c. Fritz-Aurel Goergen (dessen Vater zwar nur einen – vom Sohn »Klümpgesladen« genannten

– Süßwarenvertrieb in Gelsenkirchen hatte, aber genug Phantasie, seinen Sprößling mit mehr auszustatten als bloß mit dem Vornamen Fritz, der in den Deutschland benachbarten Ländern ohnehin nur zum Spott herausfordert), sondern auch einen Axel Caesar Springer, dessen Mama den Aufstieg ihres verhätschelten Kleinen vom Altonaer Vorstadt-Playboy zum bundesdeutschen Zeitungs-Zaren offenbar vorausgeahnt hat, und sogar einen Dr. Rainer Candidus (»Candy«) Barzel, dem es sicherlich sehr viel schwerer gefallen wäre, politische Karriere zu machen, hätten ihm seine Eltern nur den im heimatlichen Ermland gebräuchlichen Rufnamen Bogislaw (»Bogi«) gegeben, vielleicht mit dem Zusatz Immertreu, oder ihn – der Papa war ja Studienrat – alliterierend Bogislaw Brutus Barzel genannt, womöglich gar, in etwas unglücklicher Kombination gutpreußischer und christkatholischer Traditionen, Eitel-Kaspar Barzel ... In den Mitgliederverzeichnissen der vornehmsten Hamburger Clubs entdecken wir nicht bloß einen Hans Harder (Biermann-Ratjen), einen Erdewin (Pinckernelle), einen Conrad Hinrich (Freiherr von Donner) oder einen Pascual (Jordan), sondern auch einen Robert Miles (Reincke), einen Enno-Edzard (von Marcard), einen Feiko (Reemtsma) und sogar einen Manfred Alexander Josias Sieghard (Prinz zu Bentheim und Steinfurt) und einen Boy (Gobert), dessen 1967 verstorbener Vater die Vornamen Ascan Klée führte. Doch allen denen, die als gewöhnliche Karl-Heinze, Ottos oder Fritze nun beschämt zu Boden blicken und erkennen, daß sie bei ihrer Taufe erheblich zu kurz gekommen oder von rücksichtslosen Eltern und Paten in einer Weise bedacht worden sind, die ihnen bei ihrem erhofften Aufstieg in die High Society nur hinderlich sein kann, bieten sich zahlreiche Auswege aus ihrem Dilemma: Erstens kann sich jeder – außer in Urkunden und gegenüber Behörden oder zu unlauteren Zwecken – beliebige Vornamen zulegen, etwa aus »Clara« »Clarissa« machen oder sich, anstatt August Ringelklein, etwas hochtrabend seinen Freunden als Louis-Ferdinand Leupold Kraft Wunibald Marcantonio Ringelklein vorstellen; zweitens besteht die Möglichkeit, bei der unteren Verwaltungsbehörde um die Erlaubnis zur Änderung der Vornamen im Standesamtsregister nachzusuchen. Das kostet zwar den Antragsteller viel Geduld sowie ein paar Mark Gebühren, wird aber schließlich doch zu dem gewünschten Erfolg führen, sofern einigermaßen plausible Gründe vorgebracht werden können.

Der Hinweis auf schwere pekuniäre Einbußen, die durch das nicht zustandegekommene Verlöbnis mit der einzigen Tochter einer steinreichen und schon ziemlich hinfälligen Häuserblocksbesitzerswitwe hingenommen werden mußten, und zwar einzig und allein deshalb, weil die zu ehelicher Verbindung in Aussicht genommene Enddreißigerin, trotz überreichlicher Beschenkung mit Blumengebinden, Likörpralinen und sogar einem Plattenalbum

(»Werke Großer Meister, ausgewählt durch *Das Beste aus Reader's Digest*«), den ihm von frommen Eltern auferlegten Vornamen Hippolyt-Kreuzwendedich einfach nicht mochte, wird einen mitfühlenden Beamten des zuständigen Landratsamts höchstwahrscheinlich schon überzeugen, wenn auch vielleicht nicht auf Anhieb, so doch im Verlauf zweier Jahre.

Da ist es natürlich einfacher, wenn Eltern ihren Kindern gleich eine reiche Auswahl von Namen geben und dabei alle Aufstiegsmöglichkeiten ihres Sprößlings, aber auch sämtliche denkbaren Verschiebungen der politischen Machtverhältnisse berücksichtigen. Ein ganz passabler Vorschlag wäre vielleicht Franklin Iljitsch Horatio Louis Ferdinand Moshe Gernot Adolf Franz Josef Maria Tito Carlos Xaver Walter Abdallah Ché Pius Immerwahr Wilhelm Tell y todos los santos; die Kosten sind minimal: nur ein paar extra gute Zigarren für den Standesbeamten, und sollte dieser die Eintragung des einen oder anderen Vornamens unter Hinweis auf kleinliche Vorschriften verweigern, so muß man ihn ersuchen, dies wenigstens – für jeden Namen einzeln – amtlich zu bescheinigen ...

Erheblich langwieriger, komplizierter – weil schon in der Zuständigkeit der oberen Verwaltungsbehörde, zumeist des Regierungspräsidenten – und auch entsprechend kostspieliger ist eine amtliche Änderung des Familiennamens. Wer etwa Isabella Schwitzefus heißt oder mit Namen wie Donald Flottkack, Heidemarie Bettenfleiß oder Hyazinth Schwuchtel geschlagen ist, wird immense Geduld und gewaltige Überzeugungskraft aufbringen müssen, ehe sich der zuständige Herr Oberregierungsrat, der vielleicht selbst ein Dr. Naßmacher ist, auch nur von dem möglichen Vorhandensein einer gewissen Beschwernis überzeugen läßt, wobei die Dringlichkeit der geforderten Abhilfe erst noch zu beweisen bleibt.

Natürlich wird der Sachbearbeiter als korrekter Beamter den in achtfacher Ausfertigung eingereichten und ausführlich begründeten Antrag erst einmal einige Jahre überdenken. Dann wird er Stellungnahmen aller in Frage kommenden Behörden und Interessenverbände einholen, auch zwei sachverständige (daher sehr teuere und sich in allen Punkten widersprechende) Gutachten sowie ein noch sachverständigeres (infolgedessen kaum noch erschwingliches, gänzlich unbegreifliches) Obergutachten. Am Ende wird er vielleicht die (sehr preisgünstige) Änderung nur eines Buchstabens als seine eigene Lösung vorschlagen, etwa die ersatzlose Streichung des f in Schwitzefus, was dann auch eine seinem sehr skeptischen Vorgesetzten hinreichend dünkende Verbesserung insofern wäre, als sich die so beschiedene Antragstellerin, falls sie noch am Leben ist, künftig Isabella Schwitzeus (ausgesprochen: Schwitzé-us) nennen könnte.

In aller Regel sind nur unaussprechliche, abstoßende, sehr unanständige, geschäftsschädigende, kurz, das gesunde Volksempfinden verletzende Familiennamen von Amts wegen zu ändern. Es müssen einen schon sehr innige bluts-, kegel- oder bundesbrüderliche Bande dem Sachbearbeiter, besser noch: seinem Vorgesetzten, ans Herz gewachsen sein lassen, wenn es gelingen soll, einen ganz gewöhnlichen, lediglich etwas plebejisch klingenden Familiennamen amtlich durch etwas Vornehmeres zu ersetzen. Hingegen gibt es inoffizielle Auswege in Hülle und Fülle:

Nehmen wir einmal an, ein eifriger Aufsteiger mit dem hübschen und ehrbaren, ihm aber zu schlichten Namen Paul-Stefan Augustin, ein anderer, der Gustav Planke heißt, eine künstlerisch ambitionierte junge Dame namens Walburga Spreizefett, eine weitere Vertreterin des zarten Geschlechts, deren Familienname bedauerlicherweise Schamkraus lautet, und ein Fabrikant Müller, der aus der grauen Masse der ihm pekuniär unebenbürtigen Träger des gleichen Namens herausragen möchte, suchen – natürlich ein jeder für sich – nach Möglichkeiten, sich umzubenennen. Was bietet sich ihnen an?

Nun, Herr Augustin, Kunsthändler seines Zeichens, wird nicht zögern, sich als Paul St. Augustin (sprich: Poll ßängt-ogüstäng) vorzustellen – nach dem Vorbild eines prospektiven Kunden, des steinreichen Düsseldorfer Großdruckereibesitzers Bagel, der sich, wie schon sein Vater und Großvater vor ihm, Baschéll auszusprechen beliebt.

Bei Gustav Planke beseitigt bereits ein kleiner Akzent allen Kummer, der ihn in einen Herrn Planké verwandelt, wobei die erste Silbe des Namens nasal gesprochen wird. Fräulein Walburga Spreizefett hat als vielbeschäftigtes Fotomodell – Spezialitäten: Werbung für landwirtschaftliche Produkte und elegante Herrenunterwäsche sowie anspruchsvolle Aktaufnahmen – Anrecht auf einen Künstlernamen, den sie sich mit Hilfe ihrer Phantasie, unterstützt von ihrer Mutter, einer eifrigen Leserin von »Lore«-Romanen, frei auswählen darf. Wahrscheinlich wird sie sich für »Gaby ter Brincken« entscheiden, vielleicht aber auch für »Daniela von Hohenau« oder »Mercedes da Silva«, und sie kann sich dann eines solchen, nur von der unteren Verwaltungsbehörde zu genehmigenden Namens überall bedienen, außer in Urkunden und im Umgang mit Behörden, ihn auch in ihre Ausweispapiere eintragen lassen.

Der Fabrikant Müller, der den dringenden Wunsch hat, als ein erfolgreich Million auf Million häufender Hersteller von Herrenkonfektion, vornehmlich Beinkleidern, von den vielen anderen, durchweg weniger bedeutenden Trägern des gleichen Namens deutlich abzustechen, wird sich möglicherweise zunächst nach seinem Geburtsort als »Müller-Mönchengladbach« bezeichnen. Indessen befriedigt ihn diese Lösung noch nicht – ebensogut (oder so schlecht) wäre »Müller-Hückeswagen«, »Müller-Pinneberg« oder »Müller-Recklinghausen«*, weil manche Ortsnamen einfach nicht die gewünschten aristokratischen Assoziationen hervorrufen vermögen.

Auch »Müller-Monte Carlo« – nach seinem derzeitigen, vornehmlich aus steuerlichen Gründen gewählten Wohnsitz – erscheint ihm keine wirklich gute, vertrauenerweckende Lösung, könnten doch seine Kunden dann ihn, den durch und durch seriösen Geschäftsmann, der lediglich mit den bundesdeutschen Finanzbehörden in ritterlicher Fehde liegt – mitunter wohl auch sitzt – und dessen Sparsamkeit, nicht allein bei der Zahlung von Abgaben an den Fiskus, sondern auch bei Löhnen, Material und Zutaten geradezu sprichwörtlich ist, mit Spielsalons, Operettenmelodien und luxuriösem, rivierasonnenbestrahltem Dolce Vita gedanklich in Verbindung bringen.

Also nennt sich Herr Müller, nunmehr stolz und zufrieden, nach dem einstigen Sitz seiner Stammfirma: Alfons Müller-Wipperfürth. Er könnte sich übrigens, da es ihn und seine populäre Herrenkonfektion ja wirklich gibt, auch »Müller-Wipperfürth-Leichlingen« nennen, denn die Müller-Wipperfürth AG ist inzwischen in diese, bis dahin nur durch ihre Kirschblüte berühmte Kleinstadt umgezogen. Und da ihm Zweigbetriebe in zahlreichen, meist sehr armen oder steuerbegünstigten Gegenden, auch des Auslands, gehören, unter anderem in Pepinster (Belgien), Neufelden (Österreich) und Campione (Italien), so wäre es ihm auch möglich, seinen Namen nach Art hochadeliger Geschlechter eindrucksvoll zu verlängern, wobei »Müller-Wipperfürth-Leichlingen und Wipperfürth-Pepinster, zu Campione, Neufelden, auf Elba und zu Ossona-Ebensee« wohlklingend und noch relativ bescheiden genannt werden könnte.

Für Fräulein Marie-Louise Victoria (»Vicki«) Schamkraus bietet die Müller-Wipperfürth-Methode keine Lösung ihrer Probleme, denn an Ortsnamen, die sie sich anfügen könnte, stehen ihr nur ihr Geburtsort, Loechle im Oberelsaß, und ihr derzeitiger Wohnsitz, (Bonn-)Venusberg, zur Verfügung. Eine stark veränderte Aussprache, »S-kamm-kräh-uss«, hat ihr zwar im mündlichen Verkehr etwas Erleichterung gebracht, ließ sich aber schriftlich nur unvollkommen, »Schamkráus«, durchsetzen. Da die Unglückliche weder in Bälde heiraten noch mit behördlichem Verständnis dafür rechnen kann, daß sie sofort und nicht erst in einigen Jahren, wenn der Schmelz ihrer Jugend dahin ist, anders heißen will, ist sie in ihrer Not auf einen Einfall gekommen, den man geradezu genial bezeichnen muß: Anläßlich eines Umzugs (nach Poppels-

---

* Nicht einmal Ihre Durchlauchtige Hoheit, die Fürstin Mathilde zu Recklinghausen, geborene Calley, geschiedene Rysback, geschiedene Vanhees, verwitwete Goedblood macht von diesem ihrem in vierter Ehe erworbenen Namen Gebrauch; sie nennt sich schlicht Herzogin von Arenberg.

dorf) und eines Stellenwechsels (vom Ministerium für inner-
deutsche Beziehungen zum Ministerium für wirtschaftliche Zusammenarbeit) hat sie kurz und bündig den Bindestrich zwischen
ihren beiden ersten Vornamen vor den anstößigen Familiennamen
wandern lassen, auch die Rufnamen umgestellt und »Marie«, mit
einem kleinen Akzent versehen, zum Hauptbestandteil des Ganzen erhoben. Sie heißt nun Victoria Louise Marié-Schamkráus,
wird aber nur noch Fräulein Marié genannt, hat ihren Seelenfrie-
den wiedergefunden, der ihr seit ihrer Pubertät abhanden gekommen war, und braucht auch keine Nachforschungen zu befürchten. Das Standesamt von Loechle, das inzwischen *Mairie* heißt,
hat – da von einem freundlichen Vetter verwaltet – ihr mit fran-
zösischem, also sehr galantem Augenzwinkern Akzent und Bindestrich halbamtlich bewilligt.

Was aber macht ein von brennendem gesellschaftlichen Ehrgeiz
erfüllter Industrieller, nicht minder erfolgreich als Alfons Müller-
Wipperfürth, der, sagen wir: Igor P. Knatschke heißt und darunter
ebenso sehr, wenn auch objektiv weit weniger berechtigt, leidet
wie Mademoiselle Marié-Schamkráus. Ein Akzent, der ihn in
einen »Knatschké« verwandeln könnte, dünkt ihm keine erstre-
benswerte Lösung. Auch sein eigentlicher Rufname, Paul, der
ihn in seiner Jugend, als er allgemein »Paule« genannt wurde, davor bewahrte, von grausamen Mitschülern als Igor verspottet zu
werden, und den er, als zu vulgär, bereits zu einem P. degradiert
hat, vermag ihm keinen Trost zu spenden. Und an Ortsnamen,
die sich an Knatschke anhängen ließen, bietet sich ihm nur Kattowitz, wo er das Licht der Welt erblickt hat, Wanne-Eickel, wo
seine Firma ursprünglich domizilierte, Oberpfaffenhofen, wo
seine Werke in die Voralpenlandschaft ragen, sowie Geiselgasteig,
der Standort seines Luxus-Bungalows. Doch in Verbindung mit
»Knatschke« erzielen sie alle nicht die gewünschte Wirkung.

Auch die Anfügung des Mädchennamens seiner seligen Mutter,
die Herr Knatschke bereits – nach dem Vorbild von Gunter Sachs,
der sich bisweilen »Sachs von Opel« zu nennen beliebt – einmal in
Erwägung gezogen hat, brachte ihn nicht weiter; er hätte sich
dann auch bloß »Knatschke-Kaczmarek« nennen können ...

Sein Patentanwalt, dem er seinen Kummer klagte, empfahl ihm
die Anhängung des Namens eines vielleicht vorhandenen Stief-
vaters; er selbst hätte nur dank der häufigen Heiraten seiner Mama
nicht als gewöhnlicher Hardy Schlitz seine Praxis eröffnen müssen,
sondern wäre als Götz-Eberhard Schlitz von Karpffenstein sogar
der Mühe enthoben gewesen, den Doktorgrad zu erwerben, denn
seine Klienten seien auch schon durch diesen Namen hinreichend
beeindruckt.

Igor P. Knatschke kann indessen mit keinem Stiefvater aufwarten,
schon gar nicht mit einem adligen; Fräulein Hedwig Kaczmarek,
die ihm in Kattowitz das Leben schenkte, war schon sehr froh

gewesen, als Herr Lagerverwalter Knatschke sie noch zu ehelichen geruhte. Der erfolgreiche, durch die Herstellung von Katzenfutterkonserven zu großem Vermögen gekommene Sohn, dem der gute Name seines vermutlichen Vaters nunmehr zu vulgär erscheint, kann sich aber dennoch aus seinem Dilemma befreien, beispielsweise dadurch, daß er die bereits für die Anschaffung eines Konsul-Titels bereitgestellten Mittel lieber einem – durch sorgfältige Beobachtung der Kleinanzeigen in den von arrivierten Geschäftsleuten bevorzugten Presseorganen leicht gefundenen – Adoptivvater zukommen läßt. Wenn ein solcher ihn, den fünfunddreißigjährigen Junggesellen ohne lebende Verwandtschaft, an Kindes Statt annimmt, so wird Igor P. zwar unterhaltspflichtig gegenüber dem neuen Ziehvater, einem rüstigen Endsiebziger, der zu Garatshausen am Starnberger See in einem dem Schloß eines reichen Fürsten angegliederten Altersheim residiert, auch erbberechtigt hinsichtlich der von diesem hochverschuldeten Mann hinterlassenen Verbindlichkeiten, erhält aber dafür dessen Familiennamen und darf sich dann Paul Igor Baron Greiff von Horka-Gubrynowicz de Horkós von und zu Suczowa nennen, auch das stolze Wappen – ein goldener Greif mit niedergeschlagenem Schweif auf blauem Grund – dieses, wie ihm sein Adoptivvater versicherte*, ungemein vornehmen Geschlechts führen, das seit den Tagen Zanjabs des Keuschen zu den Magnaten der Bukówina zählte, jedoch von dort und auch von seinen ausgedehnten karpatho-ukrainischen Latifundien bereits kurz nach dem Mährischen Ausgleich (1905) – durch Gerichtsvollzieher – vertrieben worden ist.

Der an Kindes Statt angenommene Katzenfutterkonservenindustrielle bekommt auf diese Weise auch noch zwei unverheiratete, sieben- und neunundfünfzigjährige Schwestern, die Baronessen Betsi und Mitzi in Icking, Kreis Wolfratshausen, für die er, da sie beide kränkeln, hinfort gleichfalls zu sorgen hat, nicht aber den von ihm erhofften Ehrenplatz im »Genealogischen Handbuch der freiherrlichen Häuser«; dort wird er lediglich in einer bescheidenen Fußnote als »nichtadeliger Namensträger« Erwähnung finden.

Dennoch ist Paul Igor Baron Greiff von Horka, wie er sich ganz schlicht zu nennen wünscht, mit dieser Lösung zufrieden. Wenn er demnächst, wie geplant, seine Katzenfutterwerke in eine Aktiengesellschaft einbringen, sich mit dem Aufsichtsratsvorsitz begnügen, eine schöne Besitzung nebst kleinem Schloß am Starnberger See erwerben und dem aristokratischen Münchener »Preysing-Club« beitreten wird, der im Preysing-Palais, an der

---

* Er mußte noch sehr vieles andere, größtenteils eidesstattlich, versichern, bevor die Gerichte dem Adoptionsgesuch stattgaben, zum Beispiel, daß er in wirtschaftlich gesicherter Lage sei, auch keinerlei Zuwendungen von seiten seines Adoptivsohnes erhalten habe noch erwarte, und daß es ihm vor allem darum gehe, sein edles Geschlecht vor dem Erlöschen im Mannesstamme zu bewahren.

44

Rückseite der Feldherrnhalle, vornehmlich alte Exzellenzen und rüstige Pensionäre aus Armee und Verwaltung zu Vorträgen stock-konservativer Publizisten versammelt, dann darf er sicher sein, daß sein neuer Name Eindruck machen wird. Er plant darüber hinaus, Golf zu spielen, Reitstunden zu nehmen, auch eine Motoryacht zu kaufen und alsdann mittels Kleinanzeige – »Industrieller v. Adel (Baron), Mitte 30, glänz. Ersch., bedeut. Vermög., herrl. Besitzg. nbst Schloß a. Starnb. See, gr. Kunstfr., Sportsm. (Golf, Reit., Motory.), sucht a. dies. ncht m. ungew. Wege …« – eine geeignete, sehr vornehmen Kreisen entstammende Lebensgefährtin zu finden und durch diese Anschluß an die in München und Umgebung in Rudeln lebende Hocharistokratie, vielleicht sogar an den internationalen Jet Set. Dann werden sich seine mit dem Namenswechsel verbundenen, recht erheblichen finanziellen Aufwendungen vollauf gelohnt haben.

Frauen haben es natürlich sehr viel leichter. Eine Emma Klothilde Knatschke, die den Katzenfuttermarkt beherrscht und als millionenschwere Mittdreißigerin Sehnsucht nach einem weniger plebejischen Namen und nach Umgang mit aristokratischen Kreisen verspürt, hätte sich ein umständliches Adoptionsverfahren ersparen können und nur mit dem greisen Baron Greiff von Horka-Gubrynowicz vor den Standesbeamten zu treten brauchen, in welchem Falle sie sogar in das »Genealogische Handbuch der freiherrlichen Häuser« nicht bloß als Fußnote aufgenommen worden wäre.

Vielleicht wird in Bälde die vom Grundgesetz der Bundesrepublik postulierte Gleichberechtigung von Mann und Frau auch auf dem Gebiet des Namensrechts insofern Wirklichkeit, als dann auch der gesellschaftlich emporstrebende Jüngling – und nicht nur, wie bislang, allein die holde, nach Rangerhöhung lechzende Maid – die gesetzliche Möglichkeit erhält, bei einer Einheirat in sehr vornehme Geschlechter den Geburtsnamen des Ehepartners, hier zur Abwechslung einmal den der Frau, anzunehmen, natürlich samt allen damit verbundenen Titeln. Dann könnte sich beispielsweise der Gastwirtssohn Peter-Maria Rattenhuber, der die Prinzessin Anna Maria (»Mirzl«) Eulalia von Quadt zu Wykradt und Isny ehelicht, sobald er sein Jawort gehaucht hat, Prinz Peter-Maria von Quadt zu Wykradt und Isny*, geborener Rattenhuber, nennen, weil es dem jungen Paar gefiel, gemeinsam den Namen der Braut zu führen.

Bestrebungen, die gesetzlichen Grundlagen für dieses Verfahren zu schaffen, sind um so mehr zu begrüßen, als einige der edelsten Geschlechter kurz vor einem Erlöschen im Mannesstamm stehen,

---

* Das Beispiel ist natürlich fiktiv, zumal die Töchter der Fürsten von Quadt zu Wykradt und Isny nur Anspruch auf einen Gräfinnentitel haben, außerdem Mésalliancen dieser Art allenfalls bei benachbarten süddeutschen Fürstenhäusern denkbar sind.

so daß auch in dieser Hinsicht ein echtes Bedürfnis nach schleuniger Abhilfe vorliegt.

Es handelt sich übrigens dabei keineswegs um ein erst in unseren Tagen entstandenes Problem, mußte doch bereits Seine Majestät der hochselige letzte Kaiser mehrfach Allerhöchstselbst eingreifen, um sehr angesehene und reiche Sippen seiner Lande dadurch vor ruhmlosem Aussterben zu bewahren, daß er ihnen einen würdigen Schwiegersohn besorgte und diesem den Mädchennamen der Erbtochter zu führen befahl.

So bekam anno 1906 die junge Bertha Krupp einen Bräutigam kaiserlicher Wahl und dieser den Namen Krupp vor seinen eigenen. Er brauchte nicht einmal das Wörtchen »geborener« dazwischenzufügen, und das wäre auch die Unwahrheit gewesen, denn Gustav von Bohlen und Halbach – so lautete der Jünglingsname des Bräutigams vor der Eheschließung – hatte bei seiner Geburt noch ganz schlicht Halbach geheißen, Gustav Halbach. Seine Familie war nämlich keineswegs, wie man hätte meinen können, von uraltem Adel, vielmehr aus dem Arbeiterstand aufgestiegen, und sie stellt geradezu ein Musterbeispiel dafür dar, wie man sich als zielstrebiger Emporkömmling klingende Namen und Titel verschaffen und alsdann damit eine glänzende Karriere machen kann: Die Halbachs stammen aus Müngsten bei Remscheid, wo sie als Handwerker eine kleine Hammerschmiede hatten, die sie vom Vater auf den jeweils ältesten Sohn zu vererben pflegten. Um 1820 wanderte ein jüngerer Bruder, für den es nichts mehr zu erben gab, nach Amerika aus, brachte es dort zu bescheidenem Wohlstand sowie zu einem Sohn, den er Gustav nannte. Dieser hoffnungsvolle Sprößling, 1831 zu Philadelphia geboren, ging als Jüngling zurück nach Europa, um dort zu studieren. Weit wichtiger als das Studium wurde für ihn jedoch die Bekanntschaft eines Prinzen von Baden, der später für einen erkrankten Bruder regierender Großherzog wurde und dem sich Gustav in weiser Voraussicht angenehm und nützlich zu machen verstand. Er verzichtete dann sogar darauf, ein freier Bürger der USA zu bleiben, und wurde ein badischer Untertan und großherzoglicher Konsul in Den Haag. Und dort gebar ihm anno 1870 – er hatte einige Jahre zuvor geheiratet – seine junge Frau als fünftes von insgesamt zehn Kindern einen Knaben, der den Vornamen des glücklichen Vaters, Gustav, erhielt.

Die Mutter von Gustav junior und seinen vielen Geschwistern war übrigens eine Cousine ihres Mannes und stammte aus einer ebenfalls in die USA ausgewanderten Familie namens Bohlen, deren Vorfahren in Schiffdorf bei Bremerhaven Bau- und Zimmerleute gewesen waren. Und weil ihr Papa in Philadelphia einiges Ansehen genossen hatte und im Kampf mit den Südstaaten gefallen war, meinte Gustav senior den toten Helden, Onkel und Schwiegervater dadurch ehren zu müssen, daß er dessen Familiennamen dem eigenen anfügte. Er nannte sich erst Halbach-Bohlen, später – wohl weil dies einen besseren Klang ergab – Bohlen-Halbach, und so hieß er fast ein Jahrzehnt lang.

Doch dann – der kleine Gustav junior konnte schon laufen – wurde der darob überglückliche Papa von seinem Souverän in den untersten Rang des Adels erhoben. Und er benutzte diese Gelgenheit, sich nicht einfach »von Bohlen« oder »von Bohlen-Halbach«, sondern »von Bohlen *und* Halbach« zu nennen, was gar nicht mehr nach jungem Beamten-, sondern nach landsässigem Uradel klang. Dabei war die Nobilitierung nur ein Trostpflaster dafür gewesen, daß Badens Beitritt zum Deutschen Reich das Konsulat in Den Haag und die Dienste des nunmehrigen Herrn von Bohlen und Halbach überflüssig gemacht hatte, und daß der Großherzog solche tröstlichen Standeserhöhungen überhaupt vornehmen konnte, verdankte auch er nur einer Reihe von seltsamen Umständen: Einige Jahrzehnte zuvor waren die eigentlichen Thronerben, zwei kleine Prinzen, auf sehr mysteriöse Weise ums Leben gekommen, einer vielleicht auch nur – unter dem Namen Kaspar Hauser angeblich wieder aufgetaucht und dann ermordet – vertauscht und verborgen worden. Auf jeden Fall fiel der badische Thron an ihren bis dahin von der Erbfolge ausgeschlossenen Halbbruder, der seinerseits aus einer nicht standesgemäßen Verbindung des gemeinsamen Vaters mit einem Fräulein Louise Geyer stammte, die zur Freiin Geyer von Geyersberg, dann sogar zur Gräfin von Hochberg ernannt zu werden die Ehre hatte. Doch auch der Thron, um den es mit wahrlich allen Mitteln ging, war damals erst gerade zehn Jahre alt. Zu seiner Schaffung hatte es eines für die Badener sehr opferreichen Bündnisses mit dem genialen Parvenü Napoléon Bonaparte bedurft, auch der zwangsweisen Verheiratung des Erbprinzen mit der Adoptivtochter des Franzosenkaisers, Stephanie de Beauharnais. Und schließlich hatten sich die »von Gottes Gnaden souveränen«, von ihren Nachbarn erst später zähneknirschend anerkannten Geyer-Kinder noch sehr anstrengen müssen, ihr Thrönchen nach Bonapartes Sturz weiter zu behaupten.

Aber dies alles war den Halbachs, nunmehrigen von Bohlen und Halbachs, völlig gleichgültig. Sie hatten nun ihr karrierefördendes Adelsprädikat, und ein mehr oder weniger steiler Aufstieg war ihnen sicher. Tatsächlich rangelten sich, soweit sie nicht schon jung starben, sämtliche Sprößlinge des geadelten Gustav empor in jene seltsame Schicht von meist wenig begüterten, dafür um so hochnäsigeren Kleinadeligen, die als Hofschranzen, höhere Beamte oder Gardeoffiziere die Herrschenden vom gewöhnlichen Volk deutlich abgrenzten: Zwei Söhne wurden Rittmeister im 1. badischen Leibdragonerregiment; einer, der unverheiratet blieb, avancierte zum diensttuenden Kammerherrn des Großherzogs von Luxemburg; von den Töchtern heiratete eine den diensttuenden Kammerherrn der Großherzogin von Baden, Baron Goeler von Ravensburg, eine andere den preußischen Garde-kürassiermajor von Winterfeld, und Tante Mathilde, eine Schwägerin von Gustav senior, verehelichte sich sogar mit einem Grafen von Wartensleben, königlich preußischem Kammergerichts-Auskultator. Deren Tochter heiratete später den Grafen zur Lippe-Biesterfeld und wurde so, obwohl sie es nicht mehr erlebte, die Urgroßmutter der künftigen Königin der Niederlande, Prinzessin Beatrix, und ihrer Geschwister.

Für sich selbst die beste Partie aber machte unzweifelhaft Gustav junior, verehelichter Krupp von Bohlen und Halbach, dessen Gemahlin die reichste Frau Deutschlands war und dessen Ältester, Alfried, sich wiederum – diesmal mit Erlaubnis eines »Führers« – Krupp von Bohlen und Halbach nennen durfte und – noch vor dem Ableben seines längst nicht mehr geschäftsfähigen Vaters – Alleininhaber der Firma Fried. Krupp, Essen, und ihres gewaltigen Konzernbesitzes wurde.

Daß Alfried dann die Herrschaft über das Kruppsche Riesenreich auf – und alle Eigentumsrechte daran an eine Stiftung – die allerdings seinen Namen trägt – abgeben mußte, ist zwar eine für den Rest der Familie betrübliche Tatsache, zeigt aber nur, daß es mit dem klingenden Namen allein auch nicht getan ist.

Immerhin hat der unter kräftiger Mithilfe eines etwas fragwürdigen Souveräns von Baden und eines befreundeten Hohenzollern vollzogene, mit dreimaliger Verlängerung des Familiennamens verbundene Aufstieg der Halbachs aus den Niederungen des gewöhnlichen Schmiedehandwerks zu den Höhen der Alleininhaberschaft an der größten Waffenschmiede Europas einen vortrefflichen Background geschaffen für Alfrieds einzigen Sohn, den um sein Konzernerbe gebrachten »letzten Krupp« Arndt von Bohlen und Halbach. Er kann, frei von Verantwortung für das sich von seiner Sippe allmählich wieder erholende Industriereich, von dem Nimbus und den fetten Renten zehren, die seine Altvordern ihm hinterlassen haben. Sein Schloß Blühnbach (samt zweitgrößtem privaten Grundbesitz Österreichs), eine hochherrschaftliche Stadtwohnung im ehemaligen Pacelli-Palais in der München-Schwabinger Georgenstraße, ein standesgemäßes Feriendomizil in Marrakesch und eine hochseetüchtige Motoryacht geben zusammen für ihn und seine Gemahlin, Henriette (»Hetty«) geborene Prinzessin von Auersperg, den angemessenen Rahmen ab; Prinz Ruprecht (»Ruppy«) Sigismund Philipp (nach seinem Onkel Mountbatten, dem Herzog von Edinburgh) Ernst von Hohenlohe-Langenburg hat die Rolle eines dienstuenden Kammerherrn übernommen; ein farbiger Butler, adrette Hausmädchen und ein livrierter Chauffeur am Steuer des einen oder anderen Rolls Royce sowie hie und da ein Rubens an der Wand vervollständigen den imposanten Background, den sich Arndt von Bohlen und Halbach geschaffen hat, wenn schon nicht aus eigener Kraft, so doch ganz nach seinem persönlichen Geschmack.

Er könnte übrigens – und damit wollen wir die Frage der Möglichkeiten, sich einen besseren Namen zu machen, einer abschließenden Betrachtung zuführen – der schon ehrwürdigen Tradition der Halbachs folgen und den Familiennamen seiner Ehefrau dem eigenen voranstellen, und erst recht müßte ihm gestattet sein, Kaiser- und »Führer«-Erlasse sowie Abmachungen, die im Familienkreis getroffen wurden, in den Wind zu schlagen und fortan denselben Namen zu führen wie sein verstorbener Vater. Das Resultat von beidem wäre geradezu atemberaubend: Arndt Prinz Auersperg-Krupp von Bohlen und Halbach ...

Was die Wiedereinfügung des ihm abhandengekommenen väterlichen Namensbestandteils »Krupp« angeht, so könnte er sich dabei auf einen Präzedenzfall berufen, der in dem erlauchten Hause der Fürsten zu Löwenstein-Wertheim-Freudenberg geschaffen wurde, und zwar zugunsten des (inzwischen emeritierten) Professors und ehemaligen Bundestagsabgeordneten Hubertus Prinz zu Löwenstein. Dessen hochseliger, 1893 zu München verstorbener Großvater, Prinz Leopold, hatte die strengen Hausgesetze der Löwenstein-Wertheim-Freudenbergs mißachtet und eine Bürgerliche, Auguste Amalie Wollrabe, geheiratet. Zwar vermählte sich später auch des Prinzen älterer Bruder, Fürst Wilhelm, mit einer schlichten Bertha Hagen, die auch durch Erhebung zur Freifrau von Grünau nicht ebenbürtig wurde, und des Fürsten Ältester, Prinz Alfred, nahm eine Gräfin Reichenberg-Lessonitz zur Frau, die mütterlicherseits mit den Bohlens, also einfachen Zimmerleuten, verwandt und deren Papa sogar ein Sohn des Berliner Arbeitermädchens Emilie Ortlöpp war, die sich als Mätresse des Kurfürsten von Hessen-Kassel ihr Grafenkrönchen recht mühselig hatte verdienen müssen. Aber bei dem Prinzen Leopold waren die Löwenstein-Wertheim-Freudenbergs kleinlich gewesen und hatten dessen Auguste nicht als ebenbürtig anerkennen wollen, auch nicht, nachdem sie zur Freifrau Wollrabe von Wollrab erhoben worden war, schließlich sogar zur Gräfin Löwenstein-Scharffeneck, beides durch den zwar schon erheblich geistesgestörten, aber anscheinend noch geschäftsfähigen Bayernkönig Ludwig II. Und dabei hätte sich die Familie eigentlich gar nicht so haben dürfen, verdankte sie doch selbst ihren Aufstieg in die Aristokratie bloß einer Mésalliance: Nachdem Kurfürst Friedrich von der Pfalz, »der böse Fritz«, ein hübsches Mädchen aus dem Volk, die Klara Dott aus Augsburg, höchstderoselbst in gesegnete Umstände zu bringen geruht hatte und besagte Döttin, wie man sie nannte, eines gesunden, Seiner Durchlaucht erfreulich ähnlich sehenden Knaben genesen war, bekam dieser von seinem Papa anstelle von Alimenten die Grafschaft Löwenstein, die die Pfälzer von den Nachkommen eines illegitimen, einst auf die gleiche Weise versorgten Habsburger-Sprößlings billig gekauft hatten.

Trotz alledem blieb den Kindern des Prinzen Leopold aus seiner angeblich standeswidrigen Verbindung mit der zur Gräfin erhobenen Auguste Wollrabe der erhoffte Prinzentitel versagt, was sie sehr schmerzte. Da wurde 1918 Deutschland eine Republik, und alle Adelsvorrechte erloschen, so daß die Wollrabe-Kinder, die sich nach ihrer Mutter »Grafen von Löwenstein-Scharffeneck« nannten, nun endlich – wie alle Bürger – ihren hochnäsigen Vettern, den Fürsten und Prinzen, gleichgestellt waren. Doch das genügte ihnen nicht, zumal nicht dem Grafen Hubertus. Er, ein Beamter der Republik, erwirkte bei seinem damaligen Vorgesetzten, dem Regierungspräsidenten von Potsdam, eine amtliche Namensänderung und heißt seitdem, wie einst sein Großvater, Prinz zu Löwenstein-Wertheim-Freudenberg, womit einem dringenden Bedürfnis abgeholfen war.

Nicht von ungefähr haben wir der Frage des Namens besondere Beachtung geschenkt, und der ehrgeizige Aufsteiger tut gut daran, sich der aufgezeigten Möglichkeiten ausgiebig zu bedienen, wobei es keine Gefahr der Übertreibung gibt. Wer noch Zweifel haben sollte und vielleicht meint, auch als Lilli Lusch oder Max Murkel das ersehnte Entrée zu finden und eines glücklichen Tages zur High Society zu gehören, der werfe einen Blick in die Mitgliederverzeichnisse exklusiver Clubs europäischer Metropolen, in die Gästelisten internationaler Jet Set-Resorts, in alte Millionärs-Handbücher und die Gesellschaftsberichte der heutigen Presse. Die Namen, die er darin findet, werden ihn nicht nur endgültig davon überzeugen, daß er sich zumindest noch einen zusätzlichen, sehr ausgefallenen Vornamen zulegen und irgend etwas aristokratisch Klingendes mittels Bindestrich an den eigenen Familiennamen hängen muß; sie werden ihm auch Mut machen und dabei helfen, letzte Hemmungen zu überwinden, denn er wird Leute finden, die ernstlich behaupten, August-Prosper L'Atté, Eitel-Philippe d'Oll-Reifferscheidt und sogar Marinus F. O'Swald zu heißen, ja, sich ohne rot zu werden, Holger-Heidam Plempevor dem Bruche* nennen.

Natürlich gibt es ein paar Ausnahmen, doch wer sich an diesen orientiert, erschwert sich nur den Aufstieg und vergeudet wertvolle Energien, die weit wirkungsvoller (sprich: effizienter) eingesetzt werden können – wie, darüber wird noch ausführlich zu berichten sein.

Indessen ist es mit einem klingenden Namen allein auch noch nicht getan, zumal wenn dieser in krassem Gegensatz zum übrigen Background steht. Ein Reichsgraf Engelbrecht-Nepomuk Kraft Wunibald Maria von Krantz zu Hohenschloth-Plobischen, Edler

* Post 4501 Rulle über Vehrte.

Herr zu Troscheburg und Kneitze, wird schwerlich sein hechelnd verfolgtes Ziel, eines Tages ganz und gar »in« zu sein, je erreichen, wenn er, derzeit Lehrling in einer vorstädtischen Tapetenhandlung, als sein privates Domizil nur ein möbliertes Zimmer bei Frau Klara Kulicke im dritten Stock eines Hinterhauses in der Ackerstraße nennen kann, (telefonisch erreichbar über das Milchgeschäft von Pommerenke im Hause nebenan, sonntags über die Gastwirtschaft »Ackerkeller« an der Ecke). Und selbst bei einer Prinzessin Walpurgis Hortense zu Sayn-Hohenstein und Berleburg-Hilburghausen wäre es als Nachteil anzusehen, Am Werkskanal 183/IV, bei Krapulla, zu logieren, auch wenn Ihre Durchlaucht den Schmelz ihrer dreiundzwanzig Lenze vorerst nur in den Dienst der Werbung für Anti-Akne-Gelee stellen und erst, wenn sie alle Rivalinnen aus dem Felde geschlagen hat, die ihr die Gunst des Kapitäns der liberianischen Baseball-Mannschaft streitig machen, Anschluß an den Jet Set suchen will.

Deshalb wollen wir nunmehr unsere Aufmerksamkeit der Adresse zuwenden, einem Faktor, dem erheblich mehr als nur postalische Bedeutung zukommt.

Gute Adressen

Schlösser, die im Monde liegen, sind immer noch besser als gar keine. Deshalb sind Aristokraten, die in den letzten Jahrzehnten unter dem Zwang geschichtlicher Ereignisse ihren Wohnsitz haben wechseln müssen, auch sehr bedacht darauf, ihre guten alten Adressen neben den manchmal noch etwas dürftigen neuen Anschriften zu nennen, im »Genealogischen Handbuch des Adels« etwa so: Wunibald Heribert Kaspar Johann Marquart 3. Fürst zu Krems-Markallen, Burggraf zu Hoya, auf Markallen, Pückelwitz, Wurcha, Zimst und Alt-Krems (§), zu Hohenkrems (§); (München 19, Eisenbahnstr. 287)

Die in Klammern gesetzten Paragraphenzeichen bedeuten, daß alle vorgenannten Besitzungen und Schlösser »in den Ostgebieten durch derzeitige Machthaber widerrechtlich enteignet« worden sind, dies von Seiner Durchlaucht aber nur als eine bedauerliche, in Bälde wieder behobene Entgleisung betrachtet zu werden geruht, weshalb auch der – gleichfalls eingeklammerten – Münchener Behausung nur die Bedeutung eines provisorischen Notquartiers zukommt. Snobs werden vielleicht hierzu bemerken, daß es für die Krems-Markallens wahrlich an der Zeit gewesen wäre, sich endlich *auch* eine Stadtwohnung in einer Metropole von Rang zuzulegen, wobei sie allerdings bei der Wahl der Adresse jenen deplorablen Mangel an gutem Geschmack bewiesen hätten, den sie auch an ihrer Garderobe erkennen ließen; zwar sei gegen München 19 (gemeinhin als Nymphenburg bezeichnet) an sich nichts einzuwenden, zumal es dort von Königlichen Hoheiten aus dem Hause Wittelsbach und ihrem Anhang nur so wimmelt, aber auf eine Straße mit so plebejischem Namen könne wahrlich nur der »Macki« Krems verfallen! Er trage ja auch gelegentlich braune Halbschuhe zum dunkelgrauen Anzug ...

Nun, wir brauchen uns um die Krems-Markallens, die sich in die Eisenbahnstraße verirrt haben, dennoch keine Sorgen zu machen. Ihre fünf Töchter, die samt und sonders »Burggräfinnen und Gräfinnen zu Krems-Markallen« heißen, werden bestimmt, trotz ihrer fliehenden Kinne und Adlernasen, letzte ein Erbteil von ihrer Mama, einer geborenen Kielmannshorst-Hollermund, wieder auf Schlösser, wenn auch vielleicht nur von bayerischen Baronen, Brauereibesitzern oder Bankdirektoren, heiraten, dabei auch für ihre Eltern noch ein Austrag-Palais* ergattern, und Erbgraf Wunibald-Kuno, zugegebenermaßen kein sehr aufgeweckter Junge, aber recht bemüht und von blendenden Manieren, wird

* Norddeutsch: Altenteil-Schlößchen.

demnächst als Direktionsassistent in einen Versicherungskonzern eintreten, wo man ihm bald die Betreuung ausländischer Besucher von Rang, aber ohne nennenswerte Bedeutung für das Geschäft, anvertrauen wird. Später, wenn er den Fürstentitel seines Papas geerbt hat (was zwar nach Verfassung, Gesetz und Rechtsprechung nicht statthaft, aber des Landes der Brauch ist), wird ihm ein dekoratives Plätzchen im Aufsichtsrat zuteil werden.

Vorsorglich hat man Kuno bereits »anständige Adressen« verschafft. Auf seinen Karten steht: »Schloß Freienfels bei Imst, Tirol«(das zwar der Großtante Theres, einer geborenen Colloredo-Mannsfeld, gehört, aber die ist schon steinalt und wird bestimmt nichts dagegen haben) sowie »Preysing-Palais, München 2, Residenzstr. 27« (wo man für Kuno einen zwölf Quadratmeter großen, fensterlosen Raum nebst Schlüssel für die Toilette und Briefkasten gemietet hat, den er als sein »Pied-à-terre«*, ernsten Geschäftsleuten gegenüber auch als sein »Office« bezeichnen kann und zu dessen Finanzierung eigens ein Familienrat einberufen und eine Umlage beschlossen wurde, die für die depossedierte Verwandtschaft, deren ganze Hoffnung eine rasche und steile Karriere des künftigen Familienoberhaupts ist, eine schmerzliche Belastung darstellt, ohne daß die Notwendigkeit eines solchen Opfers – alle für einen, einer für alle – von irgend jemandem ernstlich in Zweifel gezogen worden wäre).

Wenn schon ein so angesehenes, ehemals standesherrliches und damit regierenden Häusern ebenbürtiges Geschlecht so besorgt um die Adresse seines künftigen Clan-Chefs ist, so kann einem um gesellschaftlichen Aufstieg bemühten Jüngling aus dem Mittelstand oder gar der Unterschicht gar nicht dringend genug ans Herz gelegt werden, sich bei der Auswahl seiner Anschrift – besser noch: seiner Anschrift*en* – größter Vor- und Umsicht zu befleißigen.

Die so reizend saloppe junge Dame (in einem von ihr »Fummel« genannten Fähnchen aus Jil Sanders Boutique in der Hamburger Milchstraße, Duzfreundin von Jil wie auch von deren Nachbarn, dem »Lord von Pöseldorf« Eduard Brinkama, und mit Anschluß an die Horst-Herbert Alsen-Clique, also so *»in«*, wie es an Elbe und Alster nur geht), mit der ein emsig bemühter Jungaufsteiger in der »Condi«(torei) des Hotels »Vier Jahreszeiten« endlich ins Gespräch gekommen ist und mit der er – an der Bar des Feinkostgeschäfts von Michelsen** (sprich: Micheehlsen) und wider bes-

---

* Diese Bezeichnung, die mit »Absteige« höchst unzulänglich übersetzt wäre, empfiehlt sich für alles, was man auch bei größter Kühnheit nicht als seine Wohnung ausgeben kann.
** Wäre er schon *»in«* gewesen, so hätte er die junge Dame wahrscheinlich damit tief beeindruckt, daß er mit ihr mittags zu Kruizenga frühstücken gegangen wäre. Im verborgenen Hinterzimmer dieses ehrwürdigen Delikatessengeschäfts in der *Maria-Louisen-Straße* an einfachen Holztischen mit dem zufrieden zu sein, was es gerade gibt (*»pot luck«*), ist nicht nur sehr chic und völlig *»in«*, sondern erweist sich auch als ungemein kostensparend (5 DM pro Person).

53

seres Wissen – eine große Vorliebe für den Polo-Sport zu teilen
behauptet hat, wird nach anfänglichem Interesse für den anscheinend recht netten Typ, der ihr da über den Weg gelaufen ist, plötzlich eine übertriebene, etwas gekünstelt wirkende Freundlichkeit
entwickeln und, eine beinahe vergessene Verabredung vorschüt-
zend, auf Nimmerwiedersehen enteilen, sobald sie von ihm, dem
Nichtsahnenden, erfahren hat, daß er in – Wandsbek ansässig
ist.

Denn dort – wie auch in Eimsbüttel, Barmbek oder gar Altona*
wohnt »man« nicht, sofern man behauptet, sich für Polo zu begei-
stern und zur nächsten geradezu unheimlich schicken Party von
Horst-Herbert, dem Zementfabrik-Erben und Society-Leitstern
der Hansestadt, eingeladen werden will.

Ja, hätte der unvorsichtige junge Mann anstatt Wandsbek doch
nur Marienthal als seinen Hamburger Wohnort angegeben, eine
schöne Villengegend mit uraltem Baumbestand, die zwar eindeu-
tig einen Teil von Wandsbek bildet, aber eben doch etwas ganz
anderes ist, weil »man« dort durchaus wohnen kann! Dann wäre
er höchstwahrscheinlich nicht wie eine heiße Kartoffel fallengelassen worden, sondern schon bald näher ans Ziel seiner
Wünsche gelangt, vielleicht zunächst an die Bar des montags,
mittwochs und freitags von der hansestädtischen Hautvolée
frequentierten »Hamburger Polo-Clubs von 1898« in Klein-Flott-
bek. Dort hätte er dann Dr. Egbert von Oswald kennengelernt,
wahrscheinlich auch dessen – in Abwesenheit »Otto Fürst« genannten – Schwiegervater, den Fürsten Bismarck, bestimmt
eine Tochter des »Bankers« und Handelskammerpräses Alwin
Münchmeyer sowie den Prinzen Manfred zu Bentheim und Steinfurt, ferner Hans-Albrecht Freiherrn von Maltzahn, Besitzer von
Reinigungen und Kleiderbädern, den Sloman-Reeder und Polo-
Club-Präsidenten Robert Miles Reincke und natürlich den nahezu unvermeidlichen Horst-Herbert Alsen, der ihn alsdann pro-
grammgemäß zur abendlichen Party »auf den Falkenstein« eingeladen hätte, genauer: in sein Haus, Falkenstein 41, am feinsten
Elbufer.

Und noch ehe ihn die mit allen Society-Größen Hamburgs innig
vertraute junge Dame aus der »Condi« am frühen Morgen des
nächsten Tages mit in ihr überraschend schlichtes Bett genommen
hätte, wäre unser Senkrechtstarter, ihr »netter neuer Typ aus
Marienthal«, »in« gewesen, ganz und gar »in« – zumindest für
Hamburger Verhältnisse. Denn sie hätte ihn lanciert, ihm elbab-
wärts eine Einladung auf den Luusbarg verschafft, der stolzen
Besitzung der Münchmeyers, stromaufwärts Entrée in Friedrichsruh, dem Sachsenwald-Schloß des Reichskanzler-Enkels und

---

* Natürlich kann man auch in einigen Teilen von Altona wohnen, und eine Wohnung an der
Palmaille ist sogar sehr »in«, aber es ist auch dann nicht ratsam, sich als Altonaer auszugeben, es
sei denn, man ist ein Graf Bismarck und hat sich auf der Reeperbahn niedergelassen.

Milliardärs »Otto Fürst« von Bismarck, womit dann sein hanse-
städtisches »*In*-age« vollends auf Hochglanz poliert gewesen
wäre.

Aber er hätte noch weit mehr erreichen können, etwa eine Auf-
forderung der Fürstin Ann-Mari Bismarck geborenen Tengbom,
ein paar erholsame Ferienwochen in der Bismarckschen Früh-
sommerresidenz bei Marbella an der südspanischen Costa del Sol
zu verbringen, wo er dann mit großer Wahrscheinlichkeit Baron
Guy de Rothschild, den Chef des Pariser Bankhauses Rothschild,
nebst dessen Clique, den Gunter Sachs-Onkel, Sportsmann und
Milliardär Georg von Opel sowie den Fürsten Paul Alfons und die
Fürstin Tatjana von Metternich-Winneburg, mit absoluter Ge-
wißheit den Prinzen Alfonso von Hohenlohe-Langenburg, Ex-
Gemahl der Prinzessin Ira zu Fürstenberg, kennengelernt hätte,
ganz zu schweigen von Frau Lucia Münemann aus München nebst
Tochter Angela (»Anschi«) und der erlesenen Crew der Arndt
von Bohlen und Halbachschen Motoryacht »Antonius II«, die auf
der Rückfahrt von Marokko dort gern vor Anker geht, denn
Marbella ist »*in*«.

Und so wäre es mit dem »netten Typ aus Marienthal« weitergegan-
gen, von Marbella an die Costa Smeralda und von dort nach
St. Trop(ez), im Herbst für ein paar Tage nach London, später nach
Moritz oder Anton, solange wie unser Freund sich einigermaßen
cliquenkonform verhalten hätte. Doch, wie gesagt, eine einzige,
den Ansprüchen nicht genügende Adressenangabe, Wandsbek,
vernichtete alle diese wunderbaren gesellschaftlichen Aufstiegschancen schon im Keim ...

Gewiß, es gibt auch Gegenbeispiele, darunter sogar ein sehr ein-
drucksvolles, aber auch dieses kann nur als seltene, die Regel
bestätigende Ausnahme gelten und zeitigte überdies späte Folgen,
die zu dem schrecklichsten zählen, das ein in der Jugend entwickel-
ter Adressen-Minderwertigkeitskomplex – von der modernen
Forschung und Lehre kurz als »Admiko« bezeichnet – hervorzu-
rufen imstande ist:

Ein wirklicher Intimus des noblen und reichen Horst-Herbert
Alsen wurde nämlich einst ein junger Mann, den es gar mächtig
ins High Life allerfeinster Hamburger Kreise zog, und der stammte
sogar aus (und wohnte in) – Altona! Sein Name war und ist Axel
Caesar Springer.

Horst-Herbert Alsen, Erbe der Alsenschen Portland-Cement-
Fabriken KG und als Mann des Jahrgangs 1918 sechs Jahre jünger
als sein damaliger Busenfreund Springer, führte diesen in die
Hamburger Jeunesse dorée ein, stellte ihn auf »Minna Meyer«,
dem Kostümfest für bessere Herren (nicht Damen), die auf durch-
aus s-tandesgemäße Weise Kontakt zu den attraktiven Teilen des
Mittelstandes suchen, dem noch um zwei Jahre älteren Bankier
Alwin Münchmeyer, seinem engsten Freund, als neues Cliquen-

Mitglied vor, und damit war der junge Springer eigentlich schon »*in*«, Altona vergessen.

Später, als der ehrgeizige Aufsteiger mit dem anspruchsvollen Zweitnamen Caesar nicht nur gesellschaftlich, sondern auch geschäftlich zu reüssieren begann, da ließ er es sich angelegen sein, adressenmäßig nicht mehr hinter seinem lieben Horst-Herbert zurückzustehen. Er zog ebenfalls zum Falkenstein, in ein Haus, das sich neben dem Alsens sehen lassen konnte. Und so eng gestaltete sich nun das Verhältnis zwischen dem Neu-Falkensteiner aus Altona und dem Zementfabrik-Erben, der schon »mit einem silbernen Löffel im Mund« am Elbufer aufgewachsen war, daß Axel Caesar Springer zu seiner dem neuen, angehobenen Milieu gemäßen (dritten) Ehefrau die Turnierreiterin Rosemarie, geborene Lorenz, erkor, von der sich der liebe Horst-Herbert erst kurz zuvor hatte scheiden lassen, obwohl sie, teils durch ihre beachtlichen sportlichen und gesellschaftlichen Erfolge, teils als Tochter des einstigen »SS-Obergruppenführers und General der Polizei« Werner Lorenz, das Alsensche Prestige noch zu heben imstande gewesen wäre. So wurde dem Freund und Nachbarn dieser Ruhm zuteil, desgleichen die »BILD-Zeitung«, an deren Entwicklung Frau Rosemarie Springer, geschiedene Alsen, geborene Lorenz, maßgeblichen Anteil hatte.

Übrigens, auch die nächste geschiedene Alsen, Frau Helga (»Mausi«) Sarre-Ludewig, wurde dann, wenn auch wiederum nur vorübergehend, die (vierte) Gemahlin des inzwischen zum bundesdeutschen Zeitungs-Zaren aufgestiegenen Springer, so daß sich über das Verhältnis der beiden benachbarten Freunde sowie das ihrer sich weit überschneidenden Familienkreise sagen läßt: *in*-niger geht's nimmer ...

Aber – und damit kehren wir zurück zu der (einst auch für Axel Springer so leidigen) Adressen-Frage – der von der hansestädtischen Top-Clique so großzügig akzeptierte Außenseiter aus Altona hat den ursprünglichen Mangel an standesgemäßer Wohnung (und Ehefrau) nicht nur rasch und reuig behoben; er hat ihn vielmehr in einer Weise wettzumachen versucht, daß man fast von einem *embarras de richesse*, einem schon geradezu hinderlichen Überfluß, sprechen kann.

Während beispielsweise Arndt von Bohlen und Halbach seine vier Behausungen – das 50-Schlafzimmer-Schloß Blühnbach, die elegante Stadtwohnung im Münchener Pacelli-Palais, die Luxus-Ferienvilla in Marrakesch und das ihm verbliebene Appartement in der ehemaligen, an Größe, Pomp und Häßlichkeit jedes Monumentalgebäude der wilhelminischen Epoche in den Schatten stellenden Familienresidenz auf dem Hügel zu Essen – noch gerade in feinstem Stahltisch seinen pergamentenen Visitenkarten aufprägen zu lassen vermag, müßte Axel Caesar Springer, wollte er auf den seinen alle ihm inzwischen zur Verfügung stehenden

Adressen nennen, dafür ein Format wählen, wie man es gerade noch in einem Aktenkoffer unterbringen kann, ohne die Karten (und damit auch den, der sie einem überreicht hat) zu knicken.

Dem Haus am Falkenstein fügte er noch zwei weitere Residenzen am exklusiven Elbufer hinzu sowie das ganz reizend altmodisch und vornehm wirkende Stadthaus Neuer Jungfernstieg 17a an der Binnenalster, dessen Vorbesitzer, einem auf tragische Weise ums Leben gekommenen, kunstsinnigen alten Junggesellen, er wohl sentimentale Erinnerungen bewahrt hatte; im fashionablen Kampen auf Sylt, wo sich allsommerlich die bundesdeutsche Prominenz ein Stelldichein und – in Gesellschaft rundumgebräunter, gertenschlanker und ungemein williger Teenager aus der Provinz – bei eingeflogenen Delikatessen und Getränken einmal so ganz natürlich, hüllen- und zwanglos gibt, erwarb Axel Springer die schöne, von Gästehäusern umkränzte Besitzung Klenderhof (mit Hubschrauberlandeplatz), im nahen Morsum ein weiteres Inselhaus und mit dem Kauf (für nur acht Millionen Mark) des Schlosses Schierensee, einer »Perle schleswig-holsteinischer Adelskultur«, wie es im Fremdenführer heißt, samt den dazugehörigen rund fünf Millionen Quadratmetern Wiese, Wald und See, vervollständigte er sein norddeutsches Adressenpotential. Dann kam Berlin an die Reihe, wo er sich auf der seit eh und je für die Hautevolée reservierten, schon von Dr. Josef Goebbels zum Domizil erkorenen Havelinsel Schwanenwerder, Inselstr. 24–26, einen repräsentativen Bungalow bauen ließ, im vornehmsten Dahlem, Gelfertstr. 36, einen Herrensitz nebst Park ankaufte und in seinem Verlagshochhaus in der City eine Garçonnière im (Film-)Stil englischer Clubs einrichtete, deren Anschrift – Kochstraße 50 – er aus mancherlei, gewiß auch patriotischen Erwägungen heraus zu seiner in Nachschlagewerken als einziger genannten Adresse erkor.

Nun fehlte nur noch ein schlichtes, sowohl zu Meditationen über den eigenen Aufstieg geeignetes wie diesen in einsamer Höhenlage symbolisierendes Besitztum in der Schweiz, für das sich oberhalb des mit »Moritz« konkurrierenden, nicht so mondänen, dafür sich vornehmer dünkenden Wintersportzentrum Gstaad ein geeignetes Terrain fand – auch für den obligatorischen Hubschrauberlandeplatz –, sowie als vorläufige Krönung dieser imposanten Anhäufung erlesener Adressen eine viergeschossige Stadtresidenz im Londoner Westend.

Doch gerade bei diesem letzten, vermeintlich nach vornehmster britischer Art gesetzten Tüpfelchen ist Axel Caesar Springer ein Fehler unterlaufen, der hier ganz speziell, jedoch auch schon in der Qualität und vor allem der Quantität der übrigen Adressen, zutage tritt. Vielleicht hat er sich von boshaften, seinen »Admiko« ausnutzenden Spaßvögeln beraten lassen, vielleicht war er auch nur der Meinung, daß jede Lage zwischen Park Lane und Grosvenor Square eines Pairs von England und dann sogar auch eines millionenschweren Steilaufsteigers aus Altona würdig sein müsse. Jedenfalls ist ihm dabei – wie überhaupt – genau das passiert, was um gesellschaftliche Anerkennung emsig bemühte, weil von ihren Komplexen geplagte »Erfolgsmenschen« unbedingt zu vermeiden trachten sollten: Er hat des Guten erheblich zuviel getan!

Gewiß, seine Londoner Adresse – Upper Brook Street, W. 1 –, die elfte und gewiß stolzeste seiner Sammlung, mag noch im Hamburger »Union Club«, wo Horst-Herbert Alsen als sportlicher Fünfziger zu den Küken unter den Junioren zählt, tiefen Eindruck machen. Die dort ihren 1000-DM-Jahresbeitrag »abessenden« alten Herren – Damen sind dort selbstverständlich nicht zugelassen – haben sich den Lebensstil der britischen Oberschicht einer Epoche zum Vorbild genommen, als König Eduard VII. noch im Pariser »Café Royal« bei – ihm auf riesigen Silberplatten nackt servierten – Tingeltangeleusen Trost zu finden suchte für sein schweres Los, in einer damals entsetzlich prüden und langweiligen Hauptstadt residieren zu müssen. Natürlich ist jener Teil des Londoner Westends, in dem Axel C. Springer ein vergleichsweise bescheidenes vierstöckiges Einfamilienhaus erwarb, längst nur noch als *in* zu bezeichnen, soweit es sich um dort liegende Clubräume, Geschäfte, Hotels, Schuhmacher- und Schneiderwerkstätten sowie um moderne Etagenwohnungen – hier nicht mehr *flat*, sondern *»my set of chambers«* genannt – in piekfeinen Apartment-Häusern handelt, etwa Albany, W. 1, das aber weiter südlich, dicht an Piccadilly, liegt. Als Gegenden, die auch die Londoner High Society beeindruckt hätten, wären nur S. W. 1 und S. W. 3 sowie einige Straßen – wie Pelham Place oder Pelham Crescent – im Bezirk S. W. 7 –, schließlich noch Orme Square und Warwick Avenue, beide W. 2, in Frage gekommen. Dort hätte Axel C. tatsächlich inmitten führender Vertreter der englischen Oberschicht wohnen können, anstatt unter ihren Hemdenmachern, Weinlieferanten und bevorzugten Abnehmern ausrangierten Familiensilbers ...

Der normale bundesdeutsche Inhaber eines neun- bis zehnstelligen DM-Kontos begnügt sich mit weit weniger (deshalb keineswegs weniger guten) Adressen, wobei zu bemerken ist, daß junger Reichtum zu quantitativen Übertreibungen, wenn auch nicht gleich Springerschen Ausmaßes, die altetablierte *Crème de la crème* hingegen zu – allerdings erlesener – Beschränkung neigt. Einige Beispiele sollen dies verdeutlichen: Friedrich Flick, Holzhändlersohn aus dem siegerländischen Ernsdorf vom Jahrgang 1883, der als Habenichts begann, zu einem der reichsten und mächtigsten Konzernherren Europas aufstieg und seine Spitzenposition über Kriege, Krisen, Inflationen, Enteignungen und sogar fünf Jahre Zuchthaus hinweg halten, ja sogar noch kräftig verstärken konnte, begnügt sich, obwohl er sicherlich sechsmal reicher ist als Axel Springer, mit weniger als halb so vielen Adressen wie dieser: Haus Hohbeck in Ratingen bei Düsseldorf ist seine von ausgedehnten Parkanlagen umgebene Ruhr-Residenz; Haus Grüneck in der oberbayerischen Gemeinde Kreuth, zwischen Tegernsee und Achenpaß, dient ihm als bevorzugter Landsitz. Dazu kommen noch das Hofgut Sauersberg bei Bad Tölz, ein Jagdhaus nebst herrlichem Revier bei Rottermann in der Steiermark sowie die obligatorische Besitzung in der Schweiz (Ebersberg bei Kreuzlingen am Bodensee).

Erbprinz Joachim (»Jocky«) zu Fürstenberg, mit zum Teil jahrhundertealtem Großgrund-, Brauerei- und Industriebesitz ebenfalls Milliardär, hat sogar nur zwei Adressen: Donaueschingen (Baden), Schloß; Stühlingen, Schloß Hohenlupfen.

Der Chef des Fuggerschen Gesamthauses, Joseph Ernst Fürst Fugger von Glött, Senior einer Familie, die zu Beginn der Neuzeit die ganze damals bekannte Welt wirtschaftlich beherrschte und noch heute zu den mehrhundertfachen Millionären zählt, begnügt sich mit einer einzigen Anschrift: Schloß Kirchheim, Kirchheim an der Mindel, Schwaben.

Helmut Horten, der in drei Jahrzehnten den Aufstieg vom Warenhausverkäufer zum Konzernchef zu vollziehen vermochte und heute »nicht mehr auf hundert Millionen Mark genau« sagen kann, wie reich er eigentlich ist, hat seine Düsseldorfer Villa – Am Leuchtenberger Kirchweg – trotz gewaltiger Investitionen – Schätzwert von Haus und Parkanlagen: mindestens dreißig Millionen Mark – zur bloß noch offiziellen Privatadresse erklärt und gegen einen neuen Hauptwohnsitz vertauscht. Er residiert jetzt vorzugsweise auf seiner Besitzung Villalta bei Madonna del Piano im schweizerischen Kanton Tessin. Daneben hat er ein zwanzigtausend Hektar großes Jagdrevier nebst Schloß und Jagdhaus Neuberg in der österreichischen Steiermark zur Verfügung, einen Landsitz bei Sekirn am Wörthersee, eine Villa am supermondänen Cap d'Antibes, die zuvor dem französischen Apéritif-König Dubonnet gehörte, sowie eine drei Kilometer lange Bahama-Insel, wo eine weitere Horten-Residenz in Bau ist.

Max Grundig, Selfmademan und Konzernherr wie Horten und sicherlich nicht ärmer als dieser, ist zufrieden mit einem rund hunderttausend Quadratmeter großen Anwesen in Dambach bei Fürth, dessen Park eine landschaftsgärtnerische Meisterleistung darstellt, sowie mit dem Schloßgut Hohenburg bei Lenggries in Oberbayern, das vormals großherzoglich luxemburgischer Besitz war. Dazu kommt noch ein Feriensitz in Italien.

Dem Chef des Hauses Wittelsbach, das einst die Könige von Bayern stellte, genügen heute zwei Adressen: Schloß Berg bei Starnberg; Schloß Nymphenburg, München 19.

Rudolf August Oetker, Erbe einer Backpulver-Dynastie, größter Brauherr und tonnagereichster Handelsreeder der Bundesrepublik sowie milliardenschwerer Alleininhaber eines gewaltigen »Gemischtwaren«-Konzerns, hat zunächst eine Adresse am Sitz seiner Hauptverwaltung, Bielefeld, wo ihm eine Villa mit fünfundsiebzig Morgen Park gehört, alsdann eine Besitzung am Hamburger Elbufer, Die Bost genannt, eine weitere auf der Nordseeinsel Juist und schließlich eine – nun wirklich untadelig vornehm gelegene – Stadtwohnung in London, Eaton Square, S. W. 1.

Gunter Sachs, Miterbe von Fichtel & Sachs und vielseitiger, meist erfolgreicher Unternehmer von weit größerer, auch finanzieller Potenz als man gemeinhin glaubt, verfügt über eine elegante Stadtwohnung in München, ein standesgemäßes Domizil in Lausanne, eine fashionable Ferienbehausung in St. Tropez sowie über eine luxuriöse Eigentumsetage in Paris, Avenue Foch, wo die Fürstin Gracia Patricia von Monaco, geborene Kelly, seine Nachbarin ist.

Peter von Siemens, eines der Oberhäupter der Elektrokonzernherren-Sippe, hat eine Villa vergleichsweise bescheidenen Ausmaßes in München-Grünwald sowie ein ausgedehntes Besitztum in den oberbayerischen Bergen zur Verfügung.

Und Erbprinz Johannes von Thurn und Taxis, Großgrundbesitzer, Bankier, Industriekonzernherr und Bierbrauer, hat eine Stadtwohnung in München-Schwabing, eine Garçonnière innerhalb des riesigen Thurn und Taxisschen Schloßkomplexes in Regensburg, eine Sommerresidenz am Starnberger See und ein elegantes Domizil in Rio de Janeiro, was aber zusammen nur eine Auswahl aus dem allein rund zwanzig Schlösser umfassenden Adressenpotential seiner Familie darstellt.

Dieser flüchtige Überblick zeigt bereits, wo »man« so wohnt und wie viele Adressen »man« hat, wenn der Aufstieg bereits – mit oder ohne eigene Anstrengung – vollzogen ist (und daneben auch, daß Axel C. Springer sie alle in den Schatten zu stellen versucht hat). Wie aber kommt man zu vorzeigbaren Adressen, wenn man noch nicht zur *Crème de la crème* gehört, aber danach lechzt, recht bald *wine zu sein*?

Nehmen wir zwei Beispiele, eine Dame und einen Herrn, beide Mitte Zwanzig, ledig, von schlichter Herkunft, aber fest entschlossen, in die alleroberste Schicht der Macht und des Reichtums einzudringen. Lassen wir Beruf und Einkommen vorerst noch beiseite und begnügen wir uns mit der Feststellung, daß sie beide kein Vermögen haben und etwas mehr als fünfzehnhundert Mark im Monat ausgeben können. Beide haben, wenn auch durch unterschiedlich bittere Erfahrungen, den Wert einer guten Adresse zu schätzen gelernt und für sich selbst daraus Konsequenzen gezogen:

Fräulein Pamela C. Scholtz von Koltzenbekh, von ihren Freunden und besseren Kunden »Pam« genannt, im Standesamtsregister ihres hart an der Grenze zur Bundesrepublik gelegenen Heimatortes Zarrentin (DDR) als Charlotte Rosemarie Scholtz verzeichnet, hat sich als Lichtbildnerin einen Künstlernamen, Pamela von Koltzenbekh, verschafft und diesen mit ihrem bürgerlichen Namen wirkungsvoll kombiniert. Sie lebt in Hamburg und hat dort eigentlich nur anderthalb Zimmer mit Bad und einem Minimum an ihr mitvermieteten Möbeln, wofür sie dreihundertachtzig Mark monatlich bezahlen muß, Heizung, Wasser, Strom und sonstige Nebenkosten nicht einbegriffen. Doch ihre Wirtin, eine sehr vornehme alte Dame, die als Exportkaufmannswitwe bessere Tage gesehen hat, legt ebenso großen Wert darauf, nicht als Vermieterin möblierter Zimmer zu gelten, wie »Pam« auf den Anschein einer eigenen Wohnung. So hat man Fräulein von Koltzenbekhs Behausung im Parterre des Einfamilienhauses mit einem separaten Eingang versehen, an dem auf sauber geputztem Messingschild ihr Name prangt, und da das Haus, in dem sie wohnt, im piekfeinen, »Pöseldorf« genannten Teil Harvestehudes, in der Magdalenenstraße, liegt, hat »Pam« eine sehr gute Hamburger Adresse, die auch nicht durch Zusätze wie »bei Frau Konsul a. D. Berensen« beeinträchtigt wird.

Das ist aber noch nicht alles: In der Winsener Marsch, nur knapp fünfunddreißig Kilometer Luftlinie von Zarrentin entfernt, aber natürlich auf der bundesrepublikanischen Seite der Elbe, hat »Pam« eine alte, leerstehende Kate nebst Stall und anderthalb Morgen Weide gepachtet, die Gebäude mit verhältnismäßig spärlichen Mitteln hergerichtet und ausgestattet, das Ganze »Koltzenbekh« getauft und zu ihrem »Außenstudio« erklärt, was ihr gestattet, die Pacht – zweitausend Mark im Jahr – und sämtliche anderen Aufwendungen voll von der Steuer abzusetzen, sich ein Reitpferd zu halten, auch zwei hundesteuerfreie Bassets, die ihr ein zahlungsunfähiger Kunde überlassen hat und die zur Hebung ihres Prestiges in »Pöseldorf« ganz erheblich beitragen, vor allem aber Freunde aufzufordern, sie doch auf ihrer »Klitsche« einmal zu besuchen und sich, wann immer sie will, ländlich-salopp oder reitsportlich zu kleiden. Und damit ja keiner, der sie wirklich einmal dort aufsucht, auf den Gedanken kommen kann, das Fräulein von Koltzenbekh auf Koltzenbekh wäre in dieser zwar als »Außenstudio« und einsamer Landsitz einer Pferde- und Hundenärrin im Twenalter ungemein schicken, als Herrenhaus einer adligen Grundbesitzerfamilie aber allzu bescheidenen Kate aufgewachsen, hat sie die gekalkten Wände mit billig ersteigerten Ansichten eines mecklenburgischen Gutes, ein paar alten Kupferstichen von Zarrentin sowie mit den – gleichfalls auf einer Auktion erworbenen – Ölgemälden angeblicher Vorfahren geschmückt, auch ihrem Namen, wenngleich nur auf Briefbogen

und Karten, noch mittels Bindestrich den ihres Heimatortes ange-
fügt, so daß der volle Text nun lautet: »Pamela C. Scholtz von
Koltzenbekh-Zarrentin, Hamburg 13, Magdalenenstraße; Haus
Koltzenbekh über Laßrönne (Niedersachsen)«, und das macht,
zu erschwinglichem Preis, weit über den Hamburger Raum
hinaus Eindruck, ja, hat sich für »Pam« bereits als so nützlich erwiesen, daß sie ihre Kundschaft schon aussuchen kann.
Sie wird in Kürze sogar noch wählerischer (und teurer) werden
können, denn sie erwartet eine Einladung nach Friedrichsruh.
Dort vom Hausherrn Ihrer Durchlaucht Ann-Mari wiederholt als
»eine wirklich sehr begabte junge Person« und »offenbar aus gutem Stall und fabelhaft tapfer« ans Herz gelegt, wird das Fräulein
von Koltzenbekh, dessen darf man gewiß sein, schon bald von
der Fürstin in Augenschein genommen und für akzeptabel befunden werden, alsdann mit Sicherheit die richtigen Leute kennen-
lernen und im Handumdrehen »in« sein. Wahrscheinlich wird
»Pam« in ein, zwei Jahren heiraten, vielleicht einen um zwanzig
Jahre älteren Industriellen aus dem Rheinland oder einen Frankfurter Bankier. Auf jeden Fall wird der Betreffende sehr viel Geld
haben müssen, denn »Pams« gesellschaftliches Leitbild ist Gabriele
Henkel, die Gattin des Waschmittel-Magnaten Konrad Henkel,
die in Düsseldorf in einer Weise Hof hält, die – wie die Lieder zur
Laute, die sie mitunter ihren Gästen von erstklassigen Künstlern
zum Diner servieren läßt – an englische und spanische Fürstenhöfe
des 16. und 17. Jahrhunderts erinnert. Ihr Haus in der Chamissostraße bietet bis zu hundertachtzig bequeme Sitzplätze; die Tisch-
ordnungen entwirft die Dame des Hauses selbst, wenn auch mit
Unterstützung einer eigenen Sekretärin, und bei größerem An-
drang steht noch ein gewaltiges Zelt zur Verfügung, unter dessen
Dach eine weitere Kompanie erlesener Gäste im Garten Platz finden kann . . .

Soweit »Pam« Scholtz von Koltzenbekh, unser erstes Adressen-
beispiel. Stanislaus-Götz du Blany-Hohenberg, das zweite, männliche Exempel, wird von seinen Stammkundinnen und Freunden
einfach »Stan« (sprich: S-täähnn) genannt, heißt eigentlich
Stanislaus Götz und stammt aus Dublany, einem Industrievorort
von minimaler Schönheit am nördlichen Stadtrand von Lemberg,
dessen Namen er sich – zur besseren Unterscheidung von den
vielen anderen Trägern seines wahren Familiennamens – mit Erlaubnis der unteren Verwaltungsbehörde anfügen durfte.
Die Degradierung von »Götz« zum bloßen Vornamen und die
Verwandlung von »Dublany« in »du Blany« sind seine eigenen
originellen Einfälle und beruflich sehr von Nutzen, desgleichen
der amtlich nicht genehmigte, aber im Privat- und Geschäftsleben
zulässige Zusatz »Hohenberg«, der von einem Dörfchen am Inn,
nahe Wasserburg, abgeleitet ist. Dort konnte »Stan«, der sich

nach Absolvierung der Mittelschule, einer Lehrzeit in der Möbel-
abteilung des Kaufhauses Oberpollinger und zwei Handlungs-
gehilfenjahren bei den »Deutschen Werkstätten« mit etwas selbständig gemacht hat, das er nach einem sechswöchigen Studien-
aufenthalt in England als *Interior Decorating* zu bezeichnen beliebt, ein altes, abbruchreifes Bauernhaus billig erwerben und mit
viel Geschick in ein seinem Stand gemäßes, mit viel lustigem oberbayerischen Kitsch und Carnaby Street-Pop Art ausgestattetes
ländliches Domizil verwandeln. Er gibt dort ab und zu Parties,
die unter dem Namen »Brotzeit bei Stan« schon eine gewisse Be-
rühmtheit erlangt haben und ihn wenig kosten, und er hat dadurch eine zusätzliche Adresse: »Haus Mayenschloß über Soyen
bei Wasserburg am Inn.« Warum das alte Häuschen »Mayenschloß« heißt, weiß niemand, nicht einmal »Stan« selbst; es ist ihm
halt so eingefallen ...
Natürlich hat er in München ein kleines, »Studio« genanntes
Interior Decorating-Atelier – im Arco-Palais an der Briennerstraße,
was sich als Adresse auf seinen Karten ebenfalls ausgezeichnet
macht. Privat wohnt er im feinsten Bogenhausen, in einem eleganten, sündhaft teuren, an zahlreichen, dem Außenstehenden gottlob nicht erkennbaren Mängeln leidenden Hochhaus am Arabella-
Park. Dort hat ihm eine Freundin, die für längere Zeit in die USA
reisen mußte, ihr Apartment überlassen. Als Gegenleistung für
völlig kostenloses Wohnen muß er lediglich zwei ungarische
Hirtenhunde hüten, die ihm indessen kaum zur Last fallen, auch
sein Image weiter aufbessern helfen.
In Kombination mit seinem Namen wirken seine Adressen –
»Stanislaus-Götz du Blany-Hohenberg, *Interior Decorating*, Arco-
Palais, Briennerstraße 1, München 2; Am Arabella-Park 6, München 81; Haus Mayenschloß, Hohenberg über 8091 Soyen bei
Wasserburg am Inn« – einfach unwiderstehlich. Zu seinen Kundinnen – es sind hauptsächlich Damen – zählen bereits Prinzessin
Herzeleide Biron von Curland, geborene Prinzessin von Preußen
und Enkelin des letzten Kaisers, deren Tochter, Prinzessin Victoria-Benigna, Frau Anneliese von Bohlen und Halbach, Frau
Professor Forell, Frau Julia von Siemens, der Erbprinz Johannes
von Thurn und Taxis sowie eine Strumpffabrikantengattin aus
dem Allgäu, die allein binnen einer Woche alle Lagerbestände an
pseudo-antiken englischen Fayence-Katzen- und Hundepaaren
aufkaufte, dazu zehn Dutzend der teuersten Whiskygläser, wofür
sie von »Stan« mit einer originell bedruckten Leinenschürze als
Zugabe bedacht wurde.
Natürlich darf »Stan« vorerst noch nicht mit einer Jagdeinladung
vom Chef des Hauses Wittelsbach rechnen, auch noch nicht mit
einem weihnachtlichen Truthahn aus den Beständen des Herrn
Bankier August von Finck senior. Aber er kann sich dennoch als
nahezu *in* betrachten, war er doch bereits zweimal zu Gast bei

Peter und Julia von Siemens, wo er dem Klavierspiel der Hausfrau lauschen durfte, auch auf einer chicen 72-Stunden-Party, die Professor Max Michel Forell und Frau Gitta auf ihrem Besitz am Chiemsee für die gesamte – »Bogenhausener Mafia« genannte – Hautevolée der Isar-Metropole gaben, und er erwartet sozusagen stündlich, nachdem vor kurzem die Tochter des Hauses zur »Brotzeit bei Stan« nach Hohenberg gekommen ist, eine Einladung zum Diner bei Staatsbankpräsident a. D. Karl Max von Hellingrath und Frau Maria Johanna, geborener Baroneß Puthon, die ihm ungemein wichtig wäre, weniger der exzellenten Wiener Küche wegen, für die das Haus berühmt ist, als vielmehr um des immensen Prestigegewinns willen, den er davon hätte, ganz zu schweigen von den Möglichkeiten einer engeren geschäftlichen Zusammenarbeit mit der Hellingrath-Tochter Verena, die am Maximiliansplatz eine elegante Boutique von internationalem Chic führt und »Stan« neue erlesene Kundschaft zutreiben könnte, vielleicht als erste – und im Tausch gegen Prinzessin Victoria-Benigna – eine Königliche Hoheit aus dem Hause Wittelsbach . . .

Es ist natürlich nicht ganz einfach, sich mit beschränkten Mitteln eine allen imponierende Adresse zu beschaffen. Aber es gibt ein paar Patentrezepte, mit deren Hilfe ein ambitionierter Jung-Aufsteiger sicher zum Ziel gelangen kann:
Ist er (oder sie) zum Beispiel mit der gesellschaftlichen Bewertung einzelner Gegenden und Straßen einer Stadt noch nicht hinreichend vertraut, so empfiehlt es sich, zu einer stillen Stunde das beste Delikatessengeschäft am Platz aufzusuchen und mit einer älteren, erfahrenen Verkäuferin ein wenig zu schwatzen. Schon beim Aussuchen von etwas Aufschnitt und ein paar Salaten lenkt man das Gespräch leicht in die gewünschte Richtung, etwa so:
»Noch ein Viertel von den Calamares in Vinaigrette, bitte – das Roastbeef sieht auch sehr gut aus, fast wie bei Fortnum & Mason* – übrigens, führen Sie auch Fournier's Preserved Kumquats?** Ja? Sehr gut! Wir ziehen nämlich demnächst hierher, und da möchte man ja wissen, wo man alles bekommt, was man unbedingt braucht . . . – ein Achtel von diesem Gorgonzola, bitte! Was ich noch fragen wollte: Schicken Sie auch ins Haus, wenn man mal nur ein paar Kleinigkeiten benötigt? – Nein, ich weiß noch gar nicht – sind das Langustenschwänze? –, wo wir eigentlich wohnen sollen. Man möchte ja auch nicht mit lauter neureichen Protzen in eine Straße ziehen . . .« Und dann erfährt man alles, was man wissen will.
Sodann darf sich ein zu steilem Aufstieg entschlossener Anfänger nicht von den normalen Vorteilen einer Wohnung verlocken lassen. Niedrige Miete, moderner Komfort, sonnige Lage, eine

* Londoner Delikatessen-Hoflieferanten.
** Eingemachte südasiatische Zwergorangen.

hübsche Aussicht – das alles ist ganz unwichtig! Ein dunkles, un-
gemütliches Zimmer unter dem morschen Dach eines Hauses
ohne Fahrstuhl ist, auch wenn ein Kanonenofen darinsteht und es
doppelt soviel kostet wie ein modernes Appartement, immer vorzuziehen, sofern es eine piekfeine, der Delikatessenverkäuferin
Respekt einflößende Adresse bietet. Mit Frau Senator Herzhagen
und Herrn Bankier von Illerthissen-Scharbeutzen auf nachbar-
lichem Grußfuß zu stehen und auch für drei Mark Aufschnitt ins
Haus geliefert zu bekommen, ist mehr wert als jede Behaglich-
keit.

Zum Glück gibt es gerade in den allerfeinsten Straßen ein reich-
liches Angebot von rumpelkammerähnlichen möblierten Zim-
mern und in Junggesellen-Appartements verwandelten Haus-
meisterwohnungen – man braucht nur zuzugreifen. Ein zum Gar-
tenhaus erklärter Geräteschuppen am Rande des »Park« genannten Gartens der türmchenverzierten, im Zweiten Weltkrieg durch
Bombensplitter beschädigten und seither noch nicht reparierten
roten Sandsteinvilla von Exzellenz von Thülmen-Trotha ist
zweifellos, trotz des qualmenden Ofens, des undichten Dachs und
der vielen Mäuse, eine ganz vorzügliche Adresse. Dies nicht nur,
weil – wie man noch am Tage des Einzugs erfährt – die Dame des
Hauses eine geborene Brincken-Petersen, also mit Senatspräsi-
dent Brincken (1871–1946) und mit Bürgermeister Hinrich Stew-
ard Petersen (1864–1932) eng verwandt, auch eine Großcousine
von Generalkonsul Ortwin Kaspar Douglas O'Swald-Petersen
ist und – feiner geht's nicht – eine mütterlicherseits mit den Am-
sincks und Crasemanns versippte Urenkelin eines Gründungs-
mitglieds des exklusiven hanseatischen Patrizier-Clubs »Harmonie
(von 1789)«*, sondern vor allem auch im Hinblick darauf, daß
Am Dülmendüppeler Parkweg – so lautet die Anschrift, die man
sich als Schuppen-Resident auf seine Briefbogen prägen lassen
kann – mit geringfügigen Ausnahmen nur Leute wohnen, die seit
mindestens drei Generationen zur *Crème de la crème* gehören.

Schließlich sollte man mindestens die Äußerlichkeiten eines Unter-
mietverhältnisses – A.-E. Powitzké-Marquartstein 3 × läuten –
sorgfältig vermeiden und sich möglichst bald noch eine zweite
erstklassige Adresse auf dem Lande zulegen, wobei die Gegend
so gut wie keine Rolle spielt. Es kann eine ausgebrannte Mühle,
eine Burgruine** oder ein verfallener Heustadel sein, und je ab-
gelegener das ländliche Domizil, desto besser! Es soll ja nur Groß-
städtern gegenüber die eigene Zugehörigkeit zu einer Art *Landed
Gentry* vortäuschen, desgleichen eine traditionelle, angeborene
Vorliebe für Tweeds, Reitstiefel, Fuchsjagden und mützen-
ziehende Bauern.

---

* Jahresbeitrag nur 130 DM, aber sehr wählerisch in der Zulassung neuer Mitglieder.
** Sehr billig in der Anschaffung, auch sehr chic, aber Vorsicht ist geboten. Mit dem Denkmal-
schutz und den sich daraus ergebenden Verpflichtungen ist nicht zu spaßen!

Von enormer Wichtigkeit ist es, dem ländlichen Wohnsitz einen würdigen, eindrucksvollen Namen zu geben – nicht »Waldeslust« oder »Rosenstöckl«, das erinnert an ein Ausflugslokal! Auch nicht »Seerose«, »Edelweiß« oder »Heideblick«, denn so heißen allenfalls Pensionen, und gewiß nicht »Glückauf«, was für eine Laubenkolonie gehalten werden könnte, oder »Pfälzer Hof«, was als ein Hotel gedeutet würde, und erst recht nicht »Pik-As«, denn das hört sich nach einem Obdachlosen-Asyl an.

Am besten sind Namen, die keinerlei rationale Deutung zulassen, weder kitschig noch neureich-protzig klingen, vielmehr gediegen, vornehm, traditionsbeladen und knorrig konservativ. Es lohnt sich, die Auswahl mit Muße und großer Sorgfalt zu betreiben, mit immer neuen Variationen den Zusammenklang mit allen übrigen Bestandteilen der Adresse auszuprobieren und eventuell alte Güterkalender zu Rate zu ziehen, deren Angebot man auch mit der Vorsilbe »Neu-« zu koppeln versuchen kann, etwa Neu-Wundlacken, Neu-Zietzow oder Neu-Köckeritz. Auf jeden Fall ist zu bedenken, daß der Hausname einerseits nichts kostet, andererseits durch Assoziationen, die er auf geheimnisvolle Weise wachzurufen imstande ist, einen enormen Prestigegewinn verschaffen kann. Wem gar nichts einfallen will, der begnüge sich mit einer zwar phantasielosen, aber gerade durch ihre Kargheit wirkungsvollen Lösung wie etwa: Altes Haus, Niekoppel über Fürstenkaten, Post Lütjensee.

Auf gar keinen Fall darf der Hausname in Anführungszeichen gesetzt werden! Solches gilt bei Angehörigen der »In-nung« als höchst geschmacklose Verirrung eines hoffnungslosen Spießers, die – sofern es sich um einen emsig bemühten Jung-Aufsteiger handelt – dessen bis dahin aussichtsreiche gesellschaftliche Karriere jäh beenden könnte. (Wenn dagegen Prinzessin Antonia von Preußen auf ihr Briefpapier »›Patmore Hall‹, Little Hadham near Albury, Herts.« drucken läßt, so ist das sehr chic und originell ...)

Dem Emporkömmling sind – im Gegensatz zu den Etablierten – Entgleisungen nicht gestattet, und deshalb muß sich, wer gerade erst einen guten Namen und eine anständige Adresse erworben hat, eilig weiteren Background verschaffen, ehe er es wagen kann, zu jenem Sprung anzusetzen, der ihn, wenn er glückt, endlich »in« sein lassen wird.

Das hört sich ungemein schwierig an, denn zum Background, dem gesamten Hintergrund, vor dem einer zu sehen ist (oder gesehen werden möchte), gehört neben dem Namen und den Adressen ja noch sehr vieles andere: Herkunft, Erziehung, Bildung, Vermögen, Beruf, gute Beziehungen, die Mitgliedschaft in den richtigen Clubs und die Ausübung der richtigen Sportarten, kurz, lauter Dinge, die bei einem, der noch um seinen Aufstieg aus dem Kleinbürgertum oder gar der Unterschicht in die höchsten Sphären versnobter Society bemüht ist, meist nur in ganz unzureichendem Maße vorhanden sein können.

Trotzdem braucht kein in die Hautevolée drängender Jüngling, erst recht keine in diesem Sinne gesellschaftlich ehrgeizige Maid, sofern sie nur einigermaßen hold ist, deshalb zu verzagen. Im Gegenteil! Wenn beide – natürlich jede für sich – fest entschlossen sind, in das, was sich *Crème de la crème* nennt, aufzusteigen, dann haben sie bereits die wichtigsten Voraussetzungen erfüllt: Sie sind offenbar davon überzeugt, daß nicht die eigene Zufriedenheit, die vollbrachte Leistung oder das erfüllte Glück zählen, sondern allein der gesellschaftliche Rang und die Anerkennung von ein paar Dutzend hochnäsigen, in jeder anderen Frage inkompetenten Leuten; sie haben auch erkannt, daß es sich ohne kleinbürgerliche Tugenden und Moral ganz oben vorzüglich leben läßt, viel bequemer und weniger gehemmt als unten, und sie zeigen mit alledem bereits, zumindest in einem sehr hoffnungsvollen und entwicklungsfähigen Ansatz, jene Arroganz, die man unbedingt braucht, wenn man sich und seine Clique für das Maß aller Dinge, für die von Gottes Gnaden Auserwählten und für etwas auf jeden Fall entschieden Besseres halten will als jene *misera contribuens plebs*, jenes armselige, gewöhnliche steuerzahlende Volk . . .

Damit sind wesentliche Vorbedingungen schon in sehr glücklicher Weise erfüllt. Alles andere ist fast ein Kinderspiel, wenn man sich an ein paar goldene Regeln hält. Denn die größten Hindernisse, die sich, von der High Society selbst zum Schutz der eigenen Exklusivität errichtet, einer Vermischung der breiten Masse mit den ganz feinen Leuten entgegenstellen, sind mit großer Sorgfalt gepflegte Irrtümer, hauptsächlich die vornehme Abstammung, die gute Kinderstube, die erlesenen Manieren, die umfassende Bildung, das stets korrekte Verhalten, kurz, den erstklassigen Background allerbester Kreise betreffend.

Wieviel Background braucht der Mensch?

So will ich dir ein männlich' Beispiel geben, sagt Mortimer, ein Mensch mit guter Haltung, aber völlig unzureichendem Background, der nur einen Vornamen, einen Ritter zum Onkel und eine ganz unter geordnete Stellung am Hofe Ihrer Majestät der Königin Elizabeth I. von England hat, in einem »Maria Stuart« betitelten Trauerspiel des herzoglich württembergischen Regimentsmedikus (ohne Portépée) außer Diensten, herzoglich weimarischen Rats und ordentlichen Honorarprofessors Johann Christoph Friedrich von Schiller.

Ein wirklich vorzügliches lebendes männliches Beispiel für erstklassigen Background liefert hingegen eine Persönlichkeit am Hofe der derzeitigen britischen Königin Elizabeth II.: Oberstleutnant Eric Charles William Mackenzie Penn, C. V. O., O. B. E., M. C.*, der das hohe Amt eines »Comptrollers in the Lord Chamberlain's Office« hat, für alle Stellenbesetzungen im königlichen Haushalt, aber auch für die Pflege und Instandhaltung der Paläste und Kunstsammlungen sowie für das Hofzeremoniell zuständig ist, den Ehrenrang eines Stallmeisters Ihrer Majestät bekleidet und sich zudem als ein enger Freund der königlichen Familie Windsor-Mountbatten bezeichnen kann.

Er wurde in Eton erzogen, hat die Universität von Cambridge besucht und dort natürlich das King's College, ist als Sohn eines Gardeoffiziers in das exklusive Gardegrenadierregiment aufgenommen worden, später – als Neffe des diensttuenden Kammerherrn Sir Arthur Penn – in den Hofdienst, wohnt in Chelsea Square, London S. W. 3, in der nur wirklich sehr feine Leute wohnen – vielleicht mit Ausnahme des Hauses Nummer 39, einer Transformatorenstation der städtischen Elektrizitätswerke –, und gehört drei der erlesensten englischen Clubs – Guards, Turf und White's – an. Bei seiner Hochzeit in der Kirche von St. Mark's, North Audley Street, anschließender Empfang im Dorchester Hotel, Park Lane, W. 1 – mit einer Dame der High Society, zu deren Background-Charakterisierung vielleicht die Tatsache genügt, daß sie die Patentante von Lady Sarah Armstrong-Jones, 7, der Tochter von Prinzessin Margaret, ist – waren die Königin und auch die Königin-Mutter anwesend.

In seinem äußeren Erscheinungsbild entspricht Oberstleutnant

---

* In England darf man alle vom eigenen Souverän – nicht die von anderen, etwa vom »schönen Konsul« Weyer oder vom Patriarchen von Alexandria und Gesamtafrika – erhaltenen Auszeichnungen in Form solcher Abkürzungen seinem Namen anhängen, ein schöner Brauch, den auch in Deutschland einzuführen, trotz mancher Bemühungen von interessierter Seite – Erich Mende, R. K., G. K. V. O. – bisher nicht gelungen ist.

Penn ganz und gar den Erwartungen: Er zeichnet sich durch einen forschen Gang und eine straffe Haltung aus, liebt knappen Befehlston im Umgang mit Untergebenen, ist von frischer, munterer Art gegenüber Vorgesetzten, trägt einen gestutzten rötlichblonden Schnurrbart, unauffällige Anzüge aus einem Maßatelier in der Savile Row, W. 1, nur einen Katzensprung weit von Axel Caesar Springers Londoner Residenz, auch einen – gemeinhin als »schwarze Melone« bezeichneten – steifen Hut sowie einen stets straff gerollten, niemals, auch nicht bei Wolkenbrüchen, geöffneten Regenschirm.

Einem solchen Übermaß an exzellentem Background gleichzukommen, ist nahezu unmöglich. (Schon um in Eton zur Schule gegangen zu sein, hätte man einen zu den *Old Boys*, womöglich zum *Pop** dieser exklusiven Anstalt zählenden Vater in einflußreicher Position haben und von diesem noch in der Stunde, in der man das Licht der Welt erblickte, dort angemeldet worden sein müssen ...) Es ist aber tröstlich zu wissen, daß nur ein verschwindend geringer Promillesatz von Leuten, die, selbst nach internationalen Maßstäben, als ganz und gar *»in«* zu bezeichnen sind, etwas auch nur annähernd Vergleichbares zu bieten haben.

Gewiß, es ließe sich Seine Hoheit Schah Karim Aga Khan IV. anführen, der in Le Rosey, einem erstklassigen Internat in der Schweiz, zur Schule gegangen ist, in Harvard (USA) studiert, die älteste Tochter von Lord Churston, die Honorable Joan Barbara Yarde-Buller, zur Mutter und eine ausgezeichnete Londoner Adresse hat, nämlich 76 Eaton Square, S. W. 1, gleich neben Rudolf August Oetker; aber Le Rosey ist nicht Eton, Seine Hoheit ist zudem nicht Gardeoffizier gewesen, von anderen bedauerlichen kleinen Background-Mängeln taktvollerweise ganz zu schweigen.

Allenfalls Seine Königliche Hoheit Prinz Philip, Herzog von Edinburgh, Earl of Merioneth, Baron of Greenwich, K. G., P. C., K. T., O. M., G. M. B. E., Admiral der Flotte, Feld- und Luftmarschall, Chef einiger Eliteregimenter und Master of the Corporation von Trinity House, Oxford, wo sein Sohn Charles studiert hat, kann scheinbar noch mehr an Background bieten, beispielsweise Adressen wie Buckingham Palace, S. W. 1; Windsor Castle, Berkshire; Sandringham, Norfolk, und Balmoral Castle, Aberdeenshire. Er spielt Polo, fliegt eigene Jets, segelt mit einer eleganten Hochseeyacht, ist Mitglied zahlreicher vornehmer Clubs, und was die Schulen angeht, die er besucht hat, so kann er mit der exklusiven Internatsschule Schloß Salem aufwarten, die übrigens seinem Schwager, dem Markgrafen von Baden, gehört, sowie mit der ungemein vornehmen englischen Vorbereitungsan-

---

* Vorsicht! Hat nichts mit Pop Art zu tun, sondern ist die Bezeichnung für die Führer-Elite der Schülerschaft von Eton. Wer einmal zum *Pop* gehört hat, leidet zeitlebens an extremer Arroganz und wird nie mehr seine Maßstäbe denen gewöhnlicher Eton-Schüler anpassen.

stalt Cheam (deren Direktor, Mr. Tabor, berühmt dafür ist, daß er Schüler bürgerlichen Standes oder von niederem Adel mit »mein Kind« anzureden pflegt, Söhne von Lords und Herzögen mit »mein liebes Kind« und solche, die bereits die Titel ihrer Väter geerbt haben und Pairs von England sind, mit »mein allerliebstes Kind«). Aber auch Cheam ist, trotz Mr. Tabor, nicht mit Eton vergleichbar; zudem ist Prinz Philip – vom angelsächsischen Standpunkt wie auch von dem konservativer Deutscher aus: sehr beträublicherweise – gebürtiger Grieche, obzwar rein deutscher Abstammung, was jedoch in seiner britischen Wahlheimat auch nicht sehr positiv bewertet wird ...

Was schließlich eine dritte internationale Society-Größe angeht, Mrs. Jacqueline Onassis, verwitwete Kennedy, geborene Bouvier, so hat sie zwar ihre Kindheit bereits in Multimillionärsmilieu verbracht, denn sowohl ihr Vater, John V. Bouvier, als auch ihr Stiefvater, Hugh D. Auchincloss, verfügten über achtstellige Dollarkonten; sie ist in New Yorks damals feinster Straße, Park Avenue, aufgewachsen, absolvierte Amerikas exklusivste Mädchenpensionat, Vassar, studierte zunächst französische Literatur an der Pariser Sorbonne, alsdann Journalismus an der George Washington-Universität zu Washington, D. C., war zuvor als Achtzehnjährige in Newport zur »schönsten Debütantin des Jahres« gekürt worden und heiratete den Multimillionärssohn, Harvard-Absolventen, Senator und späteren Präsidenten der USA, John Fitzgerald Kennedy aus Boston, Massachusetts, mit dem sie ins Weiße Haus einzog. »First Lady« der Vereinigten Staaten und weibliches Idol der westlichen Welt wurde. Aber nach der Ermordung ihres Mannes, einer angemessenen Zeit würdiger Trauer und etlichen Beinahe-Verlobungen, etwa mit Antonio Garrigues, dem Botschafter Spaniens beim Heiligen Stuhl, oder mit William David Ormsby-Gore, fünftem Lord Harlech, P. C., K. C. M. G., von kleineren Affären mit Meistern der schönen Künste wie Leonard Bernstein, Rudolf Nurejew, Truman Capote und Frank Sinatra ganz zu schweigen, heiratete sie den Super-Tanker Aristoteles (»Ari«) Sokrates Homer Onassis, der das wenige, das ihm, trotz seiner klassischen Vornamen, an Schulbildung zuteil geworden ist, als ein im türkischen Smyrna geborener Grieche an der dortigen, selbst nach levantinischen Maßstäben nicht exklusiven *Evangeliki Scholi* genossen hat, seine scharfe kaufmännische Ausbildung hingegen in lateinamerikanischen Hafenstädten.

Die rapide Verschlechterung von Jacquelines Background, die mit dieser Mésalliance eingetreten ist – sie hätte genausogut einen reichen Bantu-Häuptling heiraten können, finden ihre amerikanischen Freunde – wird nur teilweise wettgemacht durch die Milliarden ihres neuen Gemahls, seine zahlreichen mehr oder weniger guten Adressen und seine berühmt-berüchtigte Luxusyacht »Christina«. Enorm verbessert hat sich dagegen »Ari« Onassis' Background, der nicht nur in den Kennedy-Clan einheiraten konnte, sondern dabei auch noch Prinz Stanislaus Albrecht Radziwill zum Schwippschwager gewann, der (in dritter Ehe) mit Jacquelines Schwester Caroline Lee geborener Bouvier geschiedener Canfield verheiratet ist und eine ausgezeichnete Adresse hat: 4, Buckingham Place, London S. W. 1.

Verlassen wir nun die holde Sphäre der internationalen High Society, an deren Mitgliedern es leider, was ihren individuellen Background betrifft, bei genauerem Hinsehen allerhand auszusetzen gibt und wo kaum einer es in dieser Hinsicht mit dem untadeligen Oberstleutnant Penn aufzunehmen vermag, und begeben wir uns in die obersten Ränge der zwar auch weltweites Prestige genießenden, aber mit ihrem Background doch mehr in der eigenen Nation verankerten bundesdeutschen Geld- und Macht-Elite, so müssen wir mit Bedauern feststellen, daß auch hier sehr vieles im argen liegt:
Da gibt es milliardenschwere Industriekapitäne mit kaum mehr Schulbildung und Erziehung als Aristoteles Sokrates Homer Onassis, steinreiche Konzernerben, deren »Studium« darin bestand, daß sie von 1939 bis 1945 die lateinamerikanischen Filialen der väterlichen Firma inspizierten, und was militärische Ehren anbelangt, so mag Rudolf August Oetker, trotz seiner schönen Adressen, als warnendes Beispiel dienen: Nach dem Besuch eines anonymen Gymnasiums während unbestimmter Zeit, Lehrlingsmonaten bei der Vereinsbank in Hamburg, deren Großaktionärin zugleich seine Großmutter war, und einer sehr vage mit »Studien« umschriebenen Periode süßen Nichtstuns wurde der junge Pudding-Prinz aus Bielefeld, den Gregor von Rezzoris Maghrebinier als »ein Bürschchen von fertigem Geld« bezeichnet hätten, für etliche Wochen Soldat bei einer kavalleristische Traditionen pflegenden Aufklärungsabteilung, dann krankheitshalber entlassen. Er konnte sich infolgedessen wieder ganz dem widmen, was er zuvor getan hatte, alsdann gewissermaßen promovieren, indem er durch den tragischen Tod seiner Eltern und fast aller Geschwister in einer Bombennacht zum Alleininhaber der vom Großvater gegründeten Firma Dr. August Oetker aufrückte, auch – denn es war ja mitten im Kriege, und er noch ein rüstiger Twen – wieder zu den, wenn auch im speziellen Falle windgeschützten, Fahnen eilen, genauer: Sturmmann einer SS-Verpflegungseinheit werden, mit Stabsquartier in den Berliner Oetker-Zweigbetrieben. Ob er wenigstens den Rang eines Rottenführers erklomm und mit Orden bedacht wurde, ist unbekannt . . .
Nun, Rudolf August Oetker hat immerhin diesen betrüblichen Mangel an vorzeigbarem akademischen und militärischen Background später auf vielfältige Weise wettzumachen versucht: durch

zahlreiche eindrucksvolle Adressen, durch eine Flotte ansehnlicher Schiffe, von denen etliche seinen Familiennamen tragen, durch seine Vermählung (in dritter Ehe) mit einer bayerischen Aristokratin von beachtlicher Schönheit, Maja von Malaisé – man bemerke auch den Akzent –, durch Erwerb des Komturkreuzes der Republik Italien (vermutlich für Pioniertaten wie die Ausdehnung seines konzerneigenen Prinz-Bräu-Vertriebsnetzes bis an die einsamsten Strände der Apenninenhalbinsel) und vor allem durch eine enorme Vermehrung seines Reichtums, die sich allerdings – aber das tut prestigemäßig ja nichts zur Sache! – infolge einiger für ihn maßgeschneiderter Bestimmungen des Einkommensteuergesetzes, ohne nennenswertes eigenes Zutun nahezu automatisch vollzog.

Bei anderen Mitgliedern der bundesdeutschen *Crème de la crème* vermißt man, was ihre eigenen Background-Mängel betrifft, jedwede Einsicht, erst recht jeglichen Willen zu anderem Ausgleich als durch immer mehr Geld. Dies trifft vor allem auf die Besitzer von Background zu, der – bei sonst erstklassigen Zutaten – lediglich durch jenen leichten Hautgout beeinträchtigt wird, der allzu Ausgekochtes leicht befällt.

Nehmen wir als Beispiel einen mit Besitztümern im Schätzwert von knapp einer Milliarde Mark gesegneten Hocharistokraten mit nicht weniger als zehn klangvollen Vornamen, einem geradezu atemberaubend eindrucksvollen Familiennamen, achthundert Jahre zurückreichenden Sippentraditionen, Präsidentenwürden in sehr respektablen Clubs, erstklassigen Adressen, einer ziemlich aufwendigen, infolgedessen sehr vornehmen Erziehung auf exklusiven Schulen und Colleges, rund zweitausend registrieren sowie einer Gemahlin aus noch vor wenigen Jahrzehnten regierendem Königshaus. Dieser doch nun wahrlich respektable Angehörige der bundesdeutschen Elite heißt Maria Georg Konstantin Ignatius Antonius Felix Augustinus Wunibald Kilian Bonifacius Reichserbtruchseß und (siebter) Fürst von Waldburg zu Zeil und Trauchburg, ist Ehrenritter des souveränen Malteserordens, wohnhaft auf Schloß Zeil über Leutkirch sowie auf Schloß Neutrauchburg, Post Isny, beides in Württemberg, und verehelicht mit Ihrer Königlichen Hoheit Prinzessin Gabriele von Bayern. Von Beruf ist der Fürst, ein Mann des Jahrgangs 1928, nach eigener Angabe »Gutsbesitzer und Unternehmer«.

Soweit so gut, auch wenn zu dem, was Seine Durchlaucht unternimmt, unter anderem Eisenwaren-Kleinhandel (unter dem Firmennamen »Eisen-Fuchs«), die Herstellung von Artikeln des täglichen wie des monatlichen, vornehmlich sanitären Bedarfs aus Papier und Zellstoff gehört sowie die sehr lukrative Vermietung von eigenen Gebäuden und Parkanlagen an täglich fünfzehnhundert LVA-verschickte oder kriegsversehrte Kurgäste und deren therapeutische Versorgung in fürstlichen Kurbetrieben. Alles dies kann des Kur-Fürsten Background kaum beeinträchtigen; andere hocharistokratische Multimillionäre geben ihren erlauchten Namen und sogar das Bild ihres Großvaters für die Etiketten gewöhnlicher Kornbrannts her (Fürst Bismarck), füllen Coca-Cola ab (wie der Herzog von Croy) oder lassen gar, gegen fünfzig Pfennig Entrée pro Person, Neugierige in ihre Familiengruft ein und dort die Särge ihrer Onkel, Tanten und Großeltern beklopfen (Thurn und Taxis).

Indessen ist Seine Durchlaucht von Waldburg zu Zeil nicht nur ein Eisen-Fuchs; er ist auch, mit allem Respekt bemerkt, ein Grundstücks-Hamster, um nicht zu sagen ein Land-Geier. Obwohl er mit knapp hundert Millionen Quadratmetern ererbtem Grundbesitz nicht gerade unter Platzangst zu leiden hat, kauft er bei jeder sich bietenden Gelegenheit weiteres Land hinzu, so erst vor einigen Jahren und für rund drei Millionen Mark ein ganzes Alpenrevier zwischen Immenstadt und Oberstaufen. Doch der Fürst geniert sich auch nicht, seinen Besitzstand kleckerweise zu arrondieren. So erwarb er – laut *Spiegel* – von der Hausgehilfin Maria Natterer fünfundsechzigtausend Quadratmeter Grund, und gar nicht einmal teuer: Die Maria ließ sich herbei, eine Leibrente zur Aufbesserung ihres Arbeitslohnes um monatlich hundertfünfzig Mark der Auszahlung eines angemessenen Kaufpreises vorzuziehen, vermutlich, weil sie von Verzinsung noch nichts gehört hatte. Und für ein anderes, nur zwanzigtausend Quadratmeter großes Terrain, das dem Fürsten – wohl von einem alten Mütterchen – abgetreten wurde, zahlte er auch bloß zweihundertzehn Mark monatlich, natürlich auf Lebenszeit (der Verkäuferin).

Tätigte ein britischer Aristokrat solche, eines chinesischen Geldverleihers würdigen Geschäftchen, kämen diese gar ans Licht der Öffentlichkeit und verursachten alsdann in den exklusiven Clubs, denen er angehört, zwar keinen Sturm der Entrüstung, aber doch bei einigen engherzigen Mitgliedern ein leichtes Anheben der Augenbrauen und dezente Laute des Unbehagens, so fände sich gewiß ein älterer Gentleman, der das erlösende, alles wieder ins rechte Lot rückende Wort spräche: »*Chap's a decent sort, really. Got an excellent background. Went to Eton, y'know ...*«, was ins Deutsche und auf die speziellen Verhältnisse Seiner Durchlaucht des Fürsten von Waldburg zu Zeil und Trauchburg übertragen, bedauerlicherweise, da er nicht in Eton zur Schule gegangen ist, im Aero-Club von Deutschland, als dessen Präsident er fungiert, nur so formuliert werden könnte: »Sonst ein hochanständiger Mann, also wirklich! Erstklassige Erziehung. War auf dem Jesuitenkolleg und so ...« Und das würde, da man die hochwürdigen Patres der Gesellschaft Jesu schwerlich einer Anstiftung ihrer Zöglinge zu Todsünden wie Geiz oder Habgier bezichtigen kann, die Sache nur noch schlimmer machen. (Es geht eben nichts über

Eton, wo der Fürst die – bei sehr weitherziger Auslegung auch auf Grundstücksgeschäfte anwendbare Maxime, »*right or wrong, my country!*«, (recht oder unrecht, es geht um mein Land!) beigebracht bekommen haben könnte ...)

Suchten wir rastlos weiter nach einem bundesdeutschen Oberstleutnant Penn, also nach einem Mann mit optimalem Background, der für einen ehrgeizigen Jungaufsteiger vorbildlich sein könnte, so stießen wir, nachdem wir Scharen von milliardenschweren Society-Größen der Reihe nach gewogen und – wenn auch nur hinsichtlich ihrer Herkunft, Erziehung und Bildung sowie einiger anderer wichtiger Background-Bestandteile – zu leicht befunden hätten, unweigerlich auf einen Gentleman, der zwar kein Ehren-Stallmeister oder ähnliches einer Königin ist, aber dies auch nur, weil es bei uns, zumindest offiziell, keine Höfe mehr gibt, und der auch weder Eton noch eines der renommierten (und zum Renommieren geeigneten) »Oxbridge«-Colleges* besucht hat. Aber was er als Ersatz dafür zu bieten hat, kann sich sehen lassen. Und was den Klang seines Namens angeht, so ist er dem wackeren Oberstleutnant Penn sogar weit überlegen, denn er heißt Otto Christian Knut Hans Konstantin Hubertus von Kühlmann, Freiherr von Stumm auf Ramholz.

Knut Freiherr von Kühlmann-Stumm, wie er sich verkürzt zu nennen beliebt, ist ein Mann des Jahrgangs 1916. Sein Vater, Sproß einer geadelten bürgerlichen Familie, war kaiserlicher Karriere-Diplomat, zuletzt Staatssekretär des Auswärtigen, und hieß schlicht Richard von Kühlmann. Von der Mama, der Tochter und Nichte steinreicher und auch erst 1888 geadelter saarländischer Schwerindustrieller, stammt der Namensbestandteil »von Stumm« sowie das knapp tausend Hektar große Rittergut Ramholz, Kreis Schlüchtern, das den Namen noch weiter verlängert und an dessen Besitz der Freiherrentitel geknüpft war.

Ramholz liefert zugleich die erforderliche gute ländliche Adresse, und natürlich hat Baron von Kühlmann-Stumm auch noch zwei hauptstädtische Anschriften, eine private und eine offizielle, wobei die letzte kurz und eindrucksvoll »Bonn, Bundeshaus« lautet, denn er ist seit 1960 Mitglied des Parlaments, seit einigen Jahren auch einer der Fraktionsvorsitzenden der Freien Demokraten.

Unser bundesdeutscher Oberstleutnant Penn hat selbstverständlich auch einen militärischen Background: 1936 trat er als Fahnenjunker in ein als feudal geltendes, in Neuruppin stationiertes Panzerregiment ein; er brachte es bis zum Hauptmann im Gene-

---

* So nennt man, zumal in England, spöttisch (und neidvoll) die Colleges der Elite-Universitäten Oxford und Cambridge. In Oxford ist Balliol das beste; Eton-Schüler bevorzugen aber das sehr sportliche Christ Church College oder auch Keble. Trinity House gehört ebenfalls noch zur Spitzenklasse. All Souls' genießt hohes Ansehen, nimmt aber keine Studenten auf – also Vorsicht beim Prahlen! In Cambridge ist King's College das feinste, aber auch Magdalene, Jesus und Corpus Christi sind sehr vornehm, die beiden letzten zugleich sehr schön. Trinity House steht in besonderer Gunst der Königsfamilie und wurde von Prinz Charles besucht. Alle übrigen »Oxbridge«-Colleges kann man, wenn es nur ums Prestige geht, getrost vergessen.

ralstab und war zeitweise Begleitoffizier des Feldmarschalls Rommel. Infolgedessen könnte er auch eindrucksvolle Orden anführen, die ihm verliehen worden sind. Als Nachkriegspolitiker erwarb er sich das Große Bundesverdienstkreuz mit Stern und Schulterband.

Im exklusiven Klub der Stumm-Erben, die gemeinsam fast neunzig Prozent der Anteile an den fünfzehn Unternehmen des Familienkonzerns – Zechen an der Ruhr, Stahlwerke an der Saar sowie weiterverarbeitende Betriebe – und erheblichen sonstigen Besitz halten, führt Baron Knut von Kühlmann-Stumm unbestritten den Vorsitz, und natürlich sitzt er auch in den Präsidien einer Reihe sehr nobler Aufsichtsräte.

Familiärer Background, Name, Adressen, Kriegsruhm und zivile Dekorationen bilden, wie man zugeben muß, zusammen mit der enormen finanziellen Stärke des Barons und seiner Führungsrolle im Stumm-Reich sowie der politischen Karriere, ein wahrlich respektables Background-Gerüst, das noch ergänzt wird durch zwei Lehrjahre bei einer sehr vornehmen Berliner Privatbank, beachtliche sportliche Erfolge als Leichtathlet von nationalem Rang und die Verheiratung mit der Tochter eines pommerischen Rittergutsbesitzers und Reichstagsabgeordneten, Jutta von Ramin. Doch das Tüpfelchen auf dem i, das Herrn von Kühlmann-Stumm zum bundesdeutschen Background-Optimum macht, ist die Schule, die er besuchen durfte: Gemeinsam mit Prinz Philip, nunmehrigem Herzog von Edinburgh, wurde er auf der feudalen markgräflich badenschen Schloß-Internatsschule Salem erzogen.

Es ist speziell dieser Punkt, der den von Kühlmann-Stummschen Background unübertrefflich erscheinen läßt; anderenfalls hätte aus der Schar der Milliardäre unseres Landes einem anderen der Lorbeerkranz gebührt: Karl Theodor Maria Georg Achatz Eberhard Joseph Freiherrn von und zu Guttenberg, der 1921 als Sohn eines Großgrundbesitzers, päpstlichen Geheimkämmerers und Korvettenkapitäns auf einem Familienschloß (Weißendorf) zur Welt gekommen ist, ein weiteres Schloß, Guttenberg bei Stadtsteinach in Oberfranken, zu seiner ersten Adresse erhoben hat, aber noch weitere Schlösser sowie eine Villa in Bonn sein eigen nennt. Der Baron ist auf das innigste verwandt und verschwägert mit allen nennenswerten gutkatholischen Hochadelshäusern, natürlich auch mit den Habsburgern, zudem verehelicht mit Rosa Sophie geborener Prinzessin und Herzogin von Arenberg. Er kann sich rühmen, daß seine Vorfahren – »nachweisbar seit 1148 Herren von der Plassenburg bei Kulmbach« – jahrhundertelang über die ländliche Bevölkerung Oberfrankens geherrscht haben, und es gibt tatsächlich eine sehr schöne und umfangreiche Sammlung in Oberndorf Kreis Höchstadt, die ahnherrlich guttenbergische »Bauernschinderei, Volksausbeutung und unmenschliche

Ausnutzung von Leibeigenschaft und Frondiensten« sowie die dabei benutzten Folterwerkzeuge betreffend.

Der Baron begann seine militärische Laufbahn, wie es sich gehört, bei einem Kavallerieregiment (Nr. 17 in Bamberg), brachte es bis zum Oberleutnant, gewiß auch zu einigen Auszeichnungen, die später von geistlicher und ziviler Seite ergänzt wurden (Ritter vom Heiligen Grabe zu Jerusalem, Bayerischer Verdienstorden, Ehrenpreis der Versammlung der versklavten Nationen Europas*), und schlug ein Karriere ein, die sich am besten als die eines Gentleman-Politikers definieren läßt. Sie fand ihren bisherigen Höhepunkt darin, daß der Baron von 1967 bis 1969 parlamentarischer Staatssekretär im Bundeskanzleramt war. Er gehört weiterhin dem Parlament als Abgeordneter der Christlich-Sozialen Union an, ist daneben – wie er selbst es bescheiden nennt – »Land- und Forstwirt«, wohl auch Winzer, denn neben weiten Teilen Ober- und Mittelfrankens gehört ihm auch das große, wegen der hohen Qualität seiner Produkte geschätzte von Buhlsche Weingut zu Deidesheim. Er könnte sich sogar als »Heilgehilfe« bezeichnen, da er, als deren Eigentümer, die Heilquellen und Kuranlagen von Bad Neustadt an der Saale betreibt, richtiger: betreiben läßt, und zwar von der »Freiherrlich v. Guttenbergschen Hauptverwaltung der zusammengefaßten land- und forstwirtschaftlichen, Weinbau- und Kurbetriebe«.

Bei einem solchen Background kann es wirklich nicht als störend empfunden werden, daß eine gewisse Asphaltpresse, anläßlich der Ernennung des Barons zum Staatssekretär und sicherlich aus niederen Beweggründen, eine alte Geschichte hervorkramte, nämlich daß der Baron geringfügig vorbestraft sei, und zwar mit – nebbich – dreihundert Mark Geldbuße für die Verwendung der volkstümlichen Bezeichnung »Saujud« gegenüber einem Andersgläubigen. Erstens war dies kurz nach dem letzten Kriege, als manche Leute noch überempfindlich reagierten; zweitens ist diese Vorstrafe längst aus dem Strafregister getilgt und infolgedessen zu erwähnen verboten, und drittens kann es angesichts des immensen Reichtums und des exaltierten gesellschaftlichen Ranges eines Freiherrn von und zu Guttenberg für jeden eigentlich nur eine Ehre sein, vom Baron überhaupt wahrgenommen und sogar – mehr oder weniger leutselig – angesprochen zu werden. Schwer wiegt dagegen, daß er, ein Aristokrat und vielhundertfacher Millionär, nicht die Schloßschule von Salem besucht hat, auch nicht eines der exklusiven oberbayerischen Internate wie etwa das piekfeine Landschulheim Neubeuern oder das »Landerziehungsheim Stein an der Traun«, nicht einmal eine der norddeutschen Privat-

---

* Es handelt sich bei diesen Nationen aber nur um eine – vom Standpunkt des Barons Guttenberg aus repräsentative – Auswahl; die Spanier, Portugiesen oder auch Griechen sind dort selbstverständlich nicht vertreten, auch nicht die Nachkommen der freiherrlich guttenbergischen Leibeigenen und Fronpflichtigen.

schulen von einigem Rang* oder ein Institut in der Schweiz, das als High Society-Tummelplatz gelten darf, sondern nur das Gymnasium in Würzburg, alsdann die Jesuitenkollegien von Feldkirch in Vorarlberg und von St. Blasien im Schwarzwald. So muß sich der Freiherr von und zu Guttenberg mit einem – durchaus noch ehrenvollen – zweiten Platz im Background-Wettbewerb der bundesdeutschen Geld- und Macht-Elite begnügen ...

Vielleicht ist dem einen oder anderen Jungaufsteiger bereits etwas schwindlig geworden; womöglich wird er nun von Zweifeln geplagt, ob er sein hehres Ziel, eines Tages ganz und gar »in« zu sein, je wird erreichen können. Aber keine Sorge! Es gibt absolut nichts, wovor sich eine Contessa Ira Gracia geborene Grünfisch, ein Fräulein Pamela Scholtz von und auf Koltzenbekh, ein Dietmar (»Zwötschi«) von Langenhagen-Zwötzen oder ein anderer, der entschlossen in die *Crème de la crème* drängt, wegen scheinbar irreparabler Background-Mängel zu fürchten brauchte.
Beginnen wir mit dem familiären Background, an dem es Jungaufsteigern ja durchweg gebricht, und stellen wir uns vor, Fürst Georg von Waldburg zu Zeil und Trauchburg, der »Eisen- (und Grundstücks-)Fuchs«, und Baron Karl Theodor Achatz von und zu Guttenberg, der von den Versklavten Geehrte, gerieten sich, was durchaus im Bereich des Möglichen liegt, ernstlich darüber in die Haare, wer von ihnen beiden von älterem Adel und vornehmerer Herkunft sei. Zu solcher Frage darf ein zufällig anwesender »Stan«-Götz du Blany-Hohenberg natürlich keinesfalls schweigen, womöglich gar in tiefer Ehrfurcht und von Minderwertigkeitskomplexen geplagt!
Er muß vielmehr einen der Herren ins Wort fallen und zunächst den Fürsten Waldburg höflich, aber bestimmt daran erinnern, daß dessen Geschlecht zwar wohl schon um 1170 irgendwo urkundlich erwähnt, aber doch erst reichlich spät, nämlich 1502, in den Freiherrenstand erhoben wurde, von dem etwas hastigen und ziemlich blutigen Erwerb der Masse heutiger waldburg-zeilscher Latifundien durch Truchseß** Georg, genannt »der Bauernjörg«, von Waldburg, im Zuge der von ihm angeführten Strafexpeditionen des Schwäbischen Bundes gegen die aufständischen Bauern und der noch weit späteren Erlangung der Fürstenwürde (1803 ...!) ganz zu schweigen ...
Alsdann sollte sich »Stan« auch des adelsstolzen Freiherrn von und zu Guttenberg annehmen, dessen Ahnen zugegebenermaßen zweiunddreißig Jahre vor denen des Fürsten Waldburg-Zeil erstmals urkundlich erwähnt sind, und den Baron beiläufig wissen

---

* Hier wäre eigentlich nur Louisenlund in Frage gekommen, eine jüngere norddeutsche Schwester von Salem.
** Darunter verstand man ursprünglich den für den Troß verantwortlichen Proviantmeister, später den Küchen- und Kasinofeldwebel. Solche Ämter wurden gern vererbt und, was die damit verbundene Befugnisse betraf, ausgeweitet.

lassen, daß er selbst, Stanislaus-Götz du Blany-Hohenberg, von Karl dem Großen (768–814) abstamme, und zwar nicht aus einer der sehr zahlreichen Friedel-Ehen* des Kaisers, sondern aus dessen offizieller Verbindung mit der Alemannin Hildegard († 783). Übrigens trifft »Stans« scheinbar kühne Behauptung sogar mit an Sicherheit grenzender Wahrscheinlichkeit zu, wenngleich der dokumentarische Nachweis fehlt. Von Karl dem Großen stammen allerdings mit ebenso großer Wahrscheinlichkeit auch der verblüffte Guttenberg, der zerknirschte Fürst Waldburg und auch eine vielleicht dem Gespräch andächtig und neidgeplagt lauschende Contessa Ira Gracia geborene Grünfisch ab, aber das braucht Götz du Blany-Hohenberg nicht ausdrücklich zu erwähnen.

Daß »Stan« tatsächlich nicht übertreibt, wenn er sich auf Carolus Magnus beruft, ist leicht zu beweisen: Erstens war Kaiser Karl besonders zeugungsfreudig; allein mit Hildegard, der zweiten seiner vier Hauptfrauen, hatte er mindestens neun namentlich bekannte Nachkommen, die ein zeugungsfähiges Alter erreichten, (weshalb sich »Stan« auch Hildegard, die Allerwahrscheinlichste, zur Ahnfrau erkoren hat); zweitens aber, und das ist das Entscheidende, zeigt eine einfache Rechnung, daß wir alle dieselben Vorfahren, unter anderem auch Karl den Großen, haben müssen: Jeder hat ja, auch wenn er sie nicht alle kennen sollte, zwei Eltern, vier Großeltern, acht Urgroßeltern, sechzehn Ururgroßeltern und so fort in der Progression. Rechnet man auf hundert Jahre durchschnittlich drei Generationen, so macht das für zwölfhundert Jahre sechsunddreißig Generationen und in diesem Abstand nicht weniger als *rund 65 Milliarden Ahnherren und -damen für einen jeden von uns* . . . !

Die Gesamtbevölkerung unseres Kontinents betrug aber bis weit in die Neuzeit hinein nur einen winzigen Bruchteil dieser Menschenmasse, höchstens zwei Tausendstel, und alle Männer und Frauen, die zur Zeit Karls des Großen Europa bevölkerten, gleich ob Kaiser oder Knecht, Grafenliebchen oder Bauerntrampel, sind samt und sonders die Vorfahren eines jeden einzelnen von uns, meist sogar – wegen der vielen Verwandtenehen und des daraus resultierenden sogenannten »Ahnenschwundes« – gleich mehrere tausendmal. Nach den Gesetzen der Mathematik, zumal denen der Wahrscheinlichkeit, kann es gar nicht anders sein. Es besteht also gar keine Veranlassung, weder für »Stan«-Götz du Blany noch für irgendwen sonst, sich weniger ahnenstolz zu geben als die Aristokratie, vielmehr geradezu die Verpflichtung, sich einen imposanten Stammvater zuzulegen, der – einer für alle! – künftig jene Verehrung genießen soll, die allen Altvordern zukommt. Als

---

* So hießen die damals sehr beliebten, durchaus achtbaren eheähnlichen Beziehungen eines Herrn zu einer freien Dame; die bloßen Bettdienste unfreier Weiblichkeit und daraus resultierender Nachwuchs genossen nicht ganz so hohes Prestige.

Ahnherren empfehlen sich Kaiser und andere geschichtliche Persönlichkeiten fürstlichen Standes aus den Jahrhunderten zwischen dem Ende der Völkerwanderung und den ersten Kreuzzügen. Ein paar Familienandenken – vielleicht eine schlecht erhaltene Rüstung, bei Platzmangel auch nur ein rostiges Schwert, ein abgewetzter Siegelring mit Spuren eines stolzen Wappens sowie einige vergilbte Stiche nach Porträts vornehm gekleideter Herrschaften genügen völlig, letzte Zweifel an der erlauchten Abkunft des Prätendenten zu zerstreuen, und sind leicht zu beschaffen, beispielsweise in der Hamburger ABC-Straße oder auf der Auer Dult.

Dagegen ist dringend abzuraten von der Anfertigung eines auf den tatsächlichen Gegebenheiten basierenden Stammbaums. Von der Mühe und den Kosten einmal abgesehen, bringt jede Ahnenforschung unweigerlich früher oder später auch Dinge ans Licht, die man besser, schon zur Vermeidung des Entstehens von Komplexen, nicht vom Staub der Archive befreit: Die Freude über den jungen Herrn Grafen, der die Lampenputzerin des väterlichen Schlosses, unsere Ahnfrau, anno 1803 zu schwängern und uns auf diese Weise Spuren seines blauen Blutes zu vererben geruhte, wird bestimmt – denn der Weg zurück bis zu Karl dem Großen ist weit – durch die spätere Entdeckung getrübt, daß auch besagtes Grafenhaus von zahlreichen Leuten abstammt, die nicht einmal einen Familiennamen hatten und als »lahmer Hans«, »Köhler-Liesl« oder »Kasper, der hangen mußte« durch die Kirchenbücher geistern … Da ist es schon besser, sich gleich auf Karl den Großen (oder Richard Löwenherz, Geoffroys Plantagenet, Theoderich, eventuell sogar, sofern man Theologen beeindrucken will, auf den heiligen Augustin und dessen natürlichen Sohn Adeodatus) als Stammvater zu berufen und es bei dieser schlichten (und allerhöchstwahrscheinlich auch wahren) Feststellung bewenden zu lassen.*

Auch was die Schaffung eines exzellenten Backgrounds an Erziehung und Bildung angeht, so erwachsen einem entschlossenen Aufsteiger nur minimale Schwierigkeiten. Da es für sein »In-age« völlig gleichgültig ist, was und wieviel er gelernt hat, und es allein darauf ankommt, die Bänke einer ungemein vornehmen Anstalt gemeinsam mit Angehörigen der High Society gedrückt zu haben, braucht er zu seinem Glück die nicht genossene Schulbildung keineswegs rasch nachzuholen, nicht einmal allmählich. Er muß sich nur ein paar Formulierungen ausdenken, die er in die Unterhaltung mit Leuten, denen er imponieren möchte, einfließen lassen kann und die keine – zumindest keine nachprüfbare! – Unwahrheit darstellen.

* Der Autor hat sich auf Don Christóbal Colón, genannt Kolumbus, als Stammvater festgelegt, ohne deshalb auf sein Recht zu pochen, sich Herzog von Veragua, Grande von Spanien 1. Klasse und Admiral der Flotte zu nennen und entsprechende Uniform zu tragen.

»Zwötschi« von Langenhagen-Zwötzen mag beispielsweise erwähnen, daß es ihm unter der kommunistischen Gewaltherrschaft leider nicht mehr vergönnt war, einer alten Familientradition gemäß die Ritterakademie zu Brandenburg an der Havel zu absolvieren; daß er, wenn er selbst hätte wählen können, die vom preußischen Adel hochgeschätzte Klosterschule Roßleben besucht hätte, und daß für seinen Sohn, wenn dieser das entsprechende Alter erreicht hat, nur Salem in Frage kommt, anschließend ein Studium in Oxford, wobei dort natürlich nur Balliol oder Keble für ihn zur Wahl stehe. Jede dieser drei Feststellungen kann mit dreißig Punkten bewertet werden, und für die Erwähnung von Balliol und Keble sind noch zehn Extra-Punkte fällig, so daß die Summe, hundert Punkte, genau dem entspricht, was sich »Zwötschi« an Bildungs-Prestige hätte erwerben können, wäre er selbst auf den von ihm genannten Anstalten gewesen.

»Stan«-Götz du Blany-Hohenberg darf einmal beiläufig und ganz allgemein auf die glückliche Mischung hinweisen, die ein am Lübecker Katharineum, der Schule Thomas Manns, eingeflößter Humanismus und ein anschließend am Corpus Christi College von Cambridge geweckter Sportsgeist darstellen (zusammen zwanzig Punkte), dann hinzufügen, daß er selbst seine Studienzeit in England verbracht hätte (fünfzig Punkte), sie auch nicht missen möchte, für seine noch ungeborenen Söhne jedoch die Internatsschule von Neubeuern, anschließend Le Rosey oder Zugerberg ins Auge zu fassen geneigt wäre (dreißig, zusammen gleichfalls hundert Punkte) ...

Und die Principessa Irina, wie die Fürstin-Witwe Lobanow-Rostowsky, geborene Ploffke, verwitwete Grünfisch, meist genannt wird, brauchte überhaupt keine Bildungs-Background-Punkte zu sammeln. Es genügt völlig, wenn sie gelegentlich von den sehr glücklichen Zeiten schwärmt, als sie noch, zusammen mit »der Polli« (Auersperg? Thurn und Taxis? Öttingen-Öttingen und Öttingen-Wallerstein ...?) und der »goldigen Mirzl« (Habsburg? Collalto? Clary und Aldringen?) eines regnerischen Tages der Handarbeitslehrerin, einem Fräulein von Tresckow, einen Faden vom Rocksaum ihres knöchellangen Strickkleides zog, so daß es sich gegen Ende der Stunde, als die Frau Oberin kam, zu nur noch Minilänge aufgerippelt hatte, und alsdann, ohne direkten Bezug, von (derselben?) Frau Oberin, einer Gräfin Rechberg-Rothenlöwen, zu berichten, daß diese sehr gestrenge alte Dame wegen zunehmender Sehschwäche einen pensionierten Oberlehrer bürgerlichen Standes als Vorleser engagiert habe, einen Mann mit vorzüglicher Aussprache und wundervoller Betonung, nur leider wurden ihm beim Vorlesen immer nach ein, zwei Stunden vom unentwegten Stehen die Knie schwach ...

Manieren kann man, wenn man unbedingt will, leicht erlernen; wir werden indessen auf diesen Punkt noch zurückkommen. Und was militärischen Background angeht, so sollten sich jüngere Damen und Herren auf vage Formeln beschränken, wenn sie ihren Aufstieg in die »*In*-nung« der Top-Snobs durch Imponiergehabe auf diesem Gebiet fördern wollen. Es gibt noch zuviele steinalte Generale a. D., die die Regimentslisten im Kopf haben und penetrante Fragen stellen können, wenn sie sich eines beiläufig erwähnten Offiziers beim I. R. 9 in Stargard – Spitzname »Graf Neun« – nicht zu erinnern vermögen. Aber gegen Behauptungen wie: »Wenn ich einen Sohn hätte, dann müßte er natürlich zu den Panzerjägern nach Lüneburg (oder »zu den Panzeraufklärern Nr. 6 – ›von Sechs‹ – in Eutin«)! Ein bißchen gute Tradition wird man ja wohl noch wahren dürfen ...!«, dagegen werden auch die knorrigsten alten Exzellenzen nichts einzuwenden vermögen. Denn bei den genannten Bundeswehr-Einheiten – bitte, sprechen Sie nicht darüber mit Poofkes! Es sollte ganz unter uns bleiben! – herrscht noch eine wirklich ausgezeichnete, juchtenlederne Kasino-Atmosphäre, ganz wie in guten alten Zeiten, wird Elitebewußtsein und kavalleristische Tradition noch kolossal gepflegt, gibt es für die jungen Herren Offiziere erstklassige Gäule von den adligen Gutsbesitzern der Nachbarschaft, auch Burschen, die sich aufs Striegeln verstehen und einen jungen Leutnant Herzog von Oldenburg korrekt mit »Hoheit« anreden.

Wer als bereits arrivierter Aufsteiger seinen Kindern ersparen möchte, einen Erziehungs-Background erst mühsam konstruieren zu müssen, der schicke sie, auch und gerade um des eigenen Images willen, denn daraus läßt sich viel Prestige-Honig saugen, auf eine wirklich exklusive Schule, (vielleicht zunächst des Auslands, denn dann kann man sie anschließend in Salem oder Louisenlund oder Neubeuern unterbringen) und gehe dabei gleich aufs Ganze. Am besten schickt man Jungen zunächst auf eine englische Public School, womit man die Hautevolée der Bundesrepublik, zumal die der Hansestädte, am tiefsten beeindrucken kann.
Public Schools sind, obwohl sie so heißen, das Gegenteil von öffentlich. Es handelt sich vielmehr um rein private Internatsschulen, und es gibt deren nicht weniger als einhundertsechsundsechzig, die als der »*Headmasters' Conference*« angeschlossene Institute Anspruch darauf erheben, nicht nur teuer und gut zu sein, sondern auch sehr exklusiv und daher immens prestigefördernd. Das ist jedoch bei den allermeisten von ihnen keineswegs der Fall! Höchstens zehn Public Schools spielen für die britische und damit auch für die internationale High Society überhaupt eine Rolle, nämlich Eton, Harrow, Winchester, Rugby, Marlborough, Charterhouse, Gordonstoun, Merchant Taylors', St. Paul's, Shrews-

bury und Westminster, (wobei die Absolventen von Charterhouse »Old Carthusians« genannt werden, die von Westminster »Wyke-hamists«).

Es sind dies reine Jungen-Internate, und die Kosten sind weit geringer, zumal für DM-schwere Bundesbürger, als man gemeinhin glaubt: schätzungsweise fünfundzwanzigtausend Mark einschließlich der meisten Nebenausgaben für eine Besuchsdauer von fünf Jahren, also etwa vierhundert Mark monatlich. Man sollte indessen die Jungen nicht für allzu lange Zeit dem Einfluß eines der erwähnten englischen Institute aussetzen. Erstens genügt ja auch ein kurzer Aufenthalt, und wenn er nur ein Semester währte, um zeitlebens darauf hinweisen zu können (»Mein Sohn ist in Gordonstoun zur Schule gegangen, aber das Abitur sollte er zu Hause machen, natürlich in Salem ...«); zweitens entwickeln die lieben Kleinen schon binnen kurzem eine zwar dezente, aber darum nicht minder penetrante Arroganz, auch und gerade gegenüber ihrem – von ihnen gelegentlich »Sir« genannten – Erzeuger, daß bei diesem, dagegen wahrlich nicht bei dem Herrn Sohn, Minderwertigkeitskomplexe entstehen können. Gerade solche muß aber jemand, der ganz und gar *»in«* ist und bleiben will, wie die Pest meiden.

Für Töchter, sofern man meint, daß sich für sie der Aufwand überhaupt lohnt, kommen als englische Public Schools nur Heath-field und Benenden sowie Roedean (mit dem Wahlspruch »Ehre mit Würde«) in Frage, natürlich auch bloß für höchstens ein Jahr, denn man will sie ja noch unter die Haube bringen. Am meisten Prestige läßt sich – für das Töchterchen wie für die stolzen Eltern – dadurch erzielen, daß man das Kind zunächst für ein paar Monate nach Heathfield schickt (»Wissen Sie, das ist die Schule, die auch Prinzessin Alexandra besucht hat ...«), alsdann auf ein sehr schickes schweizerisches Institut (vielleicht Le Rosey, die Lieblingsanstalt des Aga Khan-Clans), für den Rest der Schulzeit auf ein sehr exklusives deutsches Internat und schließlich auf die Harvard-Universität (ein Semester Journalismus genügt) sowie für ein halbes Jahr auf die Sorbonne. Dort muß man aber für ein mondänes Gegengewicht zum möglicherweise entstehenden Linksintellektualismus sorgen, am besten die Tochter einem Bekannten anvertrauen, der Mitglied des Jockey-Clubs ist. Das Ergebnis wird faszinierend sein und allen, auf die man Eindruck machen will, kolossal imponieren. Und das ist natürlich das wichtigste.

Denn, wenn man *»in«* bleiben will, muß man sich seinen *»In«*-nungs-Brüdern und -Schwestern gegenüber mit immer neuen überraschenden Tricks als ein Mann (oder eine Frau) präsentieren, der (oder die) vor absolut nichts zurückschreckt, wenn es nur seinem (oder ihrem) Prestige noch mehr Glanz verleiht.

Wie man Eindruck macht

Was tut man nicht, um die Bekanntschaft eines großen Mannes zu gewinnen, sagt schon ein Papagei bei Goethe*. Es ist indessen nicht die Bekanntschaft als solche, die der zielstrebige Aufsteiger zu gewinnen trachten muß, sei es die mit gekrönten Häuptern, Stars oder Konzerngewaltigen, vielmehr die durch solche Bekanntschaft gebotenen Möglichkeiten, sich damit zu brüsten, andere tief zu beeindrucken und so zusätzliches Prestige zu gewinnen.

»Stan«-Götz du Blany-Hohenberg, beispielsweise, konnte neulich einige seiner besten Kundinnen dadurch enorm beeindrucken, auch elf fast antike Fayence-Hundepaare sowie sechs Original-Kopien altenglischer Seekisten verkaufen *und* von Frau Dr. Gabriele Henkel, die gerade zu einer von ihr *gesponsorten* Vernissage in München weilte, zur nächsten Abendgesellschaft in die Düsseldorfer Chamissostraße 9 eingeladen werden – Vortrag von Professor Dr. Hans Joachim Schoeps über »Das Leben des Preußen Jesus«; Hummerschwänze Madras, geeiste Essenz von jungen Tauben, Gigot d'Agneau rôti à l'Ecossaise, Käseplatte Galan vert, Soufflé au Grand Marnier; Øivin Fjeldstad mit kleinem Orchester: Sinfonie Nr. 3 F-Dur von Johannes Brahms; *black tie*** –, daß im Verlaufe einer liebenswürdigen Plauderei »Stan« den Damen – es ergab sich gerade so – von einem »wirklich ganz reizenden Lunch mit dem auf sehr erfreuliche Weise katholischen Graham Greene« zu berichten und zufällig auch ein ihm, »Stan« du Blany, unlängst von diesem illustren Autor und Freund handschriftlich gewidmetes Exemplar der *Reisen mit meiner Tante* – »ein wirklich umwerfend komisches und fabelhaft unanständiges Werk des Meisters« – vorzuweisen vermochte.

Mit diesem großartigen Coup, den »Stan« nur seinem intimen Verhältnis zu einem Großen der Weltliteratur verdankt, hofft er bei Donna Gabriela, wie er sie nennt, den bisher im Hause Henkel als *Interior Decorating Consultant* amtierenden großen New Yorker Kollegen Valerian Rybar auszustechen und künftig selbst zu Rate gezogen zu werden, wenn die Gattin des Waschmittelkonzernherrn Dekorationsprobleme hat (was nur höchst selten nicht der Fall ist).

Das Schönste dabei ist, daß »Stan« den berühmten Schriftsteller tatsächlich kennengelernt hat, wenn auch vielleicht nicht ganz so intim, wie er vorgibt: Anläßlich seiner jüngsten Einkaufsreise

---

* J. W. v. Goethe, Die Vögel (nach Aristophanes).
** Schwarze Schleife, gemeint ist: die Herren haben im Smoking zu erscheinen, die Damen in entsprechender »kleiner« Abendgarderobe; *white tie* bedeutet Frack und große Abendtoilette.

nach London war er auch in die riesige Foylesche Buchhandlung gekommen, um sich dort mit der neuesten angelsächsischen Fachliteratur auf dem Gebiet des *Interior Decorating* zu versorgen – von irgendwoher muß »Stan« ja schließlich seine Inspirationen beziehen! –, ferner mit ein paar sehr poppigen Büchern für seine Vitrine im Arco-Palais. Von Miß Christina Foyle, die ihn beim Einkauf selbst beriet, denn er war ein guter Kunde, erwarb er dann (zum Preis von umgerechnet nur 12,50 DM) eine Eintrittskarte für deren gerade stattfindenden allmonatlichen *Literary Luncheon*, erfuhr beiläufig, daß diesmal Mr. Graham Greene anwesend wäre, dessen Ruhm als Kriminalschriftsteller (»Orientexpreß«) »Stan« schon zu Ohren gekommen war, und kaufte daraufhin (für weitere zwanzig Mark) ein Exemplar des neuesten Werks dieses Autors, *Reisen mit meiner Tante*, das ihm der Ehrengast nach dem ausgezeichneten und für 12,50 DM (einschließlich Mr. Greene) ja auch sehr preiswerten Mittagessen im Dorchester Hotel, Park Lane, liebenswürdigerweise signierte ...

Die Contessa Ira Gracia geborene Grünfisch, die – wie wir bereits wissen – in banger Sorge um ihr »*In*-age« war und nach Anschluß an den internationalen Jet Set lechzte – »Wir müssen unbedingt die Agnellis auf unsere nächste Party bekommen! Gianni könnte uns mit den Rothschilds, dem Papst, den Windsors und dem Aga Khan bekanntmachen ...!« –, erreichte kürzlich ihr Ziel, wenn auch mit enormen Anstrengungen und nur dadurch, daß sie alle Reserven in die Entscheidungsschlacht warf.
Sie verbrachte zunächst die letzten zehn Januar- und die ersten zwölf Februartage im feudalen, ihr als *der* Treffpunkt internationaler High Society empfohlenen Hotel »Palace« zu (Sankt) Moritz, ohne einen einzigen Prestige-Pluspunkt erzielen, ja ohne auch nur einen Jetsetter sichten zu können. Sie wußte nicht, daß die erste Moritzer Wintersport-Saison (Sylvester bis Mitte Januar) bereits vorbei war, die zweite (von Mitte Februar an) noch nicht begonnen hatte.
So fand Ira Gracia das vielgepriesene Moritz öde und ungemein häßlich – Ansichtskarten zeigen dieses mondäne Wintersport-Paradies ja auch vorzugsweise bei Nacht, den Zuckerbäckerbau des »Palace« nur im Mondlicht, wenn es wie ein schweizerisches Neuschwanstein aus Nebelbänken ragt –, und sie war drauf und dran, wieder abzureisen, doch eine Entdeckung hielt sie dann – glücklicherweise! – zurück: Als sie sich nämlich bei ihrem Zimmermädchen wegen des entsetzlichen Lärms beklagte, den hämmernde und hobelnde Handwerker in den benachbarten, »Suites« genannten Appartements schon am frühen Morgen – es war gerade 10.15 Uhr – veranstalteten, da erfuhr sie zu ihrer Verblüffung, daß es sich um die privaten Innendekorateure einiger sehr reicher, zumeist amerikanischer Herrschaften handelte. Sie nähmen, so

ließ sich die Kammerfrau respektvoll vernehmen, »allerletzte Verbesserungen an der Gestaltung der Zimmerfluchten« vor, die Mrs. Du Pont de Nemours, Mr. und Mrs. Henry Ford, Mr. Stavros Niarchos und Mrs. Cornelius Starr in Kürze für drei trinkgeldträchtige Wochen zu beziehen gedächten . . .

Zwei Tage und Nächte lang, bis zum Morgen des vierzehnten Februar, grübelte Ira Gracia darüber nach, wie sie Leuten, die sich ihre sündhaft teuren Appartements auf eigene Rechnung und nach ihrem (oder ihres aus den USA eingeflogenen Innenarchitekten) Geschmack für einen kurzen Wintersport-Aufenthalt ganz und gar umgestalten ließen, überhaupt noch imponieren könnte. Es fiel ihr nichts ein, und wie immer, wenn sie dringende Probleme hatte, die sie allein nicht befriedigend zu lösen vermochte, wandte sie sich – diesmal telefonisch – an Mahmoud, ihren auf Wunsch ihrer manchmal etwas altmodischen Mama, der Fürstin-Witwe, in Turin zurückgebliebenen jungen marokkanischen Diener-Chauffeur, der sofort begriff, daß sich der Appell ausnahmsweise auch an seine intellektuellen Fähigkeiten richtete, die sonst wenig beansprucht wurden. Mahmoud ließ sich die Situation haargenau schildern und traf noch am Abend desselben Tages in Sankt Moritz ein. Er kam mit Ira Gracias bordeauxrotem »Iso Rivolta« und hatte eine elegante und sehr knappsitzende dunkelblaue Livree angelegt, deren vergoldete Knöpfe das Wappen der Lobanow-Rostowskys zierte. Er brachte einen Set von zwölf bordeauxroten Büffelleder-Koffern mit, angefertigt von dem für höchste Qualität, *snobissimi* Einfälle und exorbitante Preise berüchtigten Mailänder Prominenten-Sattler Gucci, die Ira Gracias dezent gekröntes Monogramm trugen und die Mutter Magda eigenhändig mit allem, was an Garderobe und Juwelen, Wäsche, Pelzen und Schuhwerk noch verfügbar gewesen war, vollgestopft hatte.

Aus Turin mitgekommen waren auch Ira Gracias wohlfrisierte, kamelhaarfarbene Afghanen-Rüden, Jussuf Bey und Ibrahim Bey, beide an goldener Kette und mit massiv goldenen, rubinenbesetzten Namensschildern nebst Familienwappen an den juchtenledernen Halsbändern von Gucci, sowie – als Krönung der Mitbringsel – ein kaffeebrauner Knabe, der mit grünseidenen Pluderhosen, goldener Schärpe und Schnabelschuhen aus Goldlamé wie ein älterer Bruder des Sarotti-Mohren aussah, Kellnerlehrling und Mahmouds Schwestersohn war, herrlich die Augen rollen lassen konnte und verblüffenderweise Mustafa-Günter hieß, denn er war in Deutschland geboren und aufgewachsen.

Mustafa-Günter durfte die Hunde vom Wagen in die Hotelhalle führen, sich später im Speisesaal des »Palace« der Kellner-Brigade eingliedern, die Ira Gracia bediente, und sich während des ganzen anderthalbstündigen Diners hinter den Stuhl seiner Contessa stellen, die solches sehr genoß; der elegante, hochgewachsene Mahmoud überwachte die sorgsame Ausladung des zwölfteiligen

Gucci-Sets und seinen Transport in die alsbald zur Fünfzimmer-
flucht (nebst zwei Bädern) erweiterte Suite (deren Preis von diesem
Abend an in astronomische Höhen schnellte, denn der erfahrene
»Palace«-Wirt, Andrea Badrutt, kennt keinen festen Tarif, auch
keine Hemmungen, sondern gestaltet seinen Nepp ganz indivi-
duell, allein nach dem Eindruck, den er von der Finanzkraft
eines Gastes gewinnt, also letzten Endes sehr viel gerechter als
viele andere High Society-Gastronomen, von denen manche sehr
reichen Leuten gar einen Dauer-Rabatt gewähren . . . !).
Es war indessen nicht der bordeauxrote »Iso« oder der farblich
darauf abgestimmte, büffelenderne, samt Inhalt fast sieben Zentner
schwere Gucci-Set, mit dem Ira Gracia schließlich der siegreiche
Einbruch in den Jet Set gelang, auch nicht der ungemein gutaussehende, von den reiferen Damen mit Kennerblick neidvoll be-
trachtete Mahmoud in seiner eleganten Livree mit den vielen
goldenen Fürstenkrönchen, und nicht einmal der in grünen Satin
gehüllte Mustafa-Günter. Auch daß Mahmoud den vollen Titel
und Namen seiner Herrin in Abständen von höchstens zwanzig
Minuten in allen Räumen des »Palace« ausrufen ließ – mal um
die Contessa zum Rendezvous mit Monsieur Alexandre bitten zu
lassen, dem angeblich gerade für sie aus Paris eingeflogenen Coiffeur*, mal zu einem Transatlantik-Personto-Person-Blitzgespräch
mit »Pat« Nixon im Weißen Haus zu Washington, zur »nunmehr
sprechbereiten Voranmeldung Schloß Soestdijk«, der Residenz
Ihrer Majestät der Königin der Niederlande, oder was sich die
eifrigen Telefonistinnen des »Palace«, von Mahmoud, natürlich
auf Ira Gracias Kosten, reich beschenkt und auch mit vergnüg-
lichen Schäferstündchen belohnt, sonst noch einfallen ließen,
brachte keinen erkennbaren Erfolg. Die Jet-Setter, die seit Mitte
Februar gleich einem riesigen Krähenschwarm in das »Palace«
eingefallen waren, ließen sich offenbar durch überhaupt nichts
beeindrucken.
Nein, ihren schließlichen Triumph erzielte die Contessa Ira Gracia
allein dank Jussuf Bey, dem sanfteren und weniger temperament-
vollen ihrer beiden kamelhaarfarbenen Rüden, in den sich eine
deutsche Stahlindustriellengattin, stellvertretend für ihre leider
daheim in Paderborn gebliebene Afghanenhündin Suleika, Hals
über Kopf und hemmungslos verliebte. Die in einen – gottlob
elastischen! – Après-Ski-Anzug aus Silberlamé gezwängte Mitt-
vierzigerin bat die Contessa Ira Gracia, deren – ja oft genug aus-
gerufenen – Namen sie natürlich inzwischen kannte, von der sie
aber bislang keine Notiz genommen hatte, schon wenige Minuten

---

* Um Monsieur Alexandre, der am liebsten nur gekrönte Häupter auskämmt, mit privatem Jet
aus Paris kommen (und natürlich auch wieder dorthin zurückbringen) zu lassen, brauchte man
eine gute Empfehlung bei ihm, etwa die Fürsprache einer Baronne de Rothschild oder mindestens der Königin Fabiola von Belgien. Der begnadete Meister verschmäht übrigens Trinkgelder, erst recht Autogramme – die gibt er selbst! –, läßt sich aber mit wirklich erstklassigen
Börsentips handzahm machen.

nach ihrer ersten Begegnung mit Jussuf Bey, »unbedingt sofort« einen Drink in der Bar mit ihr zu nehmen. Dort stellte sie ihr zentrales Anliegen, die noch jungfräuliche Suleika mit dem sanften Jussuf Bey zu verkuppeln, aus taktischen Gründen vorerst zurück und unterbreitete der Quasi-Gegenschwiegermutter *in spe* zunächst in ganz ungezwungenem Plauderton ihre Referenzen: zweihundertfünfzig Millionen Mark Konzernumsatz, die ihr Erich alljährlich unter enormem, nur durch regelmäßigen Wintersport in Moritz zu linderndem Streß erzielte; Kenntnis der Vornamen von Barkeeper und Gehilfen, weil bereits zum fünfzehnten Male im »Palace«, zuvor im »Carlton«, das aber ja schon lange ziemlich *»out«* sei; gut bekannt mit »dem göttlichen Herbert« von Karajan, der jeden Augenblick eintreffen müßte, auch mit den Gebrüdern Sachs, den Nadel-Pavels und den Stahl-Bentelers, den Gruners und Jahrs sowie mit »dem lieben Heini« von Thyssen-Bornemisza und noch vielen, vielen anderen begüterten Landsleuten; alsdann ein Foto in Agfacolor von Suleika, einer champagnerfarbenen Afghanin, und ein ausführlicher Bericht über deren edlen, vom zweiten Attaché der königlich afghanischen Botschaft zu Bonn-Venusberg beglaubigten Stammbaum; schließlich Hinweis auf die Tatsache, daß sie Suleika keiner Geringeren als »der lieben Ria« Alsen, Inhaberin des berühmten Prominenten-Weinhauses »Maternus« zu Bad Godesberg, verdanke, denn »Ria« hätte ihr, nach persönlicher Intervention eines Ministers, eines Konzernbosses und eines sehr profilierten Journalisten gräflichen Standes*, die beide um die kriselnde Ehe der von ihrem Erich etwas vernachlässigten Enddreißigerin bangten, im Handumdrehen das wundervolle Tier verschafft und damit tatsächlich das häusliche Glück wiederhergestellt!

Angesichts eines so glänzenden gesellschaftlichen Backgrounds der prospektiven Braut konnte die Contessa Ira Gracia der von Suleikas Frauchen so sehnlich gewünschten Verbindung ihren Segen kaum versagen. Doch zunächst zierte sie sich noch ein wenig, wies darauf hin, daß der sanfte Jussuf Bey »eigentlich noch ein halbes Kind« und ohne jegliche sexuelle Erfahrung sei, auch daß sie die Einwilligung ihrer lieben Mutter, der Fürstin-Witwe Lobanow-Rostowsky, einholen müßte, die ihrerseits einer Freundin, Nichte Seiner Eminenz des Kardinal-Erzbischofs von Milano, mehr oder weniger im Wort sei, denn bei dieser habe sie unlängst für Jussuf Bey um die Pfote von deren Afghanin Soraya angehalten.

Ira Gracia erwähnte auch noch ihren Gatten, den Conte Guiomara, der ihres Wissens dem sanften Jussuf Bey eine wichtige Rolle

---

* Es muß sich um Graf Mainhard Maria Stani Julius-Cäsar Eduard Franziskus Hubertus von Nayhauß-Cormons, weiland Bonner Korrespondent der »Quick« gehandelt haben, (der hier speziell seiner Vornamen wegen Erwähnung findet, um Jung-Aufsteigern behilflich zu sein, letzte Hemmungen bei der Wahl ihrer Namen abzulegen).

auf dem Gebiet der Apéritif-Werbung zugedacht habe, weshalb das Tier keinesfalls überanstrengt werden dürfe, und sie verstieg sich sogar dazu, den hochseligen Fürsten Lobanow-Rostowsky, ihren Stiefvater, als warnendes Beispiel dafür anzuführen, daß ein Übermaß an plötzlich geweckter Virilität tödlich wirken könnte.

Doch am Ende ließ sie sich herbei, der Edelstahlfabrikantengattin ihr Jawort zu geben – mit dem Resultat, daß sie im Verlaufe der nächsten vierundzwanzig Stunden bis in den *»in«*-nersten Kreis des zu Moritz versammelten Jet Sets einzudringen vermochte. Bereits am Abend dieses denkwürdigen Tages, kurz nach dem Souper im »Palace«, wo erstmalig der ganze Speisesaal den grünseidenen Mustafa-Günter teils *»einfach umwerfend«*, *»entzückend«*, teils *très mignon*, teils *a scream*, teils *absolutely topping* fand, wurde die Contessa Ira Gracia aufgefordert, dem exklusiven »Corviglia-Club« beizutreten.

Im Rahmen einer »irrsinnig romantischen« *Moonlight Party*, die von dem unter Rheumatismus leidenden, weil in einer besonders zugigen Kutscher-Kammer des »Palace« hausenden »Corviglia-Club«-Sekretär Erwein Baron Geczmen-Waldeck zu Ehren »der lieben Ira« (sprich nunmehr: Eirrah) organisiert wurde, konnte sie mit dem endlich eingetroffenen Maestro Herbert von Karajan, Frau Dr. Gabriele Henkel, der Fürstin Ann-Mari Bismarck und dem Erbprinzen Johannes von Thurn und Taxis über ein »wirklich tolles« Kartoffelpuffer-Rezept plaudern, das ihre Mama, die Principessa Irina, verwitwete Fürstin Lobanow-Rostowsky, jedem anderen vorzog, auch nacheinander mit Dimitri Pappas, dem steinreichen Daimler-Benz-Generalvertreter aus Salzburg, dem »unheimlich sportlichen« Erdgas-Baron »Heini« Thyssen-Bornemisza, dem unvermeidlichen Prinzen Alfonso zu Hohenlohe-Langenburg sowie mit dem Gaekwar von Baroda, einem mandeläugigen indischen Nabob, flirten, wobei sie von dem letzten erfuhr, daß ihm bei wichtigem Anlaß einundzwanzig Kanonenschüsse als Salut zuständen – weshalb seine deutschen Freunde und Freundinnen ihn »Bums« zu nennen beliebten. Die Contessa konnte im Verlaufe der wirklich sehr gelungenen und wahnsinnig *»in«*-nen Party mit dem Reeder-König Stavros Niarchos die – »Ho-Tschi-Minh-Pfad« genannte – Polonaise eröffnen, Gunter Sachs einen Sektkübel über den Kopf stülpen, Mr. Henry Ford und Signor Gianni Agnelli die Vorzüge ihres »Iso« erläutern, mit Frau Dr. Gabriele Henkel über die Bedeutung des Wortes »ausgeflippt« diskutieren und den zweiten Preis im Sackhüpfen gewinnen, nachdem sie beim Tellerwerfen von Mr. Cornelius Starr, der als Jury fungierte, hatte disqualifiziert werden müssen, weil in der von ihr beinahe ins Ziel geschleuderten Suppentasse noch heiße Bouillabaisse gewesen war, deren reichliche Einlage größtenteils im Dekolleté der Marchioness of Whimfield landete. Gerade dieses kleine Mißgeschick brachte »Eirrah« einen immensen Prestige-Gewinn sowie ein halbes Dutzend Einladungen zu weiteren Parties – zu den Bentelers, die am Suvretta-Hang ein nach Frau »Muschi« genanntes 30-Zimmer-Häuschen, die »Chesa Muschina« hatten, zu den Karim Khans und sogar zu einer sehr intimen Party des Schahs von Persien – kurz, Ira Gracia war so »in«, wie man nur sein kann, und das schrieb sie auch ihrer Mutter, der Donna Irina geborenen Ploffke, wogegen sie am nächsten Morgen, noch ehe sie die Ansichtskarte an die Fürstin-Witwe verfaßte, dem lieben Mahmoud, der noch schlummerte, zärtlich ins Ohr flüsterte: »Süßer, jetzt hab ich's geschafft! Es war irre dufte, und alles dank Jussuf Bey (der übrigens, wie sich aber erst sehr viel später, als daraus kein Schaden für Ira Gracias ›In-age‹ mehr erwachsen konnte, herausstellen sollte, leider impotent war ...)!«

Zeigt das Beispiel der Contessa Ira Gracia, daß ein beharrliches Trommelfeuer durch einen Zufallstreffer den ersehnten Sieg herbeiführen kann, so läßt das nächste Exempel erkennen, daß auch mit ganz geringem Aufwand, nämlich mit einigen wenigen, aber sehr genau gezielten Schüssen, ebenso glänzende Erfolge zu erreichen sind.

»Pam« Scholtz von Koltzenbekh, die zwar – dank ihrer Anpreisung durch »Otto Fürst« als »ungemein tapfer« – Friedrichsruh und damit auch die High Society der Freien und Hansestadt Hamburg im Sturm hatte erobern können, aber auch damit schon bald nicht mehr zufrieden war, suchte und fand den Anschluß an den Jet Set auf gänzlich andere Weise als die Contessa Ira Gracia. Da ihr weder bedeutende Summen noch ein Mahmoud und ein Mustafa-Günter zur Verfügung standen, war sie auch dazu gezwungen, völlig neue Wege einzuschlagen.

Zunächst versuchte »Pam«, ihr bereits gewonnenes »In-age« dadurch zu verstärken und auszuweiten, daß sie sich auf sehr weich fotografierte, Pastellfarben bevorzugende Ganz-Akte von sehr poppig posierenden Industrie-Bossen, Finanzgewaltigen und sonstigen Society-Größen verlegte. Doch außer den drei damals höchstdotierten Top-Managern, die sich »Pams« künstlerischen Argumenten beugten, ihr an Buhne 16 bei Kampen auf Sylt geduldig Modell standen und dabei nur um Berücksichtigung ihrer »Schokoladenseite« baten, fanden sich dann doch nicht genug männliche Vertreter der *Crème de la crème*, die vor dem Objektiv ihrer Rolleiflex die Jantzen-Shorts abzustreifen und poppige Posen anzunehmen bereit waren.

Kurz, die Sache und auch »Pam« kamen nicht recht *en vogue*, aber immerhin lernte sie während ihres Aufenthalts in Kampen zwei Männer kennen, die zwar nicht für die Pop-Akt-Serie, so doch für das weitere von großer Bedeutung wurden. Der erste, Knut-

Heidam, war ein sportlicher Endfünfziger, Generaldirektor eines Hüttenkonzerns an der Ruhr mit rund siebzigtausend Beschäftigten, dessen Blick, den er selbst für kühl und stählern hielt, »Pam« stets an einen toten Karpfen erinnerte. Er stellte der emsigen »Pam« seinen eindrucksvollen Zweitwagen, einen *gun metal*-grauen »Jaguar Mark X« nebst livriertem Chauffeur, zur Verfügung, brachte ihr auch bei, wo immer sie vorfuhr, zunächst zu fragen, ob ihr Fahrer sich irgendwo ausruhen und etwas zu sich nehmen könnte, dies weniger des Mannes wegen, der für seine leichte Arbeit hinreichend bezahlt würde, als wegen des guten Eindrucks, das solch soziales Verhalten (und die Tatsache, daß man einen Chauffeur habe) auf alle Leute mache, und übernahm auch in sonstiger Hinsicht die Rolle eines väterlichen Freundes und Beschützers, so daß »Pam« auf den Heiratsantrag vorbereitet war, den Knut-Heidam ihr am achten Tag ihrer Bekanntschaft machte, denn sie war, trotz ihrer erst fünfundzwanzig Jahre, in solchen Dingen bereits sehr erfahren. Vielleicht wäre »Pam« bereit gewesen, den dreieinhalb Jahrzehnte älteren Knut-Heidam, der, von seinen Fischaugen abgesehen, ganz den Vorstellungen eines Herstellers potenzstärkender Mittel von einem zufriedenen Kunden entsprach, nach angemessener Frist zu erhören, denn er hätte sie in den Genuß aller Vorteile bringen können, die sich für die Ehefrau eines unumschränkten Konzernherrn mit vierzigtausend Mark Monatseinkommen (*nach* Abzug der Steuern) ergeben; doch sie hatte noch einen zweiten Mann kennengelernt: Marc, einen muskulösen, haarigen, sonnengebräunten jungen Mann von achtundzwanzig Jahren, dessen jungenhafter Charme sie entzückte und der süßes Nichtstun, das er grimassenschneidend »Studium des Lebens« nannte, jedem ernsthaften Streben nach Reichtum und Macht vorzuziehen schien, obwohl er fast mittellos war und bislang nur als Dressman für knappe Herren-Slips der Marke »Hom« seine unzweifelhaft vorhandenen Bedürfnisse nach Luxus und Prestige hatte befriedigen können.

»Pam« entschied sich für Marc, doch sie tat es, wie wir noch sehen werden, nicht blindlings, und sie hielt sich auch den Rückzug offen, indem sie Knut-Heidam bat, ein paar Wochen Geduld zu haben; sie wolle sich, so sagte sie, die Sache in Ruhe überlegen, irgendwo auf dem Lande, bei Freunden, und sich – es war im August – bis zum Oktober entscheiden. Es versteht sich fast von selbst, daß Knut-Heidam mit dieser Bedenkzeit einverstanden war, »Pam« lediglich die Erlaubnis abrang, ihren Urlaub mit einem Scheck über einen fünfstelligen Betrag zu finanzieren, und auch darauf bestand, daß sie den »Jaguar« samt Chauffeur fürs erste behielt.

So gegen eventuelle Enttäuschungen gewappnet, gab sich »Pam« – in der Einsamkeit von Koltzenbekh, ihrem »Außenstudio«, und natürlich ohne den zu Verwandten nach Lüneburg beurlaubten

Fahrer – ganz ihrer Leidenschaft für Marc hin, der auch seinerseits von »Pam« hingerissen war und dessen Bewunderung für sie, die ihm intellektuell weit überlegen war, ins Grenzenlose stieg, als sie ihm eines Nachts ihre Pläne entwickelte.

»Pam« war entschlossen, das Angenehme, nämlich Marc, den charmanten Beau und wundervollen Liebhaber, mit dem Nützlichen, Knut-Heidam, zu verbinden und dabei möglichst rasch ihr Ziel, mit Marc in die internationale High Society einzudringen und nach Art von Gabriele Henkel Hof zu halten, unter Zurücklassung von Knut-Heidam zu erreichen.

Marc, darüber waren sich beide im klaren, mußte eilig »aufgebaut« werden, wenn der Plan gelingen sollte. Glücklicherweise hatte er bereits einen ganz annehmbaren Namen – Hon(orius) Marc Jurek St(efan) John Giffard –, als unehelicher Sohn einer Engländerin, obwohl auf Korfu geboren und in der Schweiz aufgewachsen, einen britischen Paß, und er mochte Pferde.

Der letzte Punkt war besonders günstig, denn man kann, das wußte »Pam« inzwischen, in die High Society auf ganz ähnliche Weise eindringen wie die Griechen in Troja, nämlich unter Ausnutzung der fast göttlichen Verehrung, die noble Pferde in ebenso noblen Kreisen genießen. Da die Hocharistokratie pferdenärrisch ist, auch seit jeher war – Kaiser Caligula baute seinem Lieblingsroß einen Marmorpalast und wollte es zum Mitglied des Senats machen, und noch heute schwärmt der hohe Adel Europas für einen Politikertyp, dem ein strenger Stalldunst anhaftet –, gibt sich auch die ihr nacheifernde bürgerliche Hautevolée so. Das ergab, so befand »Pam«, einen ausgezeichneten Ansatzpunkt für Marcs gesellschaftlichen Aufstieg.

Lassen wir das nächste halbe Jahr nur kurz Revue passieren: Den September verbrachten »Pam« und Marc, diesmal mit »Jaguar« und Chauffeur, vornehmlich in England, nahmen sich dort eine Anderthalbzimmerwohnung im besten S. W. 1 – Wilton Crescent, eine Adresse, die sie mit der Herzogin Clare of Sutherland teilten – und mieteten auch ein hübsches altes Landhaus in Buckinghamshire. Im Oktober kehrte »Pam« allein nach Deutschland zurück, erklärte dem darob seligen Stahlboß ihre Bereitschaft, mit ihm die Ehe einzugehen, ließ sich als vorsichtige Frau einige Zusicherungen, ihre Versorgung betreffend, geben, gestand ihrem Bräutigam den Verlust des »Jaguar«, den er, ohne mit der Wimper zu zucken, hinnahm, und reiste, nach einer sehr repräsentativen Verlobungsfeier im Düsseldorfer »Park-Hotel«, an der, von Berthold Beitz bis zum Konsul Johannes C. D. Zahn von der Trinkaus-Bank, alles teilnahm, was an Rhein und Ruhr Rang und Namen hat*, zwei Tage später wieder nach London – zur Vervollständigung ihres Trousseaus, wie sie sagte.

* Die Presse erwähnte vor allem die Garderobe dreier Damen: Frau Dr. Gabriele Henkel in einem traumhaften Renaissance-Kleid aus smaragdgrünem Brokat; Frau Konsul (von Uru-

Bis kurz vor Weihnachten kaufte »Pam« in London ein – vornehmlich bei Harrods, das sie, wie es sich gehört, »Rodders« zu nennen lernte, aber auch bei den Schwestern Rahvis, Dora und Raemonde, sowie bei Belinda Belville, bei der sie ihr Brautkleid in Auftrag gab. Daneben wurde – natürlich auch auf Kosten von Knut-Heidam, dem fernen, aber glücklichen Bräutigam, dessen Schecks mit schöner Regelmäßigkeit eintrafen – der liebe Marc ausgestattet: mit Schuhen von John Lobb, Maßhemden von Turnbull & Asser, Anzügen aus der Savile Row, allerlei Tweedjacken, Sporthemden, Schals, Blazers, Corduroys und sportlichen Accessoires von Blades in der Dover Street, Harvie & Hudson sowie Dunhill, wo »Pam« auch kostbare Weihnachtsgeschenke für Marc erstand.

Dann hieß es für einige Tage Abschied nehmen, denn der Termin der Hochzeit nahte heran. Die Trauung fand im Düsseldorfer Rathaus statt; danach gab es ein Sektfrühstück bei Müllers & Fest, abends einen Empfang im Hotel Breidenbacher Hof. Tags darauf reiste das (nur zum Teil) junge Paar, wie »Pam« es sich gewünscht hatte, für drei Wochen nach (Sankt) Moritz, natürlich ins »Palace«. Dort sowie im Cresta Club und auf der Corviglia-Hütte traf »Pam« endlich die Leute, nach denen sie sich so lange gesehnt hatte, und dies mit weit weniger Mühe als die Contessa Ira Gracia, denn ihr Knut-Heidam kannte alle Rhein-Ruhr-Prominenten, sie selbst die Fürstin Bismarck und einen ihrer Pop-Akt-Stars aus Kampen, so daß sie im Handumdrehen *»in«* war. Im Corviglia-Club feierten sie dann noch Knut-Heidams sechzigsten Geburtstag (an dem die erste seiner Lebensversicherungen in Höhe von einer Million Mark zur Auszahlung fällig und, wie im Rahmen der Versorgungsabmachungen vereinbart, »Pams« Privatkonto gutgeschrieben wurde). Zwei Tage später erlitt Knut-Heidam – er konnte die Höhenluft nicht vertragen – einen Kreislauf-Kollaps, mußte die folgenden vier Monate in einem Sanatorium am Tegernsee verbringen und willigte bald darauf in eine Scheidung ein. »Pam« blieb bis Anfang März in Sankt Moritz. Sie freundete sich mit einem noch jungen, blendend aussehenden britischen Aristokraten an, einem sehr sportlichen und erfreulich maskulinen Typ aus, wie es hieß, einem der ältesten englischen Adelsgeschlechter. Was den letzten Punkt betraf, so war er, auf »Pams« sehr vertrauliche Bitte hin, von Baron Geczmen-Waldeck in einem zuverlässigen Nachschlagewerk – *Burke's Landed Gentry* – insofern verifiziert worden, als danach die Vorfahren der Familie schon anno 1066 unter Wilhelm dem Eroberer als Ritter in der Schlacht von Hastings mitgekämpft hatten. Aber ganz abgesehen davon, wiesen

---

guay) Brigitte Liesenfeld, Gattin des Bankiers und Vizepräsidenten des Düsseldorfer Reit- und Rennvereins, Herbert Liesenfeld, in einem taubengrauen Ensemble von Balenciaga, und die Baronin Marianne von Alvensleben-Neugattersleben in einer an ein englisches Reitkostüm erinnernden Robe, das dem Hause Balmain zugeschrieben wurde.

ihn seine Kleidung, seine vorzüglichen Adressen, seine Klubmit-gliedschaften – Royal International Horse Society, Bath & County Club, Monarchist League, The Maremma Sheepdogs' Breeders' Association –, sein diskreter Wagen, ein stahlgrauer »Jaguar Mark X«, und vor allem sein Pferdeverstand als einen wahren Gentleman aus.

Doch selbst wenn es Nuancen gab, die nicht ganz in dieses noble Bild paßten – beispielsweise das Englisch, das der für Frauen ungemein attraktive junge Mann sprach und das selbst durch seine Geburt auf Korfu (wie Prinz Philip!) und seine von einer exzentrischen Mutter angeordnete Erziehung in der deutschen Schweiz nicht ganz erklärlich war –, so wurden auch die letzten Zweifel zerstreut durch ein Foto, das eine Dame aus München in einer deutschen Hochglanzzeitschrift entdeckte und sogleich herumzeigte. Man sah darauf den »Ehrenwerten Mr. Marc St. John Giffard, die glänzendste Erscheinung unter dem Nachwuchs dieser Saison, dessen Begeisterung für edle Pferde offenbar auch die besondere Gunst Ihrer Majestät Königin Elizabeth II. gefun-den hat«. Dies jedenfalls besagte die Unterschrift des Fotos, das »Pams« Freund auf der »Royal International Horse Show« zeigte, deutlich erkennbar, sehr elegant, mit einer Nelke im Knopfloch seines gutgeschnittenen Cuts, den grauen Zylinder schwenkend und fröhlich lachend, neben niemand Geringerem als der ihm, wie es schien, besonders huldvoll zulächelnden Queen ...!

Dieser nun wirklich sehr eindrucksvolle Trick, der jedem an enormem Prestige-Gewinn interessierten Jung-Aufsteiger wärm-stens empfohlen werden kann, ist mit verhältnismäßig geringen Kosten verbunden: Außer Fahrgeld und vorschriftsmäßiger Gar-derobe, die – vom grauen Zylinder bis zu den *spats* genannten Gamaschen – bei der darauf spezialisierten Firma Moss Brothers in London gegen mäßige Gebühren ausgeliehen werden kann, be-nötigt man nur noch die Mitgliedschaft in der »Royal International Horse Society« (Jahresbeitrag: umgerechnet etwa hundert Mark), die zum freien Eintritt und zur Benutzung der Box dieser sehr vornehmen Vereinigung berechtigt; eine Tageskarte (Preis: etwa achtzehn Mark) für die *Royal Enclosure*, jene besondere Ein-friedung, von der aus an bestimmten, leicht in Erfahrung zu bringenden Tagen Ihre Majestät die Show zu verfolgen geruht; eine frische Nelke (1,20 DM); ein Programmheft (3,50 DM) so-wie einen Fotografen, im speziellen Fall: eine Fotografin, die die relativ leichte Aufgabe hat, jene in der Nähe der Königin stehende Person, um die es geht, in einem günstigen Augenblick mit einer gerade besonders gnädig gestimmten Queen zusammen auf den Film zu bannen.

Weitere Kosten verursacht nur noch die Veröffentlichung eines gut gewählten Ausschnitts des so geschossenen Fotos im redak-tionellen Teil einer mondänen Zeitschrift, denn dies wird in aller

Regel nur zum Anzeigentarif möglich sein. »Pams« glänzende Beziehungen, ihr Verzicht auf Bild- und Texthonorar sowie eine besonders gute Flasche Scotch Whisky*, die sie dem Redakteur stiftete, reichten zusammen aus, Marcs Foto, sogar an prominenter Stelle, nämlich fast halbseitig in der Rubrik »High Society – Leute von denen man spricht«, wirkungsvoll unterzubringen.

Daß sie sich noch im Verlaufe des Sommers und ohne nennenswerte Schwierigkeiten von Knut-Heidam wieder scheiden lassen konnte, verdankte »Pam« übrigens der Fürsprache zweier bundesdeutscher Top-Manager, die ihren rekonvaleszenten Gemahl im Sanatorium am Tegernsee aufsuchten, ihn gemeinsam ins Gebet nahmen und nicht eher locker ließen, als bis Knut-Heidam seine, wie sie vorwurfsvoll sagten, »so herb enttäuschte junge Frau« freigab, natürlich mit einer noblen Abfindung – eine weitere Million Mark – sowie monatlichen Unterhaltsbeiträgen bis zu einer eventuellen Wiederverheiratung »der armen Pam«.

Von Marc war bei alledem überhaupt nicht die Rede, nur von Knut-Heidams völligem Versagen als Gatte. Und was die Überzeugungskraft anging, mit der die beiden großen Bosse »Pams« Interessen verfochten, so hatte sie wohl ihren Ursprung in Reminiszenzen an einen lustigen Sommerabend des Vorjahres, den sie in der Nähe der Buhne 16 bei Kampen auf Sylt verbracht hatten. Zur Auffrischung dieser Erinnerungen hatte es nur einer zarten Andeutung von seiten »Pams« bedurft, ihre großen Fähigkeiten betreffend, gelungene Aufnahmen von interessanten Persönlichkeiten in den jeweils genau richtigen Zeitschriften unterzubringen ...

»Pam«, die nach der Scheidung wieder ihren Mädchennamen annahm, heiratete ihren Marc übrigens nicht, und dies nun keineswegs bloß der monatlichen Zahlungen Knut-Heidams wegen, die ihr dann verlorengegangen wären. Nein, sie fand es so angenehmer, sicherer und auch viel schicker.

Marc, der den »Mark X« gegen einen imposanten, sehr sportlichen »Jaguar E-Typ« vertauschen durfte, wurde ihr Partner, geschäftlich wie privat. Die Firma, die sie gründete und in die Marc als Juniorpartner mit fünfzehnprozentiger Beteiligung am Gewinn aufgenommen wurde, erhielt den Namen »Hon. St John Giffard, von Koltzenbekh-Zarrentin & Co«, und es wird davon noch im Rahmen der Untersuchung dessen, was im Berufsleben als »in« gelten kann, ausführlich die Rede sein. Darüber hinaus konnte »Pam« aber nun auch endlich das tun, was sie von Anfang an gewollt hatte: ein großes Haus führen, Parties geben, von denen alle Welt und auch die Presse schwärmte, Hof halten und selbst mitbestimmen, wer und was »in« (oder »out«) ist.

* Johnnie Walker's 20 Jahre alten »Swing«.

Wie man sein »In-age« pflegt
(und die richtigen Parties gibt)

Was wir in Gesellschaft singen, wird von Herz zu Herzen dringen, so dichtete einst der Geheimrat Johann Wolfgang von Goethe und schickte diese Zeilen seinen »Geselligen Liedern« als Motto voraus. Pamela C. Scholtz von Koltzenbekh-Zarrentin hatte der zu Moritz versammelten internationalen High Society manches Loblied auf ihren so attraktiven und »unheimlich maskulinen« jungen Freund gesungen, ihn »aufgebaut«, wie sie es nannte, und es war ihr gelungen, den ausgezeichneten Eindruck von Marc, den sie bei allen wichtigen Leuten künstlich, um nicht zu sagen: künstlerisch, erweckte, »von Herz zu Herzen dringen« zu lassen. Der Ehrenwerte Marc (Jurek) St. John Giffard war bald, dank »Pams« sorgfältiger Pflege seines Images, ganz und gar *in*. Die heikle Frage nach seinem Beruf stellte sich in Sankt Moritz nicht oder nur in einer Form (»Und was machen Sie so, wenn ich fragen darf?«), die Marc auf vageste Weise (»Ich bin erst seit ein paar Wochen von der Uni zurück ...«) beantworten konnte. Man hatte von ihm den Eindruck eines *Gentleman of independent means,* eines jungen Herrn, der von den Zinsen eines mehr oder weniger großen Vermögens auskömmlich zu leben vermochte, und ein solcher Beruf, wenn man ihn so nennen kann, gestattet es, jedwede Profession mit dem Status eines Amateurs und als bloßes Hobby zu betreiben. Nichtsdestoweniger können ehrgeizige junge Leute, die in die High Society aufsteigen wollen, nur selten als wirkliche Rentiers beginnen, und selbst wenn sie, was sehr viel häufiger der Fall ist, hinreichend ausgehalten werden, so benötigen sie doch irgendeine fashionable Profession, mit der sie diese angenehme Tatsache wenigstens oberflächlich zu tarnen vermögen, denn das erfordert nun einmal die Konvention.

Seltsamerweise wäre es für den überreichlich mit Taschengeld versehenen Liebhaber einer schon recht welken Großaktionärin höchst unpassend, auf die – gar nicht ernst gemeinte oder nur aus Höflichkeit gestellte – Frage nach seinen beruflichen Plänen wahrheitsgemäß und voller Stolz zu antworten: »Ich werde demnächst stellvertretender Filialleiter unserer Kreissparkasse!« oder »Ich hoffe, die Inspektorenstelle zu bekommen, die bei unserer AOK zum ersten April zusätzlich geschaffen werden soll ...« Nein, dergleichen gilt als hoffnungslos spießig, und es könnte sogar passieren, daß daraufhin nicht nur der junge Mann selbst, sondern auch seine Gönnerin *»out«* sind.

Korrekt und durchaus *»in«* wäre es gewesen, sich im ersten Fall fröhlich grinsend als »aufstrebender Banker (sprich: Bänker), der ein wachsames Auge auf die Aktienmärkte halten muß«, zu bezeichnen, im zweiten Fall als »Versicherungsexperte mit der Hand am Puls einer kranken Gesellschaft«, weiteren Fragen, zum Beispiel nach dem Namen der Firma, aber eilig zuvorzukommen, etwa mit der Bemerkung: »Aber lassen Sie uns bitte nicht von unseren Tretmühlen reden! Jede freie Minute, die mir bleibt, gehört . . .«, und dann läßt es sich wieder unbefangen plaudern, vielleicht von der Malerei – »ganz naiv natürlich« – oder von der Kochkunst, einem »irgendwie ganz reizenden, unheimlich viel Spaß machenden« Hobby, das ganz und gar *»in«* ist.

Von einigen Berufen, die durchaus chic sind, ist bereits die Rede gewesen. »Stan« du Blanys *»Interior Decorating«*, »Pams« »unerhört tapfere« Society-Lichtbildnerei oder auch die nun wirklich sehr elegante Boutique der Staatsbankpräsidententochter Verena von Hellingrath liefern einen völlig akzeptablen Background. Auch Modeschöpfer und -fotografen sowie ihre weiblichen Top-Modelle genießen hohes Prestige, (wogegen männliche Mannequins, Dressmen genannt, unter erheblichen gesellschaftlichen Vorurteilen zu leiden haben, weshalb für Marc St. John Giffard schleunigst ein nicht zu beanstandender neuer Beruf gefunden werden mußte).

Auch gegen Kunst- und Antiquitätenhandel ist nichts einzuwenden, sofern er versnobt genug betrieben wird, und natürlich braucht jeder Hof, gleich ob der der Königin von England oder der Frau Dr. Gabriele Henkel, Hofpoeten, Hofmaler, Hofarchitekten, Hofschneider und andere Hoflieferanten, Hofbankiers, Hofberichterstatter, Hofschauspieler, Bänkel- und Minnesänger, Leibärzte, Hofastrologen, Kronsyndici, Hofnarren und Oberhofzeremonienmeister.

Gesellschaftlich – das heißt: bei Hofe – nicht benötigt werden dagegen, es sei denn als Aktentaschenträger, Befehlsempfänger, Pflichterfüller, Drehtürdreher und sonstige Domestiken oder als jubelnde Menge, die Spalier steht und die Hüte schwenkt, Angehörige der *misera plebs*, also Leute, die arbeiten, irgendwo beschäftigt oder bei irgend jemandem angestellt sind, Dienst tun, bedienen (und sei es im eigenen Juweliergeschäft), für irgend etwas reisen, auf irgend wessen Empfehlung hin einmal vorsprechen möchten oder gar meinen, man gewähre jedem hergelaufenen Zeitungsschreiber, Hörfunkreporter oder Kabelleger vom Fernsehen ein Interview, wo man doch erst kürzlich den Verleger, den Chefredakteur und den Intendanten – ein ganz unmöglicher Mensch, nebenbei bemerkt – mit Unmengen von Malossol und Langusten à l'armoricaine* abgefüttert hat!

---

* Malossol = schwachgesalzener und teurer russischer Kaviar; Langusten à l'armoricaine: Mit der richtigen Schreibweise und Aussprache dieses warmen Hummergerichts, das auf Speisekarten meist fälschlich »à l'américaine«, d. h. nach amerikanischer Art, genannt wird, können Sie Leute tief beeindrucken, zumal wenn Sie auch noch wissen, daß Armorica der alte Name der Bretagne ist. Übrigens: Es heißt auch Sauce béarnaise, nach der Stadt Béarn in der Gascogne, nicht bernaise!

Ganz »*in*« sind jedoch einige neue Berufe, zumindest deren Spit-
zenleute, die es verstanden haben, sich nach Art der Medizin-
männer primitiver Stämme mit einem Nimbus zu umgeben, der
auch die Reichen und Mächtigen tief beeindruckt. Dazu gehören
gewisse Sparten der Werbung, zumal wenn sie »kreativ« und nicht
produktiv sind, die Demoskopie, die mancherorts bereits die
Hofastrologen verdrängt hat, auch einige Spezialisten auf dem
Gebiet des Computer-Unwesens, der Automatisierung und Ra-
tionalisierung sowie sehr versnobte, aber tüchtige Steuerexperten,
Designer und Landschaftsarchitekten.

»Pam« von Koltzenbekh, auf der Suche nach einer prestigeför-
dernden Profession für ihren lieben Marc und zugleich eifrig
bemüht, sich einen glänzenden Hofstaat zu schaffen, kam auf den
– ohne Übertreibung genial zu nennenden – Einfall, zunächst für
den Freund sowie zur vollen Entfaltung ihrer eigenen – anläßlich
der Entwicklung Marcs zum »Ehrenwerten Mr. St. John Giffard«
entdeckten – Talente auf diesem Gebiet, eine Public Relations-
Firma zu gründen und diese wiederum, wenn auch fast ausschließlich auf Kosten anderer Leute, zur Pflege und Verbreitung des
Ruhms von Pamela C. Scholtz von Koltzenbekh-Zarrentin einzusetzen – ganz wie die regierenden Königshäuser, die ihren Hofstaat und allen Glanz, der davon ausgeht, auch nicht selbst
bezahlen.
Die Firma »The Honourable St. John Giffard, von Koltzenbekh-
Zarrentin & Co« – der Co(mpagnon) war eine Kommanditgesell-
schaft, deren einziger Kommanditist, »Pam« selbst, das Betriebs-
kapital zur Verfügung stellte, wurde mit Hauptsitz in Hamburg
gegründet. Sie unterhielt jedoch, wie aus den unglaublich dezen-
ten Briefpapier-Aufprägungen ersichtlich war, Repräsentanzen in
Düsseldorf, Frankfurt und München sowie in Paris XVIième und
London S. W. 1. Weitere Auslandsvertretungen, unter anderem
in Rom und New York, Beverly Hills und Nassau (Bahamas)
sollten folgen.
Die Spezialität von »The Hon. St. John Giffard, v. Koltzenbekh-
Zarrentin & Co« war »superindividuelle, ultramoderne und extra-
dynamische Spezialpflege der *Public & Private Relations* elitärer
Persönlichkeiten, denen im Streß des Alltags die Muße fehlt, sich
selbst das ihnen gemäße hohe Prestige in maßgebenden Kreisen
der nationalen und internationalen High Society sowie die entsprechende Publicity in den Massen- und Elite-Medien zu verschaffen«, weniger dezent als im piekfeinen Prospekt ausgedrückt:
Man war bereit, zahlungskräftige und -willige, nach völligem
»*In*-age«, Jet-Set-Anschluß und häufiger Erwähnung in den Ge-
sellschaftsklatsch-Kolumnen und Hochglanzzeitschriften gierende
Kunden »aufzubauen«, in die High Society einzuschleusen und
ihr – meist zu Recht unter den Scheffel gestelltes – Licht hell er-

strahlen zu lassen, dies alles natürlich zu keineswegs mäßigen Preisen.

Es bedarf kaum einer Erwähnung, daß »Pams« Unternehmen ein geradezu sensationeller Erfolg wurde. Alle Kapazitäten mußten, wenngleich man sie sehr großzügig geplant und eingerichtet hatte, schon gleich nach Inbetriebnahme mächtig erweitert werden, und in manchen Bereichen waren Lieferfristen bis zu zwei Jahren bald die Regel. Allein die Warteliste für Friedrichsruh umfaßte mehr als zweitausend Namen, obwohl »Pam« den Mitgliedern der Familie Bismarck im Wochendurchschnitt fünfzehn neue Freunde und Freundinnen vorstellte.

»Pam« selbst gab allwöchentlich mindestens drei Tees für Anfänger, drei Cocktail- und drei Moonlight-Parties sowie zwei große Empfänge, wobei die Schauplätze ständig wechselten. An einem Mittwoch, beispielsweise, an dem sie abends im »Goldenen Hirsch« zu Salzburg einen großen Empfang für zweihundertzehn Personen (anläßlich einer Premiere im Rahmen der Salzburger Festspiele) gab und zu dem, neben hundertdreißig ihrer Kunden und zwanzig festangestellten Hocharistokraten, knapp fünf Dutzend garantiert echte, in der Wolle gefärbte Jetsetters erwartet wurden, darunter zwei Rothschilds, zwei Fords, zwei Vanderbilts, Dimitri Pappas, Stavros Niarchos, Arndt und Hetty von Bohlen und Halbach, ein junger Du Pont de Nemours sowie *last*, aber wahrlich *not least*, Herbert von Karajan nebst Gemahlin, absolvierte die fleißige »Pam« zunächst mittags ein Lunch bei »Humplmayr« in München mit vier Ehepaaren, die den teuren C-Kurs (»Einführung in die bundesdeutsche High Society«) erfolgreich beendet und noch Anspruch auf namentliche Erwähnung in der »Abendzeitung« sowie auf ein Foto (zusammen mit einem Prinzen von Sachsen, einer Gräfin Pleß, Arndt und Hetty von Bohlen und Halbach, Prinz Ruprecht [»Ruppi«] von Hohenlohe-Langenburg sowie dem Erbprinzen Johannes von Thurn und Taxis) hatten, gab alsdann im »Hotel Bayerischer Hof« einen Tee (für elf B-Kurs-Damen und drei Jetsetters aus Moritz sowie eine eigens aus Hamburg eingeflogene Gräfin Bismarck) und fand vor dem Start nach Salzburg – die zweistrahlige »Mystère 20« aus dem privaten Jet-Park des »Wienerwald«-Hühnergrill-Konzernherrn Friedrich Jahn wurde liebenswürdigerweise von dessen Gattin Hermine zur Verfügung gestellt – gerade noch Zeit, in der Bar des »Conti«(nental Hotels) den »unerhört schicken« Cocktail-Empfang (für Debütantinnen des Münchener B-Kurses, den, wegen plötzlicher Erkrankung Seiner Hoheit des Prinzen von Sachsen, der bei »Humplmayr« entschieden zuviel Hummermayonnaise gegessen hatte, Herr Konsul von Thailand außer Diensten Herbert G. Styler entgegenkommenderweise zu leiten übernommen hatte) in Begleitung des ihr im »Bayerischen Hof« über den Weg gelaufenen Krupp-Stiftungspräsidenten Berthold Beitz für zehn genau bemessene Minuten zu besuchen.

Es versteht sich fast von selbst, daß bei alledem »Pams« eigenes Prestige-Bedürfnis und das Publicity-Soll, das sie sich selbst gesetzt hat, nicht zu kurz kommen. Da sie überall dabei ist – ob beim Derby in Hamburg, beim Turnier in Aachen, bei den Bayreuther Festspielen, beim Rennen in Longchamp, bei der Eröffnung einer neuen Boutique in Kampen oder Saint Tropez, bei der Ascot-Woche und bei der großen Soirée »der lieben Grace« von Monaco, aber selbstverständlich auch bei der »unheimlich interessanten« Vernissage in der Rue de la Seine, beim Einkaufsbummel von Prinzessin Anne in der Portobello Road und beim Rennen in Monza – gibt es kein Bilderblatt, keine Boulevardzeitung und kein supermondänes Modejournal, worin »Pams« Name und Bild nicht schon einige dutzendmal erschienen wären, meist im Rahmen von Kolumnen mit Titeln wie »Ganz privat« oder »Leute von heute«, wobei die Abbildungen sie stets in Begleitung des einen oder anderen international bekannten Society-Stars zeigten.

Am berühmtesten wurde »Pam« aber durch ihre vielen eigenen gesellschaftlichen Veranstaltungen (von deren geschäftlicher Bedeutung für die sehr renommierte *Public & Private Relations*-Firma »The Hon. St. John Giffard, v. Koltzenbekh-Zarrentin & Co« begreiflicherweise nie die Rede war).

Die Schauplätze dieser Parties wechselten ständig, doch sie waren streng eingeteilt in drei Kategorien. Während der Kampener Saison mietete »Pam« beispielsweise für einen lauen Abend ein altes Gasthaus in Keitum und bewirtete dort ein Dutzend handverlesene Zelebritäten und viermal so viele Kunden mit frischen, von den Gästen selbst zu schälenden Krabben. Dieses frugale, ebenso preiswerte wie von den Gästen geschätzte Mahl mit Lokalkolorit (Party-Typ I) erhielt die erforderliche versnobte Note durch James, »Pams« original englischen Butler, der als einziger nicht Kordhosen, Jeans oder Shorts trug, gutgekühlten Chablis in Preßglas-Bechern servierte und knuspriges, ofenfrisches französisches Weißbrot, sogenannte *Baguettes*, mit unnachahmlicher Würde reichte. (Am Rande sei erwähnt, daß James eigentlich Willem hieß, gebürtiger Holländer und Schauspieler war, seit fünfundzwanzig Jahren Butler-Rollen spielte und gegen zweihundert Mark Tagesgage jederzeit zur Verfügung stand.) Anstelle von Krabben in Keitum konnte es natürlich auch eine Altbier-Party in Köln sein (mit hausgemachter Blut- und Leberwurst – von Grashoff in Bremen – Röggelchen, Halwe Hahn und anderen Spezialitäten, wobei der Kartoffelsalat – von Feinkost-Berg am Hahnentor – wiederum von James gereicht wurde), eine oberbayerische Brotzeit auf einer Almhütte des Tegernseer Tals oder eine Bouillabaisse (von James und zwei barfüßigen Fischer-knaben serviert) am Strand von Saint Tropez.

Eine Party vom Typ II – rund hundertzwanzig Personen, davon zehn Berühmtheiten, die von ebenso vielen festangestellten Hoch-aristokraten wie Tanzbären herumgeführt und mit möglichst vielen weniger berühmten Gästen bekanntgemacht werden muß-ten (damit diese dann daheim in Peine oder Wuppertal sagen konnten: *»Den Aga Khan? Aber natürlich kenne ich Karim! Prinz Schoenaich-Carolath machte uns damals bei der lieben Pam mit ihm bekannt – ein ganz reizender Kerl! Maxe Schmeling, die Knef und die kleine Komteß Gunilla Bismarck, dufte Biene übrigens, waren auch ganz begeistert von ihm ...*) – erforderte kaum mehr Aufwand: Essen, Getränke, Tischwäsche, Geschirr, Besteck, Stühle, Tische, Blu-men und Kellner liefert eine gute Stadtküche, die man schlicht als »mein Traiteur« bezeichnet, im Raum München selbstverständ-lich der Opern-Gastronom und Party-Architekt Gerd Käfer, der auf Wunsch auch Serviererinnen in Rokoko-Pagenkostümen, an-dalusische Brunnen, goldenes Besteck, ganze Ochsen am Spieß oder ein Karussell mitbringt.

Dennoch erhält auch jede Veranstaltung des Typs II ihre beson-dere Note. Ein »Pop-Slop« genanntes Souper, wie es »Pam« bis-lang vierzehnmal mit stets durchschlagendem Erfolg zwischen Hamburg-Pöseldorf und Taormina ihren Gästen servieren ließ, sieht poppige Papiertischtücher und -servietten, ein totales Durch-einander von Stühlen aller Stilrichtungen, bunte Plastikteller und -schüsseln sowie billige Limonadengläser vor, dazu ein Essen, dessen erster Gang aus Rum-Kirschen mit zartblau gefärbter Schlagsahne besteht und das mit einer paprikarosa und currygelb überbackenen Schildkrötensuppe nach Lady Curzon endet. Als Getränk gibt es einen »Popagner« genannten deutschen Sekt, der mit etwas Campari rosa gefärbt ist, und eine Band in Hippie-Kostümen spielt den gleichfalls in »poppiger Garderobe, falls überhaupt« geladenen Gästen mit Weisen wie der von der Frau Stirlimann zum Tanz auf. Den Höhepunkt bildet jedesmal der Auftritt einer barbusigen, auch sonst viel in Popfarben bemalte Haut zeigenden britischen Herzogstochter, die sich Lady Diana nennt und bei diversen Gästen zu vergewissern versucht, ob dies denn wirklich die Party Seiner Exzellenz des Herrn Botschafters Ihrer Majestät sei ...

Es gibt natürlich noch zahlreiche Varianten des Party-Typs II, doch allenfalls noch »Spooky« ist ähnlich beliebt wie »Pop-Slop«. Der Spuk dieser Party besteht darin, alle Möbel und Wände mit wogender weißer Gaze zu verkleiden, hinter der gelegentlich fahlgrünes Licht aufflackert, ab und zu die gesamte Beleuchtung abzuschalten und dann von einem Tonband über versteckte Laut-sprecher ein fürchterliches Stöhnen und Kettenrasseln in den Saal zu spielen, aus einer großen Pastete mittels Federdruck einen quietschenden Kobold emporschnellen und das Dessert auf einem von innen grün beleuchteten Eisblock durch den verdunkelten Saal schweben zu lassen. Am Rande sei erwähnt, daß der Baron Guy de Rothschild Urheberrechte an »Spooky« geltend macht, was natürlich dieser Art von Party ein zusätzliches Prestige verleiht. Party-Typ III schließlich – für zweihundertfünfzig Gäste und, wie die anderen, steuerlich voll abzugsfähig – benötigt einen würdigen Rahmen, am besten ein (für zwei Tage zu mietendes) Schloß, das einen Speisesaal sowie eine Halle bietet, in der sowohl getanzt wie einem Vortrag gelauscht werden kann.

Vorträge – das hat »Pam« Frau Gabriele Henkel abgelauscht – »heben das Niveau einer Soirée und wandeln bloßes Amüsement in verfeinerte Kultur«. An Themen und Referenten herrscht wahrlich kein Mangel, und es ist nur darauf zu achten, daß Dekorationen, Menü, Getränke und Musik dem Motto des Abends und seinem Interpreten angepaßt sind. Spricht beispielsweise Professor Dr. phil. Berthold Rubin zur Frage, »Was bedeutet uns der Byzantinismus heute?«, so sollten schwere Goldbrokate die Dekoration des Saales beherrschen, vergoldeter Lorbeer und weiße Rosen die damastene Tafel zieren, eine getrüffelte Wildschwein-Pastete das Menü eröffnen und eine blattgoldbestäubte Mousse au chocolat es beschließen, während abwechselnd Schalmeien erklingen und Geigen die Gäste umschmeicheln. Behandelt hingegen William S. Schlamm »Die Diktatur der Lüge«, so müßte Kobaltblau mit vielen goldenen Sternen dem Festsaal ein abendländisches Kolorit verleihen; es könnte (natürlich iranischer, nicht etwa sowjetischer) Kaviar gereicht werden, *Boeuf à la mode* (nicht Stroganoff!) und ein Kaiserschmarrn als Dessert, wobei der Radetzkymarsch den genau richtigen musikalischen Akzent zu setzen hätte.

Selbstverständlich wird nur bei Kerzenschimmer und in großer Abendtoilette diniert, wenn es sich um eine Party des Typs III handelt, und es dürfen, außer dem Vortragenden, nur noch zwei (nicht miteinander rivalisierende) Stars der Soirée Glanz verleihen, etwa ein Kardinal (Purpur macht sich sehr gut im Kerzenschein!) und ein bildender Künstler von höchstem Rang, vielleicht Professor Arno Breker oder Professor Paul Mathias Padua, oder eine Schauspielerin wie Frau Professor Elisabeth Flickenschildt und ein Presse-Gigant wie Senator Dr. Franz Burda.

Die festangestellten Hocharistokraten – elf deutsche Prinzen und Prinzessinnen, zwei russische Fürsten, ein Grande von Spanien, eine Principessa und fünf Grafen und Gräfinnen deutscher und österreichisch-ungarischer Provenienz –, die außer den freien Mahlzeiten und exquisiter Garderobe aus dem Fundus der Firma »The Hon. St. John Giffard, v. Koltzenbekh-Zarrentin & Co« ein Monatssalär von zweitausend Mark erhalten, werden paarweise eingesetzt und so über die Gästeschar verteilt, daß sich jeder in er- oder durchlauchter Gesellschaft fühlen kann. In Kürze sollen noch ein irischer Lord und eine Marchioness unter Vertrag genommen werden.

Natürlich besteht die Tätigkeit der Firma, deren Geschäftsführung »Pam« einem jungen, sehr dynamischen und vom Party-Dienst befreiten Prinzen Liechtenstein anvertraut hat, der von ihr »Pip« genannt wird und auf den Marc – keineswegs zu Unrecht – etwas eifersüchtig ist, nicht ausschließlich im Arrangieren gepflegter Geselligkeit. Es muß enger Kontakt zur Presse und zu den anderen Massenmedien gehalten werden, damit der künstlich erzeugte Ruhm der Kunden und ihre Fotos der Öffentlichkeit immer und immer wieder zur Kenntnis gelangen und sich ihr einprägen. Auch hat jeder Kunde Anspruch auf eine korrigierte, auf Hochglanz polierte und durch Großtaten der einen oder anderen Art ausgeschmückte Biografie, die in Nachschlagewerken unterzubringen ist, auf speziellen Wunsch auch zu einem Buche ausgeweitet werden kann, das sich als Geschenk für Schulen, Bibliotheken und Jubilare eignet, allerdings im Selbstverlag erscheinen muß (»Dr. Franz Burda, Mensch und Werk«, Burda Druck und Verlag, Offenburg). Und schließlich hat jeder Kunde auch noch seine eigenen, ganz besonderen und oftmals sehr schwierigen Public Relations-Probleme.

Der eine will unbedingt beim Staatsempfang für das belgische Königspaar den Majestäten vorgestellt und von diesen vor versammeltem Publikum durch ein paar leutselige Worte, wenn möglich auch noch einen Orden, deutlich ausgezeichnet werden; der andere hofft, den Ruhm seiner Hendlbraterei dadurch zu mehren, daß ein weltbekannter Filmstar mit extremem Busenumfang in Begleitung eines echten, wenn auch homophilen Prinzen ihm und seinem Renommierlokal einen Besuch abstattet und beim genüßlichen Knabbern eines Hühnerbeins von einem ganz zufällig hereinschneienden TV-Team gefilmt wird – natürlich mit ihm, dem strahlenden Gastronomen, als Drittem im Bunde. Und wieder ein anderer will überhaupt nichts anderes als eine Jagdeinladung Seiner Königlichen Hoheit des Herzogs Franz von Bayern, Chefs des Hauses Wittelsbach ... Natürlich reichen »Pams« und des Prinzen »Pip« von Liechtenstein glänzende Beziehungen in aller Regel aus, auch die ausgefallensten Wünsche zu erfüllen; nicht selten genügt ein Telefongespräch (»Geh sei fesch, lad ihn doch ein! Ob ein Depp mehr oder weniger zu dir kommt, darauf kommt's doch eh nicht mehr an, und mir machst damit a närrische Freud!«), aber es gibt auch Fälle, in denen sich »Pam« bei einem wirklichen Public-Relations-Fachmann Rat holen muß.

Meist studiert sie zunächst den Katechismus ihrer Branche, ein umfangreiches Werk (mit allein einundzwanzig engbedruckten Seiten Literaturhinweisen), das den sie begeisternden Titel »Tu

Gutes und rede darüber« trägt und einen Experten zum Autor hat, der mit vollem Namen Georg-Volkmar Maximilian Hans Joachim Graf Zedtwitz von Arnim heißt.

Wir erwähnen diesen ebenso aristokratischen wie wirklichen Public-Relations-Fachmann aus gutem Grunde, nicht zuletzt um darzutun, wie weise »Pams« Entschluß war, für ihren lieben Marc just diese Profession zu erwählen, erfordert sie doch einerseits keinerlei Fachstudium, Examen, Approbation oder Aufnahme in eine berufsständische, strenge Anforderungen stellende Kammer und verleiht andererseits beträchtliches Prestige. Es gehören ihr nämlich – neben beruflich völlig harmlosen Gestalten wie Marc und einigen Scharlatanen, die gegen sechsstelliges Honorar den Ruf eines Klienten, beispielsweise den eines so untadeligen, aber hinsichtlich der richtigen Darbietung seiner Qualitäten im hellen Rampenlicht und vor breitem Publikum noch etwas unerfahrenen jungen Mannes wie Arndt von Bohlen und Halbach, überhaupt nicht zu wahren und weiter zu verbessern, sondern nur zu ruinieren verstehen – vornehmlich Persönlichkeiten mit erstklassigem Background an, und dafür ist Graf Zedtwitz v. Arnim geradezu ein Musterbeispiel, wie man es sich schöner nicht wünschen kann.

Seinen vollen Namen haben wir bereits bewundert; über seinen familiären Background ist zu berichten, daß seine Mama, die Tochter Alice des königlich preußischen Kammerherrn, kur- und neumärkischen Haupt-Ritterschaftsdirektors Georg von Arnim auf Suckow, zunächst mit dem 1927 tödlich verunglückten kaiserlich deutschen Oberleutnant zur See und Lufthansa-Direktor Volker von Arnim verehelicht war. Dessen einziger Sohn, der spätere Verfasser des erwähnten Werkes, »Tu Gutes und rede darüber«, wurde 1948 vom zweiten Gemahl seiner Mutter, dem Grafen Amadeo Friedrich Maria Kurt Ehrenreich von Zedtwitz, adoptiert und konnte deshalb in der »eleganten« Abteilung A, Band III, des Genealogischen Handbuchs der gräflichen Häuser als »Namensträger adeligen, jedoch nicht gräflichen Standes« den Zedtwitzens als Fußnote angehängt werden.

Was die Schulen anbelangt, die Graf Zedtwitz-Arnim besuchen durfte, so muß schon derentwegen die überwältigende Mehrzahl aller Angehörigen der bundesdeutschen Geld- und Macht-Elite vor ihm respektvoll den schwarzen Homburg ziehen, war er doch zunächst auf der ungemein vornehmen Internatsschule Neubeuern, alsdann auf dem exklusiven Lyzeum Alpinum in Zuoz. Anschließend studierte er leider – es war erst kurz nach dem Zweiten Weltkrieg – nicht, wie vorgesehen, in Cambridge und Yale, sondern an der Universität Kiel Rechts- und Staatswissenschaften sowie Psychologie.

Sein beruflicher Werdegang – Pressechef der Air France für Mittel- und Osteuropa, Pressechef der Telefunken GmbH, Geschäftsleitung der Deutschen Brigadegeneral Julius Klein Public Relations und Interpublic Gesellschaft für Öffentlichkeitsarbeit mbH und seit 1963 Direktor und Leiter der Stabsabteilung Information der ehrwürdigen Konzern-Mutter Fried. Krupp zu Essen – ist glanzvoll zu nennen, und was seine Adressen betrifft, so erfüllen sie mit »43 Essen, Wortbergrode« und »auf Nechlin (§), Kreis Prenzlau« durchaus die Anforderungen. Militärischen Background, den sich Graf Zedtwitz-Arnim aus Altersgründen nicht selbst erwerben konnte, liefern seine Altvordern väter- wie mütterlicherseits in reichem Maße, und schließlich ist er noch Mitglied des Beirats der »Deutschen Public Relations-Gesellschaft e. V.«, in deren Reihen so viele Aristokraten zu finden sind*, daß ihr Mitgliederverzeichnis streckenweise einem Adelskalender gleicht.

Verfasser eines anderen von »Pam« häufig zu Rate gezogenen Werkes mit dem Titel »Traktat über die feine britische Art« ist John (»Ian«) Robert Russell, (13.) Herzog von Bedford, Marquess of Tavistock, Earl of Bedford, Baron Russell of Thornhaugh, Baron Howland of Streatham. Seine Gnaden residieren auf dem Familienschloß Woburn Abbey, Bedford, sowie in London S.W.1, Wilton Street, auch zu Daljosophat, Paarl, in der Kap-Provinz.
Das Buch des Herzogs, den schlicht »Ian« zu nennen, wie es alle seine Freunde tun, uns von ihm gewiß nicht verübelt wird, ist übrigens von Prinzessin Ursula geborener von Zedlitz, der geschiedenen ersten Gemahlin des (7.) Fürsten Hugo Felix August zu Hohenlohe-Oehringen, (4.) Herzogs von Ujest, Grafen von Gleichen und so weiter, ins Deutsche übertragen worden, so daß »Pam« es voll genießen kann.
»Ians« Ratschläge waren »Pam« besonders nützlich, als sie kürzlich den lieben Marc zu einem Weekend-Besuch eines englischen Lords auf dessen Landsitz reisen lassen mußte, weil des Lords Sohn, der mangels Taschengeld in die Dienste der Firma »The Hon. St. John Giffard, v. Koltzenbekh-Zarrentin & Co« zu treten beabsichtigte, dringend darum gebeten hatte. Herzog »Ians« Ratschläge, die sie Marc mit auf den Weg gab, lauten:
»1. Erzählen Sie keine Geschichten – weder Witze noch Anek-

---

* Angefangen von dem Ehrenpräsidenten, Felix von Eckardt, finden wir darin beispielsweise Alexander Graf Alegiani (Springer-Verlag), Karl Prinz von Auersperg (Mauser-Werke), Lothar von Balluseck (Esso), Peter von Eckardt (Oetker-Konzern), Friedrich von Grolmann (Vereinigte Aluminiumwerke), Gernot von Hahn (Hill & Knowlton), Karl-Günther von Hase, z. Z. Botschafter am Hofe von St. James, Ezard von Hugo (Brose & Partner), Werner von Löwis of Menar (Otto-Versand), Geza von Mukarowski (Groß-Messen), Roger von Naso (PR International), Gerhart von Oettingen (PR-Berater), Friedrich-Leopold Frhr. v. Richthofen (Massey-Ferguson), Christoph Frhr. v. d. Ropp (D. J. Edelman PR), Hans von Scotti (Kühne & Nagel), Eckhard von Schack (Stahlwerke Südwestfalen), Luise Gräfin von Schlippenbach (Agrippina), Franz von Schrottenberg (Maggi), Carl August Frhr. v. Thüna (Honeywell), Ruth Freifrau von Thüna (Chemie Grünenthal), Hubertus von Thobien (Med.-Pharm. Studiengesellschaft), Ivo von Trotha (VISTA), E. Nikolaus Frhr. v. Verschuer (IHK Frankfurt), Eberhard von Watzdorf (ZDF) usw. Die Liste erhebt keinen Anspruch auf auch nur annähernde Vollständigkeit.

doten. Was nicht heißt, daß Sie eine Anekdote, die sich aus dem Gespräch ergibt, nicht benutzen dürften, um etwas zu veranschaulichen. Aber fangen Sie bloß nicht an, Witze zum Zeitvertreib zu erzählen, auf der Basis des ›Kennen Sie den schon?‹. Das ist kaum eine Nuance besser als Kartenkunststücke.

2. Schlafen Sie nicht mit Frauen von anderen Gästen oder mit Ihrer Gastgeberin, wenn es nicht unbedingt notwendig, fast unvermeidlich ist. Es gibt Gastgeberinnen, die persönlich beleidigt sind, wenn man nicht wenigstens eine Nacht mit ihnen schläft, aber es gibt auch eine ganze Menge, die nicht so sind, und ihren Ruf kennt man meistens im Vorhinein.

3. Sprechen Sie nicht zu oft mit New York oder Sidney vom Apparat Ihrer Gastgeber aus. Selbst wenn Sie nur eine Londoner Nummer anrufen, machen Sie immerhin einen schwachen Versuch, für den Anruf zu bezahlen.

4. Verbrauchen Sie nicht den gesamten Heißwasservorrat für Ihr Bad; er wird vermutlich beschränkt sein, und wenn es sich um ein vornehmes Haus handelt, stammt die Installation wahrscheinlich aus den Tagen der Stuarts.

5. Hinterlassen Sie keine Überschwemmung im Badezimmer. Aber seien Sie im Schlafzimmer nicht zu ordentlich, weil der Diener Sie besorgen wird, und Sie *müssen* den Eindruck erwecken, daß Sie jemand sind, der daran gewöhnt ist, von Dienern besorgt zu werden. Übertreiben Sie aber Ihre Unordnung nicht. Der Diener wird Ihren Anzug ausbürsten – ihn vielleicht sogar aufbügeln – und Ihre Schuhe putzen. Aber die Schuhe vor die Tür zu stellen wie in einem Hotel, ist absolut unmöglich (obwohl häufig die einzige Möglichkeit, sie geputzt zu bekommen). Dann werden Sie sofort als ein Mensch abgestempelt werden, ›der seine Schuhe vor die Tür stellt‹. Das ist vielleicht das einzige, was noch schlimmer ist als Kartenkunststücke.

6. Bringen Sie keinen Hund mit.

7. Pflücken Sie nie Blumen im Garten Ihrer Gastgeberin, um sie im Knopfloch zu tragen. Sie dürfen überhaupt keine Blume im Knopfloch tragen ...«

Neben solchen nützlichen Winken, von denen »Pam« für Marc speziell die Ziffern 2, 5 und 7 rot anstrich, gibt Herzog »Ian« auch Anleitungen für die Ausübung der hohen Kunst des Renommierens, zumal in England, wo das *understatement*, die Untertreibung, hochgeschätzt, jedwedes Prahlen hingegen streng verpönt ist:

»Wenn Sie etwa sagen«, rät Bedford, »›Mein Rembrandt hat soundsoviel gekostet ...‹, so wird Ihnen das zeitlebens anhängen. ›Mein Haus in Mallorca ...‹ ist fast ebenso schlimm, auch wenn das Haus nicht ausgerechnet in Mallorca stünde. Alles, was dartun soll, wie bedeutend oder reich sie sind, ist völlig unmöglich. Sie dürfen nicht *imponieren* wollen. Jedenfalls nicht auf so primitive

Weise, daß man es merkt. Die Kunst des Renommierens ist ein wichtiger Nebenzweig, mit dem man sich sehr gründlich befassen sollte. Wenn Sie eine amüsante – aber wirklich amüsante – Geschichte zu erzählen haben, etwa, wie in Ihrem Haus in Sardinien eingebrochen wurde – (›meine beiden Lieblings-Renoirs, die ich überallhin mitnehme, waren verschwunden. Ich liebe sie über alles. Und der Cellini, den mir Tante Emily vererbte, ebenfalls ...‹) – so beachten Sie bitte: die Namen von Kunstgegenständen dürfen Sie ruhig erwähnen, aber niemals den Preis von Schmuck. Sagen Sie auch nichts von Geld ... Aber Sie dürfen sich über einen vulgären Neureichen lustig machen, der die Frechheit besaß, Ihnen hundertfünfzigtausend Pfund für Ihren Rembrandt zu bieten. Ihre Geschichte handelt dann von der Vulgarität des Betreffenden (und wird jedermann ergötzen). Sie *beklagen* sich, Sie prahlen nicht. Die Mitteilung, daß Sie a) einen Rembrandt besitzen, b) sich nicht davon trennen würden und c) keinen besonderen Bedarf für hundertfünfzigtausend Pfund Sterling haben, ergibt sich rein zufällig ...«

»Pam« hat die klugen Ratschläge des dreizehnten Herzogs von Bedford zur Grundlage eines Leitfadens gemacht, der, ausgefeilt und nach gründlicher Erprobung, jedem Absolventen von A-Kursen, auf hauchdünnes Pergament gedruckt und in rotes Saffianleder gebunden, als Taschenbüchlein überreicht wird. Es heißt darin: »... Seien Sie kein Snob! Gestehen Sie ruhig, daß Sie eine gute Erbsensuppe (oder Linsen, Matjesheringe, Blutwurst usw.) nicht verachten. Aber fügen Sie hinzu, daß Ihrer Meinung nach Basilikum daran nicht fehlen darf, und daß Sie dieses von niemandem anders zu beziehen wünschten als von Hédiard, 21, Place de la Madeleine, Paris – genau wie Sie Marmeladen, genauer: Konfitüren, *nur* von Fortnum & Mason, London, dagegen Jam ausschließlich von Grashoff, Bremen, beziehen, der selbstverständlich auch die Wurst, eingekocht in Gläser, liefert. Matjesheringe, für die Sie ebenso schwärmen dürfen wie Otto von Bismarck, kann man *eigentlich* nur bei Peter Lembcke am Holzdamm in Hamburg essen (aber, bitte, denken Sie daran, nicht vom »alten Lembcke« zu schwärmen, der Ihnen jeden Monat ein paar Matjesfilets in irdenen Töpfen schickt! Erstens ist Herr Lembcke schon lange verstorben, und der Besitzer dieses berühmten Feinschmeckerlokals heißt Krause; zum anderen verschickt Herr Krause seine Matjesfilets sowenig wie seine Erbsensuppe ...), doch Sie dürfen hinzufügen, daß Sie endlich *einen kleinen Mann* gefunden haben, der ebenso gute Matjes einlegt wie die Krauses von Lembcke ...«
An anderer Stelle heißt es: »... Prahlen Sie nicht mit Ihrem Kunstverstand! Es ist mindestens ebenso *»in«*, Modigliani nicht zu mögen wie ein paar davon zu haben. Schaffen Sie sich auf alle

Fälle ein paar farbige Lithografien von Salvador Dali an – es gibt sie, signiert und numeriert, in guten Warenhäusern, aber Sie dürfen ruhig behaupten, von Salvador selbst damit bedacht worden zu sein. Lassen Sie sich von Harrods (›Rodders‹!), London, ein halbes Dutzend signierte Farblithos von Marc Chagall zur Auswahl schicken, kurz bevor Sie eine Party vom Typ I geben; Sie können sie ja später zurücksenden. Und kaufen Sie sich zwei, drei ganz Naive (in Öl auf Leinwand), die – wie Sie ruhig zugeben dürfen – ›einen erholsamen Kontrast‹ zu Ihrer Ihnen etwas zu schwülstigen Ahnengalerie (siehe diese unter ›Gute Tradition‹) bilden.«

»Von der Einladung notorischer Verächter wirklich schicker, gepflegter Gesellkeit, insbesondere von Autoren wie Heinrich Böll, Günter Wallraff oder gar Max von der Grün zu Parties des Typs III muß dringend abgeraten werden. Erstens sagen solche Leute doch meist ab, wahrscheinlich weil sie nicht einmal einen gutsitzenden Smoking, geschweige denn Frack, besitzen oder gerade einen Roman schreiben müssen; zweitens bringt deren Anwesenheit neben etwas Glanz auch oft Verdruß, weil sie den Rahmen einer soignierten Konversation (siehe auch: ›Wie man plaudert‹) meist zu sprengen suchen. Eine Auswahlliste mit klingenden Namen des deutschen Geisteslebens und der zeitgenössischen Literatur (Richard W. Eichler, Karl Heinrich Waggerl, Brigadegeneral d. R. Professor Dr. Friedrich August Freiherr von der Heydte, Elisabeth Noelle-Neumann, Rudolf Krämer-Badoni, Kurt Ziesel, Alfons Dalma, Hans Habe, Matthias Walden und viele andere), deren Träger Ihrem Fest auf Abruf wirkliches Prestige zu verleihen vermögen, steht Ihnen auf Wunsch jederzeit kostenlos zur Verfügung ...«

»The Hon. St. John Giffard, v. Koltzenbekh-Zarrentin & Co« bietet C-Kunden als besonderen Clou auch noch ein »Verzeichnis gesellschaftlich bedeutender Namen«, die – garantiert ohne jedes Risiko – »auch in Kurz- oder Koseform in die Konversation eingeflochten werden können«, wenn man Gesprächspartnern damit imponieren möchte, mit den Großen dieser Welt intim zu sein. Die Liste umfaßt rund dreihundert Namen und reicht von »ABS, Hermann Josef, Bankier (kein Kosename, einfach: ›Wie Abs mir erst neulich sagte ...‹)«, bis »ZICHY-THYSSEN, Gräfin Anna (›Anita‹), Großaktionärin(*)«, wobei das Sternchen bei Damen besagt, daß im Interesse der Glaubwürdigkeit davon abgesehen werden sollte, mehr oder weniger zart anzudeuten, daß man mit der Betreffenden erst kürzlich geschlafen hätte. (Die meisten der angeführten Damen haben keine Sternchen.)

Gestützt auf den hundertprozentig seriösen PR (hier: *Public Relations*)-Katechismus des Grafen Zedtwitz-Arnim und die exquisiten, obzwar nur zur Hälfte soliden PR (hier: *Private Relations*)-Winke des »lieben Ian«, dreizehnten Herzogs von Bedford, gibt das von »Pam« und »Pip« Liechtenstein gemeinsam verfaßte Handbüchlein für C-Kunden zum Schluß noch einen Hinweis, der sich für die weitere »In-age«-Pflege als besonders nützlich erwiesen hat:

»Es gibt kaum etwas, das Leute mehr beeindruckt, als wenn sich ein Mann a) als Weinkenner und b) selbst in einem ungemein vornehmen Lokal dem Weinkellner überlegen erweist. Wenn Sie mit Bekannten, denen gegenüber Sie sich als imponierender Weltmann bestätigt sehen wollen, in einem erstklassigen Restaurant dinieren, sei es in der ›Chesa Veglia‹ zu (Sankt) Moritz oder bei ›Maxim's‹*, Rue Royale, Paris, im ›Ritz‹ zu London oder im ›Negresco‹ an der Promenade des Anglais in Nizza, so lassen Sie sich ja nicht vom *Sommelier*, dem mit einem Silbernäpfchen an glänzender Halskette versehenen Ober, der die Weinbestellungen entgegennimmt, im geringsten beeindrucken! Konzentrieren Sie sich auf die Flecken auf seiner Weste; stellen Sie sich vor, daß er wahrscheinlich schmuddelige Unterwäsche trägt, und seien Sie dann sehr arrogant. Sie können auch einfach sagen: ›Geben Sie mir den 1964er Pouilly Loché. Ich weiß, daß Sie noch ein paar Flaschen davon haben!‹ Sie müssen sich den Pouilly Loché (oder einen beliebigen anderen Wein, der Ihnen preislich zusagt) natürlich irgendwann vorher auf der Weinkarte, auf der er verzeichnet ist, ausgesucht haben; doch wenn der *Sommelier* mit der Bestellung weggegangen ist, erklären Sie Ihren Freunden: ›Sie rücken diesen Wein nicht gern heraus – man muß hier schon sehr gut eingeführt sein, um noch eine Flasche davon zu ergattern ...‹ Oder, falls Ihre Gäste genau wissen, daß Sie zum erstenmal in dem Lokal sind, sagen Sie einfach: ›Guy de Rothschild – oder Lord (›Bob‹) Boothby oder Erbprinz Joachim (›Jocky‹) zu Fürstenberg – hat mir diesen Tip gegeben ...‹

Kommt der Ober mit dem Wein, so studieren Sie aufmerksam das Etikett, lassen sich den Korken geben und schnüffeln daran, sagen aber nichts. Den Probeschluck, der Ihnen dann eingeschenkt wird, halten Sie gegen das Licht und prüfen sehr aufmerksam Farbe und Reinheit; alsdann führen Sie das Glas mit beiden Händen zur Nase und schnuppern ein paarmal daran. Erst danach nehmen Sie einen kleinen Schluck, wobei Sie ruhig schlürfen und schmatzen dürfen. Lassen Sie den Ober dann noch einen Augenblick lang warten, ehe Sie ihm durch ein Kopfnicken zu verstehen geben, daß er nun einschenken könnte, und sagen Sie nur noch: ›Er könnte eine Spur kälter – bei Rotwein: eine Nuance wärmer – sein ...‹

Mit diesem Zeremoniell, das auch bei einem Wein, der umgerechnet nur 3,60 DM kostet, nie seine Wirkung verfehlt, können Sie Ihr ›In-age‹ außerordentlich fördern. Es macht übrigens nicht das geringste, wenn der Wein zu den Speisen, die Sie gewählt

* Bestehen Sie darauf, einen Tisch im »Omnibus« zu bekommen, dem besten Teil des Lokals!

haben, eigentlich nicht paßt. Erklären Sie diesen kleinen Irrtum, falls ihn jemand rügen sollte, was höchst unwahrscheinlich ist, einfach zu Ihrer ›persönlichen Note‹, die schon eine gewisse Tradition in Ihrer Familie hätte. Damit schlagen Sie aus einem Lapsus sogar noch Prestige-Kapital! Noch besser ist es allerdings, zunächst den Wein auf die beschriebene Weise zu bestellen und erst dann den *Maître* zu ersuchen, Ihnen von den vorhandenen Speisen etwas dazu Passendes vorzuschlagen. Damit liegen Sie immer richtig, machen noch mehr Eindruck und werden fortan als *Connaisseur* gelten, wodurch sich Ihr ›*In*-age‹ weiter konsolidiert.«

Soweit »Pam« und »Pip«, die ihre imponierenden – und zum Imponieren durchaus geeigneten – Ratschläge mit einem »Prosit!« und »Wünschen wohl zu speisen!« schließen. Doch just mit diesen letzten Worten haben sich die beiden auf ein Gebiet begeben, das voller Fußangeln ist und auf das wir ihnen besser nicht folgen, ehe wir uns gegen die dort lauernden Gefahren gewappnet haben. Es ist das Gebiet, nicht des bloßen »*In*«-, sondern das des O-Seins.

Un-o-iges und wie man es vermeidet

Nicht nach Gelehrsamkeit, nicht nach Sittsamkeit fragen die Menschen in Gesellschaft, nur nach den Manieren – so bemerkte schon William Makepeace Thackeray (1811–1863). Doch die Manieren, um die es geht, sind im wesentlichen nicht die, deren uns Frau Legationsrätin 1. Klasse außer Diensten Erica Pappritz teilhaftig werden lassen wollte.

Gewiß, es kann nichts schaden, wenn Herr Xaver Hinterwaldner aus Wampenhof über Floß Frau Pappritzens »Etikette neu« von einem Schriftkundigen an regnerischen Abenden auszugsweise vorgelesen bekommt. Es wird darin manches geben, das ihm neu ist und das er sich hinter seine beträchtlichen, sonntags zumeist reinlichen Ohren schreiben (lassen) kann, etwa daß es ausgesprochen »inkorrekt« wäre, als Autofahrer, der in sein geparktes Fahrzeug »aus Gründen starken Verkehrs« nur durch die rechte Tür einzusteigen vermag, einer mitfahrenden Dame den Vortritt zu lassen »und dann über ihre Füße hinwegzuklettern« (so Erica Pappritz).

Auch wer schon – durch kostspielige Erziehung oder gewitzigt durch bittere Erfahrungen – gelernt hat, sich Backwerk, zumal trockenes, von einer gewissen Größe an nicht in Gänze auf einmal in den Mund zu schieben, wird von der Lektüre eines zeitgemäßen Etikette-Lehrbuchs noch profitieren. Erstens kann er sich bestätigt finden, zum zweiten wird er angenehm überrascht durch die Feststellung, daß seine aus der Praxis gewonnenen Erkenntnisse ausnahmsweise zugleich den Anforderungen des Anstands entsprechen, und drittens wird er darüber informiert, daß für saftige Semmel- und sonstige Knödel die ihm schon vertraute Brötchen- und Sandkuchen-Regel ebenfalls gilt, so daß er sich Experimente damit ersparen kann.

Sogar für uns, denen ein »Ich verbleibe, liebe, hochverehrte gnädige Frau, mit dem Ausdruck aufrichtiger Bewunderung Ihr Ihnen sehr ergebener« ganz selbstverständlich aus der Feder fließt und die wir nie anders als »mit weißer Wäsche und ›Silberschlips‹ einer normalen Frühstückseinladung folgen« würden, solcher Pappritzschen Ratschläge also gar nicht bedürften, kann es nichts schaden, gelegentlich in ihrem oder einem anderen guten Lehrbuch der Etikette ein wenig zu blättern. Dies mag sogar recht reizvoll sein, zumal wenn einem bei der Lektüre bewußt wird, was man so alles falsch gemacht hat (und auch in Zukunft mit Vergnügen falsch machen wird), zumindest nach den sehr strengen Anstandsregeln der Frau Pappritz.

Als man neulich, nach dem Einzug ins »Caravelle-Building«, nur der einen Tizianroten aus dem dreiundzwanzigsten Stock eine Antrittsvisite machte, anstatt allen zweihundertzweiunddreißig Parteien des Hauses, wie es sich eigentlich gehört hätte, da trug man nicht, wie es Frau Pappritz für unerläßlich hält, einen schwarzgrauen Marengo-Anzug, auch keinen schwarzen, enggerollten Regenschirm und nicht einmal, wie ebenfalls vorgeschrieben, graue oder beigefarbene Handschuhe. Auch blieb man, nachdem man um 19.30 Uhr, anstatt zwischen zwölf und eins oder, was gerade noch zulässig gewesen wäre, zwischen 17 und 18 Uhr (dafür allerdings mit einer vorgekühlten Flasche »Veuve Cliquot Extra Dry«) Besuch gemacht hatte, länger als die maximal gestatteten fünfzehn Minuten, nämlich bis 4.30 Uhr früh, und man hat sogar fatalerweise das wichtigste vergessen, nämlich der – übrigens echt – Tizianroten seine Karte zu überreichen ... Apropos Karte: Man hätte, als man aus der alten Villa am Mozartpark auszog, unbedingt bei den Nachbarn Visitenkarten »abwerfen« müssen, und zwar mit dem vorschriftsmäßigen Vermerk »p. p. c.« (*pour prendre congé*, das heißt: um Urlaub oder Abschied zu nehmen), auch – da es sich um den Besuch eines unverheirateten Herrn bei Ehepaaren gehandelt hätte, sogar jedesmal *zwei* solcher Karten hinterlassen müssen ...

Und zu Neujahr hatten Herr Doktor Illenkippel-Sonthofen und auch Frau Kommerzialratswitwe Klops-Zur Linden als unzweifelhaft gesellschaftlich höher Rangierende Anspruch auf je eine unserer Visitenkarten mit dem – in der unteren linken Ecke anzubringenden – Vermerk »p.f.n.a.« gehabt (was zumindest die Frau Kommerzialrat, die als geborene Schapentoleit zwar des Masurischen, jedoch nicht des Französischen mächtig ist, selbst wenn sie den Sinn dieser Abkürzungen – »*Pour féliciter Nouvel An*«, um ein neues Jahr zu wünschen, ohne sich hinsichtlich dessen Qualität in irgendeiner Weise festzulegen – zu enträtseln imstande gewesen wäre, nur als Beweis für die Richtigkeit ihrer seit langem vertretenen Ansicht gewertet hätte, daß die Jugend von heute faul, unverschämt und verdorben sei).

Doch nicht allein auf dem sehr weiten Feld des Visitenkarten-Abwerfens sind uns einige mehr oder weniger bedauerliche Protokollfehler unterlaufen; auch als Gast an der Tafel eines uns gesellschaftlich turmhoch überlegenen Ehepaares, der Hellingraths, haben wir uns – wenn man im speziellen Falle so sagen darf – gegen die guten Formen versündigt, denn der Platinblonden, die uns schräg gegenüber saß, haben wir mehrfach zugetrunken, obwohl sie weder unsere Tischdame noch die Dame zur Linken war, geschweige denn die Hausherrin, wir sie also, trotz ihrer immer wieder hervorlugenden kleinen, nur etwa pfirsichgroßen, aber ebenso festen, an den mit reizendem Schwung aufwärts strebenden Spitzen zyklamfarbenen, nur um eine Winzigkeit voneinander in der Form abweichenden Brüste, eigentlich – Teufel nochmal – überhaupt nicht hätten beachten dürfen ...

Die Beispiele für unpappritziertes Verhalten ließen sich beliebig fortsetzen, doch rechte Freude daran findet eigentlich nur der, dessen »*In*-age« und »O-Sein« völlig außer Zweifel steht. Denn der kann sich – dies zu lernen ist wichtiger als alle Etikette – betragen, wie er will. Er könnte bei »Maxim's« im »Omnibus« rülpsen, daß die Lüster klirren, beim abendlichen Dinner in »Buck House« der Marchioness of Abergavenny, seiner Tischdame, drei besonders dicke Spargelspitzen, just bevor jene diese auf ihre Gabel nehmen kann, mit geschicktem Griff entwenden und sie sich mit einem freundlich-sachlichen »Für unterwegs ...!« so in die äußere Brusttasche seines Smokings stopfen, daß sie noch ein wenig hervorlugen (obwohl sich, gerade was die Zier dieser Tasche betrifft, Erica Pappritz sehr deutlich gegen Spitzen ausgesprochen hat und feinstes Leinen oder Batist für das allein Zulässige hält); man kann Schah Karim Aga Khan IV. in dessen Box in Longchamp einen Whisky, den Seine Göttlichkeit gerade trinken zu wollen geruhte, einfach aus der smaragdgeschmückten Hand nehmen und den Verblüfften mit drohend geschütteltem Zeigefinger daran erinnern, daß der Prophet speziell den zwölf Jahre und älteren »Chivas Regal« nur unbeschnittenen Christenhunden sowie Bekennern des mosaischen Glaubens gestattet habe ...
Ja, es wäre sogar möglich, sich im »Chèvre d'Or« zu Eze an der oberen Corniche der Côte d'Azur ein paar mitgebrachte Debrecziner heißmachen zu lassen, sie dann lässig in die Faust zu nehmen, so kräftig hineinzubeißen, daß sich der fettige Saft einem Geysir gleich über das lindgrüne Voile-Blüschen der (fünften geschiedenen) Mrs. Cornelius Vanderbilt, Patricia (»Pat«) geborenen Murphy Wallace, ergießt und ihre hautengen Hot Pants aus weißem Oasenziegenleder wie das Wachstuch auf der Theke einer Würstchenbude glänzen läßt, ohne dazu mehr an Kommentar abzugeben als ein anerkennendes »Donnerwetter, was? *Das* sind Würstchen ...!«
Und natürlich ist auch, außer eventuell von den unmittelbar Betroffenen selbst, nicht das geringste dagegen einzuwenden, wenn man sich als Herr gelegentlich mit festem Griff vergewissert, daß die Dame, mit der man bei der Opernpremiere in der Mailänder Scala die Proszeniumsloge teilt, ein Miederhöschen, Herr Arndt von Bohlen und Halbach, mit dem man in der schicken Bar zu Kitz' eine Après-Ski-Magnumflasche Champagner zu leeren bemüht ist – 1959er Bollinger, aber, wie wir mit Bedauern bemerken mußten, *demi-sec* –, wirklich ein Toupet trägt, auch dann, wenn sich – natürlich auf ganz unterschiedliche Weise – sogleich herausstellt, daß weder die eine noch die andere Vermutung zutreffend war.

Daß diese Exempel keineswegs völlig frei erfunden sind, sei nur am Rande erwähnt; der bis auf ein paar kleine Kratzer am Zenith seiner hohen Stirn, die ihm sein gepeinigter Freund aus Rache zerkratzte, sehr gut aussehende Mittvierziger, beispielsweise, der sich – wir hoffen: irrtümlich – an der natürlichen, gerade einmal durch kein künstliches Teil ergänzten Haarpracht des »letzten Krupp« – und für diesen sehr schmerzhaft – vergriff, war kein Geringerer als Seine Durchlaucht Erbprinz Johannes von Thurn und Taxis, dessen »*In*-age« dadurch aber in keiner Weise gelitten hat, im Gegenteil!

Kurz, wir sehen, daß es mancherlei durchaus Gesellschaftsfähiges gibt, wovon sich die Tanzschulweisheit der Etikette-Lehrbücher nichts träumen läßt. Aber auch umgekehrt sind – und damit wären wir beim eigentlichen Thema dieses Kapitels, dem »Un-o-igen« und wie man es vermeidet – viele der grazilen Feinheiten, die die modernen Knigges ihren Lesern beizubringen trachten, in Wirklichkeit alles andere als fein, vielmehr so »un-o-ig«, daß derjenige, der sie zu praktizieren versuchte, sich damit als hoffnungsloser Boofke entlarvte und für immer »*out*« wäre.

Es sei an dieser Stelle kurz daran erinnert, was bereits in der Einleitung ausführlich dargelegt wurde, nämlich, daß der Begriff des »O-Seins« und dessen Gegenteil, das »Un-o-ige«, der Versuch einer Übertragung der englischen Bezeichnung »*U*« und »*non-U*« ins Deutsche sind, wobei »*U*« für die »*upper class*«, die wirklich sehr feine Oberschicht, steht und zunächst nur deren spezifische Sprechgewohnheiten kennzeichnen sollte, die ein deutliches Klassenmerkmal sind.

In Großbritannien und mit gewissen Einschränkungen auch in den anderen englischsprachigen Ländern genügt es bereits, jemanden »*Oh, really* ...?«, »Ach, wirklich ...?«, ausrufen zu hören, um mit großer Sicherheit sagen zu können, ob der Betreffende zur *upper class* zählt oder nicht. (Der sehr kleine Unsicherheitsfaktor ist zurückzuführen auf die für *U*-Sprecher betrübliche Tatsache, daß auch die exklusivsten Public Schools und »Oxbridge«-Colleges einigen Söhnen und Töchtern des gewöhnlichen Volkes Freiplätze gewähren müssen – in Eton werden solche Stipendiaten »*tugs*«, »Schlepper«, genannt, im Gegensatz zu den regulären »*Oppidans*« –, wodurch dann Leute mittelständischer oder gar proletarischer Herkunft sprachlich von den Sprößlingen der alten Aristokratie oft nicht mehr zu unterscheiden sind.)

Im deutschsprachigen Raum ist es, im Gegensatz nicht allein zu Großbritannien, sondern zu den meisten Ländern, bislang zu keiner einheitlichen, von der des Mittelstandes und der Unterschicht deutlich zu unterscheidenden Oberschicht-Aussprache gekommen. Regionale Klangfarben, anderwärts streng verpönt, lassen bei uns zwar erkennen, ob einer aus Sachsen, Hannover, dem Baltikum, Hamburg, Oberbayern, Frankfurt am Main, Köln

oder dem Ruhrgebiet, von der friesischen Waterkant, aus der
Steiermark, dem Schwarzwald oder sonstwoher stammt, nicht
aber, ob sein Vater Schlosser war oder Schloßherr.
Der letzte regierende König von Sachsen, Friedrich August III.,
sprach beispielsweise ein Dresdnerisch, das allen Kleinbürgers-
töchtern seiner Hauptstadt das Herz höher schlagen ließ, vor
dem aber seiner Gemahlin, der Erzherzogin Luise von Österreich,
so sehr grauste, daß sie ihm – mit einem Tenor von berückender
Schönheit und dialektfreier Aussprache – auf Nimmerwieder-
hören davonlief; einer der reichsten Männer Europas, der 1964
verstorbene Neußer Großkaufmann und Chef eines schon hundert Jahre alten Familienkonzerns mit Milliardenvermögen, Wilhelm Werhahn, pflegte zu sagen: »Mir hannt et nit vom Ußjewwe,
sondern vom Behalde!«, auf Hochdeutsch, was aber weder er
noch sonstwer in seiner immens reichen und mächtigen Sippe
beherrschte: »Wir haben es«, das heißt unser vieles Geld, »nicht
vom Ausgeben, sondern vom Behalten …« Und es gibt umgekehrt nicht eben wenige Staubsauger-Hausvertreter, Kellner oder
Wanderbühnen-Mimen plebejischer Herkunft und mit nicht viel
mehr Bildung, als sich in acht Zwergschuljahren in Putzenrieth
über Heumaden oder Wendischbrome über Klötze ergattern ließ,
die ein wesentlich gepflegteres Hochdeutsch zu sprechen bemüht
sind als viele Angehörige alter und sehr wohlhabender Patrizier-
familien zwischen Flensburg und Basel, die meisten Fürsten und
alle rheinischen Großkaufleute, Frankfurter Bankherren und bal-
tischen Barone (von den Aristokraten Österreichs, das ja dem
Vernehmen nach eine eigene Sprache haben soll, ganz zu schweigen. Und auf einen Vergleich der orthografischen und grammati-
schen Kenntnisse vieler Grafen mit denen der meisten Fach-
arbeiter des grafischen Gewerbes wollen wir lieber verzichten;
er fiele allzu desillusionierend aus).
Trotz alledem gibt es, auch im Deutschen, einige linguistische
Klassenmerkmale, zwar nicht in grammatischer Hinsicht, weil
sich gerade die deutsche *Crème de la crème* über die Regierungsan-
sprüche der Fälle, speziell die des Genitivs und des Dativs, über
viele Syntax-Regeln und sogar über solche der Genera – »Die
Fröllein Schmitz sollma reinkomme!« – selbstherrlich und unbekümmert hinwegzusetzen pflegt, von den falschen Konjunktiven
gar nicht zu reden. Aber bestimmte sprachliche Merkmale der
Klassenzugehörigkeit sind auch in deutschen Landen zu beobachten, und zwar liegen die deutlichsten Klassenunterschiede in
der Wortwahl und nicht hauptsächlich, wie im Englischen, im
Akzent sowie in der Aussprache einzelner Wörter.
Immerhin hat Professor Alan S. C. Ross, von dessen bahnbrechen-
den Arbeiten auf diesem Gebiet bereits in der Einleitung die Rede
war, auch im Englischen eine ganze Reihe von Vokabeln aufgezeigt, deren Benutzung jeweils sofort erkennen läßt, ob jemand

»U« ist oder definitiv *»non-U«*. Zum Beispiel ist *»cycle«* für Fahrrad typisch *»non-U«*; das korrekte *»U«*-Wort dafür heißt *»bike«*. *»Glasses«*, (Augen-)Gläser, und *»dentures«*, Gebiß, Prothese, sind *»non-U«*-Bezeichnungen für *»spectacles«*, Brille, und *»false teeth«*, falsche Zähne, wie diese Dinge *»U«*-ig heißen. Und *»U«*-Sprecher essen mittags ihr *»luncheon«* oder *»lunch«*, und erst abends *»dinner«*, wogegen *»non-U«*-Leute (jedoch auch *»U«*-Kinder, *»U«*-Hunde und *»U«*-Katzen) mittags *»dinner«*, abends *»supper«* bekommen.

Wir wollen prüfen, ob sich aus dieser – hier natürlich nur anhand weniger Beispiele zu würdigenden – wissenschaftlichen Pionierleistung des großen britischen Gelehrten für unsere eigene Untersuchung etwas Honig saugen läßt:

Zu den ersten von Professor Ross als Beispiele angeführten Vokabeln lassen sich im Deutschen keine Parallelen entdecken; allenfalls das Wort »Prothese« für das, was bei den Krankenkassen »Zahnersatz«, scherzhaft wohl auch »dritte Zähne« und ansonsten schlicht »Gebiß« genannt zu werden pflegt, bietet etwas Hoffnung, denn »Prothese« ist – außer wenn ein Zahnarzt sich dieser Vokabel bedient – im Deutschen absolut »un-*o*-ig«, sofern damit etwas gemeint ist, das man, solange es eben geht, als »Brücke« verniedlicht und später überhaupt nicht mehr erwähnt, weil die Freude, sich darüber zu unterhalten, bei Angehörigen der deutschen Oberschicht viel geringer ist als bei der Großbritanniens. Weit mehr läßt sich mit den Lunch-Dinner-Variationen anfangen: Wenn zum Exempel Frau Sabine Mayholtz, 24, Buchhaltersgattin in Hamburg-Horn, Herrn Angelo Pellinazzi, 28, Lastwagenfahrer, nach gemeinsamem Verzehr von Cassata in der Eisdiele »Venezia« für den nächsten Tag zum »Frühstück« einlädt, so wird Angelo am folgenden Morgen in einiger Entfernung von der Mayholtzschen Haustür warten, bis Sabines Gemahl um 7.30 Uhr seinen Opel Kadett in Gang gebracht und den Weg in die City angetreten hat. Gegen 9.30 Uhr wird er dann drei Rundstücke mit Butter und viel Leberwurst sowie Milchkaffee vorgesetzt bekommen, vielleicht sogar ein Ei, kurz, das, was Sabine unter »Frühstück« versteht. Wenn hingegen Herr Konsul (von Guatemala für Lübeck, das Herzogtum Lauenburg, Stormarn, Segeberg und Eutin) Herbert A. H. Behrens, Überseekaufmann in eigener Firma zu Hamburg-Boberg, von Herrn Konsul (von Monaco) Heinrich von Berenberg-Gossler, Bankier, zum »Frühstück« aufgefordert wird, so werden sich die beiden vermutlich gegen 13 Uhr im Anglo-German Club an der Bar treffen und später im Clubrestaurant gemeinsam jene Mahlzeit einnehmen, die sie »Frühstück«, allenfalls »Lunch«, nennen. Das zuerst beschriebene Hamburger Frühstück ist vielleicht amüsanter, aber durchaus »un-o-ig«, das zweite sehr viel langweiliger, aber sehr »O«! Hier haben wir eine deutliche Parallele zum Englischen.

Es gibt noch ganz andere Ähnlichkeiten: Als ein inzwischen verstorbenes, hochbetagtes Mitglied der englischen Königsfamilie, das schwer erkrankt war, von seinen Ärzten damit zu trösten versucht wurde, daß sie ihm sagten, es werde bald soweit sein, daß Königliche Hoheit zur Rekonvaleszenz nach Bognor würden reisen können, da geruhte jene Königliche Hoheit nur zu knurren: »*Bugger Bognor* . . .«, was sich ins Deutsche nur unzureichend obszön mit: »Scheiß auf Bognor . . .« übersetzen läßt. Und treffen sich abends zwei Herren bei Pratt's, Park Place, London S. W. 1, sagen wir: der 11. Earl von Harrington und der 13. Herzog von St. Albans, beides »*U*«-Sprecher mit Public School- und »Oxbridge«-Background, so wird ihre Unterhaltung mit Ausdrücken gewürzt sein, deren Vulgarität kaum noch zu überbieten ist und jeden mittelständischen Spießer abwechselnd rot und blaß werden ließe.

Und wie ist das bei uns? Nun, auch in deutschen Landen drücken sich nur Spießer, Boofkes und Parvenüs nach Kräften »gebüldet« und auch noch im gerechten Zorn »gewählt« aus. Nie käme einem Dietmar von Langenhagen-Zwötzen, Chemie-Industriellen zu München-Grünwald, »Scheiße« über die Lippen. Und wenn die Contessa Ira Gracia geborene Grünfisch ein wenig erhitzt ist, so »transpiriert« sie – »schwitzen« wäre ihr zu vulgär! Plaudert Ira mit guten Freundinnen über deren und die eigenen Bettgewohnheiten, so formulierte sie – falls sie überhaupt davon spräche – ihre Beziehungen zu Mahmoud etwa so:

»Er ist einfach himmlisch, meine Lieben, und geradezu unheimlich maskulin, wenn ihr wißt, was ich meine . . . Ja, gewiß, nein, ich am liebsten morgens vor dem Frühstück. Ich bin dann nicht so verspannt wie nach dem Streß des Tages, wenn ihr versteht, was ich sagen will . . .«

Wäre Ira keine geborene Grünfisch, der jedwede vulgäre Ausdrucksweise von der Mama, der späteren Fürstin-Witwe, stets streng verwiesen wurde – nicht einmal »pi-en« durfte sie sagen! –, sondern hätte sie sechzehn hochadelige Ahnen väterlicher-, acht mütterlicherseits und wäre bei den hochwürdigen Schwestern vom Heiligen Herzen Jesu, später in einer totchicen *Finishing School* in Lausanne erzogen worden, so hätte sie ihren Freundinnen, der »Lintschi« Lobkowitz und der »Bibbi« Hohenlohe, ihre intimen Beziehungen zu Mahmoud ganz anders geschildert:

»Also, *darling*, nein! Abends noch zu bumsen, das ist doch pervers, geradezu boofkisch. Nein, wirklich, das ist mir zu fad! Außerdem kann dann Alberto noch kommen, der kleine Cousin meines Mannes – ein Arschloch, wie es im Buche steht, sag ich euch! Nein, mit Mahmoud überhaupt nicht zu vergleichen!« Hier folgten einige, auch heutzutage noch nicht wiedergutzugebende physiologische Details, und dann schlösse die Contessa ihren Bericht mit der sachlichen Feststellung, daß sie nun einmal »rundum gevögelt« zu werden wünsche, und zwar am allerliebsten von Mahmoud, der darin »einfach Klasse, ganz große Klasse« sei, und dies präzise von 7.15 Uhr morgens an, wenn ihr Mann und Alberto, beides Arschlöcher, aus dem Hause sind, um dann später, nur erfrischt durch eine vom vielseitigen Mahmoud bereitete Tasse heiße Schokolade, bis gegen zehn Uhr, wenn sie ihr Bad und das *»p'tit déjeuner«* nähme, »allweil noch a bisserl zu träumen ...« Damit wiese sich die Contessa a) als sehr »O« und *»in«*, b) als modern, da ohne Rassenvorurteil, c) als praktisch, zuverlässig und enorm pünktlich, d) als reizend altmodisch und romantisch aus, vor allem aber e) durch ihre unbekümmerte Ausdrucksweise als seit Generationen vornehmsten Kreisen zugehörig.

Natürlich gibt es noch andere sprachliche Klassenzugehörigkeits-Indikatoren, und nicht jeder, der einen anderen »Arschloch« nennt, ist ein Herzog. Solches jedoch an festlich gedeckter Tafel, im Smoking und bei Kerzenschimmer zwischen zwei Bissen Toast mit getrüffelter Gänseleberpastete laut und deutlich zu sagen, ist ungemein »O«. Das gleiche gilt für Damen, die, wenn sie beim Ablegen ihres Kronenzobelmantels bemerken, daß sich durch das Platzen des Reißverschlusses ihres trägerlosen Abendkleides eine Katastrophe anbahnt, »gottverdammte Scheiße« sagen und alsdann die völlig unschuldige Garderobiere anherrschen, den Schaden unverzüglich zu beheben, während dreißig andere Gäste so lange eben warten müssen.

Wenn Herr Kommerzialrat Friedrich Jahn, Herr über alle »Wienerwald«-Brathendl-Stationen dieser Erde, zu Gast weilt bei Seiner Königlichen Hoheit Prinz Max Emanuel, Herzog in Bayern – die herzogliche Linie des Hauses Wittelsbach, in die der Prinz, ein Mann von königlichem Geblüt, durch Adoption verschlagen wurde, ist so *»in«*, daß sie sich nicht »von«, sondern »in Bayern« nennen darf –, dann wird der Herr Kommerzialrat, wenn er in der gastlichen Residenz zu Wildbad Kreuth etwas angeboten bekommt, vielleicht einen »Blauen Pagen«, das Spitzenprodukt der herzogseigenen Brauerei zu Tegernsee, das die Wittelsbacher dem Wienerwäldler gern verkaufen würden, das Glas ergreifen mit den Worten: »Ich bin so frei!«, womit er sich jedoch als ganz und gar nicht frei von plebejischen Klassen-Indikatoren gezeigt hat. Denn diese Floskel – genau wie »meine Wenigkeit« aus dem Munde eines Redners an festlicher Tafel oder das ängstliche Bemühen, einen Brief nicht mit »Ich« zu beginnen – ist hoffnungslos »un-o-ig«.

Noch um einige Grade schlimmer – was jedoch keine Bedeutung mehr hat, da die Demarkationslinie ohnehin überschritten ist – sind Redewendungen wie »meine Gattin«, »Ihre Frau Gemahlin« oder gar »meine Gemahlin«, und ebenso völlig unmöglich und grenzenlos »un-o-ig« ist die britischen *»Non-U's«* und französischen Spießern nachgeahmte Unsitte, von der eigenen Frau als von »Frau Müller-Wipperfürth« oder »Frau von Langenhagen-Zwötzen« zu sprechen. Wirklich »O« ist, da man sich ja in der *Crème de la crème* untereinander bestens kennt, eigentlich nur der Vorname: Anstatt »meine Gattin«, heißt es: »Pat hat gesagt ...« oder »Ingeborg meinte«; anstatt »Ihre werte Frau Gemahlin« sagt man: »Eine schöne Empfehlung an die liebe Maggie« oder »Handkuß für Gaby, bitte«. Allenfalls kann man von »meiner Frau« und von »Ihrer Frau« sowie, halb im Scherz, von der »Gnädigsten« sprechen, (was sich immer dann empfiehlt, wenn man nicht genau weiß, ob der Betreffende überhaupt noch mit »der lieben Maggie« oder der mit einem Handkuß zu bedenkenden Gaby verheiratet ist).

Weitere Klassenzugehörigkeits-Indikatoren, denen wir in der deutschen Sprache begegnen, wenn wir nach den von Professor Ross aufgestellten Regeln forschen, sind bestimmte Bezeichnungen von Gebrauchsgegenständen, die in Inseraten vorkommen, natürlich auch in der Fernseh-Werbung und alsdann von eifrigen Warenhausangestellten aufgegriffen und einer tief davon beeindruckten Kundschaft weiter eingehämmert werden. Diese Ausdrücke anders als deutlich erkennbar im Scherz zu benutzen, ist absolut »un-o-ig«.

Von den älteren Ausdrücken dieser Art seien warnend erwähnt: »Sakko« für Jacke oder Jackett, »Liege« für Couch, »Ascher« für Aschbecher oder Aschenbecher, »Süßspeise« für Nachtisch oder Dessert oder – was wirklich ungemein »O« ist – »Après«. (»Es gibt noch ein Après ...«, besser: »Es gibt noch ein kleines Après ...«) Völlig unmöglich ist es, eine Krawatte, die man allenfalls als »Schlips« bezeichnen kann, »Selbstbinder« zu nennen. Das geht nicht einmal in schriftlichen Anleitungen für die korrekte Kleidung des Herrn, und daß Frau Legationsrätin 1. Klasse Erica Pappritz solches aus der Feder floß, wie man als Leser ihres Etikette-Lehrbuchs erschüttert feststellen muß, ist so grenzenlos »un-o-ig«, daß man sich nur noch mit einem Seufzer des Bedauerns, daß Menschen sich so tief sinken können, abzuwenden vermag.

Um der Gerechtigkeit willen sei vermerkt, daß die liebe Erica anderwärts in ihrem dicken Wälzer, der für lernbegierige Jung-Aufsteiger manch gute Ratschläge bringt, sehr lobenswerte Versuche gemacht hat, gewissen »O«-Manieren zum Durchbruch zu verhelfen, zumal da, wo sie über das »Vorstellungszeremoniell« plaudert:

»Da lernen wir also mit Hilfe des Hausherrn einen anderen Gast kennen. Wir wissen ja, wie das geht: ›Meine Herren – darf ich Sie bekannt machen? Herr Weber – Herr Busch.‹ Und zu jedem Namen fügt er noch etwas Erklärendes hinzu, damit beide einen Gesprächsstart haben.« Man sieht, Frau Pappritz kennt sich aus, vielleicht nicht in Kreisen, die wirklich »O« sind, aber nicht allzu tief darunter, spricht doch ihr Hausherr bereits ein bemerkenswert schlechtes Deutsch, denn er sollte ja seine Gäste *miteinander* bekannt machen, es sei denn, er hätte als PR-Experte nur ihre Publicity im Sinn … Doch sehen wir, wie es bei der ehemaligen stellvertretenden Protokollchefin der Bundesregierung weitergeht:

»Nun lächeln sich aber – in der Praxis – die beiden nicht nur an und schütteln sich mit leichter Verbeugung die Hände, o nein, zumindest einer tut noch ein übriges. Während er die Hand des anderen schüttelt, murmelt er, für alle Fälle, nochmals: ›Busch‹. Sein Gegenüber bleibt stumm, dennoch fügt Busch hinzu: ›Sehr erfreut‹ oder auch ›Angenehm!‹ Und er meint es gut, er freut sich wirklich, den Weber kennenzulernen … Aber er wundert sich im stillen, daß dieser so sympathisch aussehende Mann nicht einmal ein ›Ganz meinerseits!‹ für nötig hält.«

Das hat Frau Pappritz sicherlich oft genug in Bonn beobachten müssen, in den ersten Jahren ihrer aufopfernden Tätigkeit in der neuen Bundeshauptstadt wohl auch noch von Leuten wie dem unseligen Herrn Busch mit einem ganz leichten Hackenklappen garniert, gerade noch eben im ganzen Saal deutlich hörbar und einige britische und französische Gäste heftig zusammenzucken lassend.

Aber natürlich weiß die Frau Legationsrätin 1. Klasse, daß sich alle Bemerkungen des Herrn Busch anläßlich seiner Vorstellung durch den Hausherrn erübrigen und nur dazu geeignet sind, ihn als einen hoffnungslosen Boofke erscheinen zu lassen. Sie sagt es auch ihren Lesern, nur etwas freundlicher. Und zugleich läßt sie den emsig seine Gäste (miteinander) bekanntmachenden und zu jedem einige Gesprächsansatzpunkte liefernde Erklärung gebenden Hausherrn wie auch den trotz der erhaltenen Hinweise für die Eröffnung der Konversation vorerst nur stumm lächelnden Herrn Weber als Männer von Welt erscheinen, die sich auf spiegelndem Parkett elegant zu bewegen verstehen, ganz »O« sind und vorbildlich vornehme Manieren haben.

Wenn wir jedoch dieses scheinbar piekfeine Pappritz-Schema in die Sphäre der *Crème de la crème* transponieren, so merken wir sehr rasch, daß es vielleicht doch nicht ganz so »O« ist, wie wir zunächst zu glauben bereit waren. Denn dann müßte der Hausherr, sagen wir: Erbprinz Johannes von Thurn und Taxis, leider noch mit einem kleinen Pflaster am Haaransatz von dem »o-igen« Zwischenfall in Kitz' her, folgendermaßen vorgehen, wenn er zwei Herren, die gerade eingetroffen sind, um an seiner Party teilzunehmen, einander vorstellen will:

»Darf ich Sie bekannt machen, meine Herren? Herr von Karajan – Herr Curd Jürgens. Herr von Karajan ist Dirigent. Er hat soeben in Schweinfurt ein Beethoven-Konzert dirigiert und recht viel Applaus gehabt. – Herr Jürgens ist Schauspieler. Er wird demnächst wohl an einer nicht unbedeutenden Wiener Bühne gastieren dürfen ...« Spätestens an dieser Stelle käme es dann wohl zu Handgreiflichkeiten, und Prinz Johannes müßte neue Heftpflaster anlegen.

Nein, in der Welt des »O« geht es anders zu! Man kennt sich, nickt sich mehr oder weniger freundlich zu, steht in großer Pose herum, winkt vielleicht der kleinen Blonden, mit der man letzten Sommer in Kampen – oder war es Sylvester in Moritz? – so nett gebumst hat, ein »Hi, darling!« zu, überlegt, wie sie eigentlich heißt – Bambi oder Lämmchen oder Dörle? –, ruft der Gräfin Kitty, die gerade vorbeikommt, ein »Na, du altes Sumpfhuhn ...?« nach, was zugleich die Frage bedeutet, ob nachher noch bei ihr »was zu machen sei«, klopft (sofern man groß genug dazu ist) »dem lieben Bautz« Beitz und dem »alten Kuddel« Jürgens auf die Schulter, grinst (sofern man klein genug dazu ist) »dem göttlichen Herbert« von Karajan ins Gesicht, nachdem man »der lieben Eliette«, der Frau des Maestro, soeben etwas sehr Anzügliches ins Ohr geflüstert hat, fragt einen Herrn, der gerade vorbeikommt und den man zu kennen glaubt, ob er es auch so »zum Kotzen langweilig« finde, sieht dessen säuerliche Miene und erinnert sich nun, daß dies der Gastgeber war, eilt daraufhin zum kalten Büfett – sprich: Bühfeeh, wenn es o-ig sein soll – und sieht voller Grimm, wie sich die Baronin Renate von Holzschuher gerade den letzten halben Hummer nimmt, sucht nach etwas anderem Eßbaren, trifft die kleine Blonde wieder – heißt sie nicht Micky? –, beschließt, da sie es auch »zum Kotzen fad« findet, mit ihr »abzuhauen«, sagt »Tschau« zu Prinzessin Ilonka Wittgenstein, sieht, daß diese keinen Büstenhalter trägt und sich das leisten kann, bedauert nun bereits, daß man voreilig gewesen ist, die kleine Blonde mit der Samthaut zum gemeinsamen »Abhauen« aufzufordern, hört, wie gerade einer »Hi, Bärbel« zu ihr sagt – vielleicht ist es gar nicht die Bambi ...? –, ruft »Servus!« zur Gräfin Kitty hinüber, »Addio, maestro« zu Karajan, »Tschüß, Eliette« zu dessen Frau, geht zur Garderobe, die kleine Blonde mit der Samthaut am Arm, sagt dort: »Also, es war wirklich ganz reizend bei Ihnen, wirklich, leider müssen wir jetzt hopphopp zu einem Happening in Dingsda, haben es denen fest versprochen, also nochmals recht herzli ...«, unterbricht sich, weil man bemerkt hat, daß Prinz Johannes drinnen unter großem Juchhu echt goldene Erinnerungs-Medaillen verteilt, die eigens für diese lausige Party geprägt worden sind, der Mann, zu dem man geredet hat, also gar nicht der Gastgeber sein kann, ärgert sich, beschließt, sich auch noch so einen Goldtaler zu holen, ehe man geht, nicht weil man es nötig hätte, aber um Seine Durchlaucht zu schädigen, erfährt von der kleinen Blonden, die übrigens wohl doch die Mirzl aus Kampen ist – eine Nichte von der reichen Hohenlohe, so hat sie damals jedenfalls behauptet –, daß dieses wirklich ganz reizende, samthäutige kleine Luder – wie alt mag sie sein? Höchstens 18 ... – bereits zehn von den Gold-Ottos geklaut hat und nicht noch einmal in den Saal zurück will, bittet sie, einen Moment zu warten, trifft an der Tür den alten Pohle von Flick – nanu, was macht der hier? –, beginnt ein Gespräch über die Stahlflaute, schimpft auf die Roten in Bonn, das hört Pohle gern, und bringt ihn zu einer so gut wie festen Zusage wegen der Rollbahnen in Nairobi, kommt zu spät zur Goldtaler-Verteilung, geht wieder, findet an der Garderobe nur noch den Herrn, den man vorhin für den lieben Johannes gehalten hat – die Mirzl, das Luder, oder war es doch Bambi? Jedenfalls ist sie weg mit diesem Griechen, diesem alten Bock, diesem syphilitischen Tankerkrösus –, sagt zu dem Mann, der von der Seite wie der Thurn und Taxis aussieht, daß das »eine gottverdammte Scheiße« sei, wundert sich, warum dieser Kerl auch hierauf nichts erwidert, beschließt, sich ihm vorzustellen – »Kennen wir uns nicht? Ich bin ...« – vernimmt erschrocken, daß der Bursche auf einen Schrei von draußen – »Himmel, wo bleiben Sie denn, Fritz? Ich warte schon seit Stunden auf Sie!« – mit einem ängstlichen »Ich komme ja schon, gnä' Frau ...!« antwortet, sieht ihn sich eine Chauffeurmütze aufstülpen und enteilen, geht daraufhin rasch wieder hinein, an die Hausbar, um sich einen »trockenen Chivas, ganz ohne alles, klar?« geben zu lassen, bekommt zur Antwort, es sei leider nur noch »Vat 69« und »Kentucky Bourbon« da, erklärt, sehr von oben herab, daß einem andere Getränke als »Chivas Regal« vom Arzt streng verboten seien, kommt mit einer nerzgefiederten Vierzigerin ins Gespräch, die von ihrer Unterleibsoperation erzählen will, unter der Last etlicher Kilo Platin, Brillanten und Saphire fast zusammenbricht und von der man sich nur mit einem eilig gelispelten: »Verzeihen Sie, Gnädigste, aber ich muß absolut sofort etwas zu trinken holen, ich bekomme sonst einen Kreislauf-Kollaps!« wieder losreißen kann, trifft den Prinzen Johannes, der einen mit zur Tanzfläche, zum Sackhüpfen, schleppen will, sagt ihm, »eine so beschissene Party wie diese« hätte man überhaupt noch nicht erlebt, tritt dabei dem alten Pohle auf den Fuß, der sehr ärgerlich wird – und das ausgerechnet jetzt, wo wir mit den Rollbahnen für Nairobi fast perfekt sind! Hoffentlich platzt die Chose nicht! Warum geht der Mann nicht zur Hühneraugenpflege oder Pedikosmetik oder wie man das jetzt nennt? – entschuldigt sich, sieht die Ilonka Wittgenstein, die auch nicht Sackhüpfen will, geht mit ihr zur Bar – »Da saß eben eine Ziege, aufgedonnert wie eine prämierte Prachtsau, sag ich dir ...« – trinkt mit Ilonka zwei doppelte Bourbon »on the rocks«, sagt zu Ihrer Durchlaucht: »Also weißt du, Pinki, ich hab ja schon viele beschissene Parties gesehen, aber was sich der Johannes, dieses Arschl ...«, bricht ab, weil man das Mikrophon entdeckt hat, das auf der Bar steht, sieht Scheinwerfer aufflammen und hört das Schnattern einer uralten Arriflex-Kamera, sagt »Prinzessin« zu Pinki, lacht und winkt, ruft »Hi, mein Lieber!« zu Beitz hinüber, der daraufhin – oder ist es wegen des TV? – mit großen Schritten angestelzt kommt, sagt etwas geziert: »Also, vom rein Sportlichen her ist Anton weit überlegen, da kommt weder Cortina mit noch Kitz' noch Squaw Valley, findest du nicht, Liebling?« sieht die Scheinwerfer erlöschen und fährt fort: »Also, Pinki, laß das Arschloch seinen Scheiß-Bourbon allein saufen, ich habe noch Chivas im Wagen, hier ist es so stinklangweilig, daß einem die kalte Kotze hochkommt, findest du nicht auch? Komm, laß uns endlich gehen – du willst doch auch lieber bumsen, oder nicht? Na also, Pinki . . . !« – Sehen Sie, das ist »O«!

Es wäre indessen verfehlt, wollte man annehmen, daß rüde Sprechweise allein als Klassenzugehörigkeits-Indikator ausreicht. Sie muß vielmehr ganz ungezwungen – »reizend natürlich« – hervorsprudeln, jederzeit durch gepflegtes Blabla abgelöst werden können und gelegentlich umschlagen in völlig »un-o-ige« Formulierungen wie »Laß uns auf dieser kuscheligen Liege Platz nehmen, sie ist so hautfreundlich!« oder »Meine ›Rolex‹ zeigt mir, daß es 19.58 Uhr ist, unten wartet mein 280 SE-Zweitwagen, und ich habe mir gerade durch zweimaligen Druck auf diese handliche Spraydose Sicherheit für die ganze Nacht verschafft – lassen Sie uns, Herr Graf, sobald Sie Ihren nerzgefütterten Ulster angelegt haben, zu den ›Vier Jahreszeiten‹ aufbrechen und dort speisen«, worauf man dem eilig in seinen Paletot geschlüpften Kavalier den Arm reicht, den dieser behutsam ergreift, wobei er erklärt: »Ich bin so frei!«

Solcher Spott ist dem erlaubt, der sich seines »O«seins völlig sicher ist. Jung-Aufsteiger können davon aber auch profitieren: Wenn sie nicht genau wissen, ob man bei Generalkonsul Dr. h. c. Erwein ter Möhlen »Serviette« sagt oder »Mundtuch«, so brauchen sie nur das eine oder das andere mit leicht ironischem Unterton auszusprechen; dann ist es entweder richtig »O« oder etwas »Un-o-iges«, das aber durch die Ironie, die sie hineingelegt haben, salonfähig wird. So einfach ist das.

Doch bevor es so einfach wird, haben junge Aufsteiger gewaltige Anstrengungen zu machen; sie müssen es ja erst einmal soweit bringen, daß sie von Generalkonsul ter Möhlen überhaupt für würdig befunden werden, in den Genuß einer Einladung zum Essen – und dann auch zu einer Serviette mit handgesticktem Monogramm »EtM« (= Elfriede ter Möhlen, geborene Hackeklein) – zu gelangen.

Der Aufstieg bis in solche stolzen Höhen ist steil, dornig und reich an Absturzgefahren, und deshalb seien anhand zweier sehr lehrreicher Beispiele, eines männlichen und eines weiblichen, etliche interessante Möglichkeiten aufgezeigt, die Strapazen und Risiken auf ein eben noch erträgliches Maß zu verringern.

Ladies First (Damen haben den Vortritt)

Früh zu Bett und früh wieder auf, macht gesund und reich im Kauf, so lautet, in freier Übersetzung, ein Ratschlag Benjamin Franklins, der in seinem Werk »Der Weg zum Reichtum« noch erläutert wird. Der große amerikanische Staatsmann und Erfinder (beispielsweise des Blitzableiters), der anno 1706 zu Boston, Massachusetts, als fünfzehntes Kind eines Seifensieders zur Welt kam und 1776 die Ausgabe des ersten amerikanischen Papiergeldes aus eigenem Vermögen decken zu helfen vermochte, wollte mit seinem Rat, sich früh zu Bett zu begeben, vornehmlich warnen vor alledem, was wir heute unter dem Begriff »Nachtleben« zusammenfassen. Doch er wäre gewiß – oder sagen wir besser: vielleicht – entzückt, böten wir ihm noch eine ganz andere Auslegung seines Sprichwortes an und dazu auch gleich noch einen Beweis für die Korrektheit seiner Schlußfolgerungen, auch bei gänzlich anderer Auslegung des von ihm empfohlenen frühen Insbettkommens, und zwar im noch zu schildernden Falle einer nun nicht mehr ganz jungen, aber immer noch sehr attraktiven Dame, die heute zu den angesehensten Mitgliedern der europäischen High Society zählt, sehr beträchtliches eigenes Vermögen besitzt, als umfassend gebildet und lebenserfahren gelten kann, sehr chic, ganz »O«, völlig *»in«* ist und sich einer vorzüglichen Gesundheit erfreut, zu deren regelmäßiger Überwachung ihr die besten Spezialisten der Welt zur Verfügung stehen.

Die Dame, deren glänzende Karriere zielstrebigen Jungaufsteigerinnen zur Ermunterung, zur Anleitung und zum idealen Vorbild dienen soll, kam Anfang der zwanziger Jahre zu Köln-Kalk, einem Vorort im leider verachteten rechtsrheinischen Teil der Domstadt, als drittes Kind des städtischen Straßenbahndepotarbeiters Karl Wilhelm Eusebius Schmitz und dessen zweiter Gemahlin, Frau Appollonia (»Plönn«) Waltraud, geborener Frechenich, verwitweter Adameit, an einem Sonntagmorgen zur Welt, wurde auf die Namen Maria Apollonia Anna Ehrentrudis getauft und kam mit sechs Jahren in die Volksschule zu Kalk, bald darauf auch zur ersten Heiligen Kommunion, nachdem sie einige Monate lang von Kaplan Wallenreuther in Fragen des Glaubens und der Sitte unterwiesen worden war, gemeinsam mit zwei Dutzend anderen rotznasigen Kalker Arbeiter- und Handwerkerkindern.

Mit zwölf Jahren – »Mia«, wie sie genannt wurde, war ein kräftiges, gesundes, auch ganz hübsches und aufgewecktes Mädchen geworden – begann, neben weiterem Volksschulbesuch, der Ernst des Lebens für sie insofern, als sie in der nahen Metzgerei von

Quirin Krings jeden Mittag und Abend den Laden sowie den hinteren Kühlraum zu putzen hatte. Bereits nach sehr kurzer Zeit trat Mia auch in intime Beziehungen zu Herrn Krings senior, einem stattlichen, nur etwas kurzatmigen Mittfünfziger, der das, was Mia ihm an (erbetenen) Gefälligkeiten erwies, mit Fleisch- und Wurstwaren, weit über das vereinbarte Deputat hinaus, recht großzügig zu vergelten pflegte, so daß die Schmitzens keinen Mangel mehr litten, zumal Mia auch Schmalz, Mehl, Brühwürfel, Gurken und Fleischsalate heimbrachte, ganz zu schweigen von den vielen kleinen und großen Geldstücken, die sie beim Aufwischen des Bodens unter den Holzgittern, mit denen er hinter der Ladentheke ausgelegt war, in der Nähe der Registrierkasse fand und die sie selbstverständlich nur zum geringsten Teil der Meisterin, einer ungewöhnlich korpulenten Blondine, aushändigte, vielmehr *in summa* einmal im Monat auf die Sparkasse trug.

Mia, die in ihrer Volksschulklasse zu den Besten zählte, war indessen nicht nur sparsam und fleißig, sondern auch tugendhafter als die meisten Mädchen im Viertel. Sie ließ sich weder auf unanständige Spiele mit Jungen ein noch sah man sie, als sie sich dem fünfzehnten Lebensjahr näherte, abends mit den Burschen herumlungern. Dem Rat ihrer älteren Schwester folgend, bewahrte sie ihre Jungfernschaft für »etwas Besseres« auf, und dieses Prinzip respektierte auch Meister Krings, zumal ihm dadurch unnötige Sorgen erspart blieben.

Das Bessere kam jedoch schon bald, denn mit fünfzehn Jahren und dem Abgangszeugnis der Volksschule trat Mia in den Dienst eines Herrn, der zur Hautevolée der Domstadt zählte. Besagter Herr, bei dem sie, wie sie damals noch sagte, »in Stellung ging«, war ein lebensfroher, sehr wohlhabender Junggeselle von Ende fünfzig, der in einem hochherrschaftlichen Haus am Sachsenring, das ihm gehörte, eine mit vielen schönen alten Möbeln eingerichtete Wohnung hatte. Herr Schaepen-Guilleaume – so hieß Mias neuer Dienstherr – verkehrte in ersten Kreisen, war Mitglied der vornehmsten Karnevalsgesellschaft, Förderer zahlreicher Vereine, handelte mit Antiquitäten und zählte zu den Stammgästen des Weinhauses Zum Walfisch, wo er auch die meisten Mahlzeiten einzunehmen pflegte, so daß er an die Kochkünste seines neuen Dienstmädchens keine großen Anforderungen stellte. Ja, er beachtete Mia anfangs kaum, doch das änderte sich rasch und gründlich, als er einmal mit einer leichten Grippe das Bett hüten mußte. Mia benutzte die Gelegenheit, mit ihrem neuen Chef endlich in engeren Kontakt zu kommen, auf zweierlei Weise, und sie hatte damit einen doppelten Erfolg. Zum einen offenbarte sie ihm, während sie in seinem Zimmer Staub wischte und Ordnung machte, ihren Bildungshunger (der übrigens im wesentlichen gesellschaftlicher Ehrgeiz war), indem sie ihm, schüchtern erst, dann mit nachlassender Scheu, allerlei Fragen stellte, etwa die Vorzüge ungeputzten alten Zinns oder die Unterschiede zwischen Meißner und Sèvres-Porzellan betreffend, ergänzt durch die Bitte, sich das eine oder andere Buch darüber aus der Bibliothek des Hausherrn ausleihen zu dürfen; zum anderen aber ließ sie ihre sich gerade erst kräftig entwickelnden weiblichen Reize – scheinbar ganz unbewußt – auf den dafür durchaus noch empfänglichen Chef einwirken.

Das Resultat dieser Doppelstrategie war verblüffend, sogar für Mia selbst, die Herr Schaepen-Guilleaume übrigens in »Marianne« umbenannte, was ihm weniger vulgär erschien, denn er war ein Ästhet. Er nahm sie, als sie sich zu ihm setzte, dann nicht nur in sein Bett und weihte sie, die auch wir nun Marianne nennen wollen, in alle Geheimnisse der Liebe ein (die ihr im wesentlichen, wenn auch zum Teil nur theoretisch, bereits gut bekannt waren), sondern auch in die der Kunst und des Lebensgenusses. So brachte er ihr bei, Louis Quinze-Möbel von denen aus der Zeit des sechzehnten Ludwig zu unterscheiden (und die Bezeichnungen richtig auszusprechen), eine alte Buchara-Brücke einem nagelneuen Afghan vorzuziehen, beim Zumundeführen einer Tasse nicht den kleinen Finger abzuspreizen, zu Meeresfrüchten einen sehr trockenen Chablis anstatt lieblichen Mosel zu trinken (oder besser noch einen Pouilly), mit Lippenstift sehr sparsam umzugehen, hochdeutsch zu sprechen anstatt kölsch und vieles andere mehr – natürlich nicht alles auf einmal, sondern nach und nach, denn seine Beziehungen zu der noch nicht sechzehnjährigen Marianne blieben nicht auf die kurze Zeit seiner Bettlägerigkeit beschränkt, sondern entwickelten sich zu einer andauernden tiefen Leidenschaft.

Obwohl (oder auch weil) Marianne niemals irgendwelche Forderungen stellte, schenkte er ihr fast täglich irgend etwas – ein hübsches Kleidchen, eine Flasche Parfüm, ein Koffergrammophon oder ein halbes Dutzend Paar hauchdünne Strümpfe in Modefarben. Er ließ sie auch auf seine Kosten in der Berlitz-Schule einen Französisch-Kurs absolvieren und freute sich über ihre raschen Erfolge. Und als sie siebzehn Jahre alt geworden war, da kaufte er ihr sogar ein Abendkleid und nahm sie mit zu einem großen gesellschaftlichen Ereignis, der Karnevalsprinzen-Kürung im Gürzenich, und stellte sie dem Oberbürgermeister und den Honoratioren als seine Nichte vor. Als Marianne dann von diesen Herren als »gnädiges Fräulein« angeredet wurde, da fühlte sie sich, obwohl sie es damals noch anders ausgedrückt hätte, bereits ganz und gar »in« ...

Bald darauf erkrankte Herr Schaepen-Guilleaume ernstlich, kam in die Bonner Universitätsklinik und verstarb, ohne Marianne noch einmal wiedergesehen zu haben. Für diese war sein Tod ein schwerer Schlag, denn sie hatte ihn ganz gern gemocht, auch gehofft, daß er sie noch heiraten würde. Es zeigte sich dann, daß sie auch so zufrieden sein konnte, denn sie erbte ein Legat von fünfzigtausend Mark, von dem sie – einem Rat ihres toten Lehrmeisters folgend – etwa die Hälfte heimlich, denn es herrschte zu jener Zeit strenge Devisenbewirtschaftung, in die Schweiz brachte und bei einer Bank deponierte.

Dann zog sie nach Berlin, mietete sich, da sie dort niemanden kannte, in der Nähe des Kurfürstendamms ein möbliertes Zimmer in einer eleganten Pension und suchte sich, nachdem sie sich ein wenig umgesehen und ihre Garderobe ergänzt hatte, anhand von Zeitungsinseraten eine Stellung, wobei sie sehr wählerisch vorging. Nach etwa vier Wochen geriet sie an eine Firma, die – wie sie sehr bald merkte – eine getarnte Dienststelle des Reichssicherheitshauptamtes der SS, Abteilung Ausland-Abwehr, war, doch das legere Betriebsklima, die zahlreichen Vorteile, die die kleine und sehr liquide »Firma« ihr bot, und die noch sehr jungen, ziemlich forschen Chefs sagten Marianne zu. Umgekehrt war sie, wie ihr rasch bewußt wurde, den meist aus kleinbürgerlichem Milieu stammenden SS-Führern in Zivil, die sich »dienstlich« in den eleganten Grandhotels, auf Gesellschaften des diplomatischen Corps oder in den Golf- und Tennisklubs bewegen mußten und sich dabei noch ziemlich unsicher fühlten, eine bald unentbehrliche Hilfe.

Binnen kurzem war Marianne, die übrigens politisch indifferent blieb, nur gelegentlich »geschmacklose Sachen« rügte, auf »Firmen«kosten Englisch lernte, ihre Chefs recht burschikos, doch mit erstaunlich sicherem Gefühl in gesellschaftlichen Fragen beriet, auch mit ihnen allen in, wie sie es nannte, »kameradschaftlicher«, jedwede Komplikation vermeidender Weise schlief und bei den zahlreichen Festen der »Firma« als Gastgeberin fungierte, eine bekannte und allgemein bewunderte Erscheinung der Berliner Hautevolée des letzten Vorkriegsjahres und in einem Maße »o« und »in«, das ihren verstorbenen Lehrmeister entzückt hätte. So erlebte sie den Krieg, der bald begann, wie sie ferne Begleitmusik zu einer amüsanten Gesellschaftskomödie, hatte keinerlei Nahrungs- oder Kleidungsprobleme, eine stattliche Reihe teils »dienstlicher«, teils »kameradschaftlicher« und nur vereinzelt ganz privater Liebhaber, so gute Informationen, daß sie für das böse Ende, das in absehbarer Zeit bevorstand, allerlei Vorkehrungen treffen konnte, und die Möglichkeit, Gold, Brillanten und Devisen zu horten, auch ihr Konto in der Schweiz fleißig zu vermehren.

Den bedeutendsten Vermögenszuwachs verdankte sie der Bekanntschaft mit einem jungen Mann, den sie in der italienischen Botschaft kennenlernte und dessen Name, wie sie wußte, auf einer für sein Leben sehr bedrohlichen Anweisung einer übergeordneten Dienststelle stand. Der junge Mann schien sich der Gefahr,

in der er schwebte, durchaus bewußt zu sein, denn er machte
Marianne das Angebot, eine halbe Million Dollar in der Schweiz
zu ihrer Verfügung zu stellen, falls sie ihm damit eine rasche
Ausreise ermöglichen könnte. Vermutlich glaubte er, sie werde,
falls sie überhaupt auf den Vorschlag einging, das Geld zur Be-
stechung des einen oder anderen sehr hohen Funktionärs benötigen, aber Marianne dachte nicht im Traum daran, auch nur
einen Cent in fremde Hände gelangen zu lassen. Sie überwand
ihren heimlichen Ekel vor einem der mächtigsten Männer des
ihrer »Firma« übergeordneten Amtes, schlief mit ihm ein paar
Wochen lang, bis sie von einer ungarischen Schauspielerin endlich
abgelöst wurde, und überließ die von dem großen Boß im Aus-
tausch gegen diese Liaison vorher ausbedungene Ausreisegeneh-
migung dem gefährdeten jungen Mann, sobald er ihr die Gut-
schrift des vereinbarten Betrages auf ihrem Konto in der Schweiz
nachzuweisen imstande war. Sie brachte es sogar fertig, bei ihm
den Eindruck einer Wohltäterin zu erwecken, die sich um seinet-
willen in Lebensgefahr begeben hatte, ohne den geringsten eigenen Vorteil bei dem Geschäft zu haben – ein Umstand, der sich
später als sehr nützlich erweisen sollte, als der von ihr Gerettete,
Sohn eines amerikanischen Industriellen, nach Kriegsende als
Besatzungsoffizier nach Deutschland zurückkehrte ...

Die Weltuntergangsstimmung, die ihre Umgebung ergriff, als
sich ein Jahr später die Rote Armee der Oder zu nähern begann,
benutzte Marianne, einen jungen Luftwaffen-Offizier, der als
Kurier für einen Tag nach Berlin gekommen war und den sie
im »Venezia«, einem markenfreien Schlemmerlokal am Kurfürstendamm, das nur Eingeweihte kannten, aufgegabelt und sehr
nett gefunden hatte, dadurch vor eiliger Rückkehr an die Front
und fast sicherem Tod zu retten, daß sie kurzentschlossen für ihn
und sich eine Heiratsgenehmigung nebst drei Tagen Sonderur-
laub nach vollzogener Trauung erwirkte.

Die nächsten fünf Tage und Nächte waren eine einzige wilde,
aus den unerschöpflichen Vorräten der »Firma« mit Unmengen
von Champagner und edlen Spirituosen angefeuerte, zeitweise
orgiastische Parodie auf Verlobungsfeier, Polterabend und Hochzeit. Weder die Braut noch der Bräutigam konnten sich erinnern,
ob, gegebenenfalls von wem und wie sie eigentlich getraut worden waren.

Am sechsten Tag mußte der junge Ehemann wieder an die Front
und fiel noch im Laufe der folgenden Woche bei der Verteidigung
eines Oder-Brückenkopfes. Unter seinen Wertsachen und Papie-
ren befand sich auch ein kurzer Brief an Marianne sowie ein
Trauschein des Standesamtes Berlin-Wilmersdorf. Diesen Schrift-
stücken, die Marianne ein paar Tage später zugestellt wurden,
konnte sie entnehmen, daß sie nun eine – knapp dreiundzwanzig-
jährige – Hauptmannswitwe mit Pensionsansprüchen war und

seit kurzem amtlich »Maria Apollonia Anna Ehrentrudis Gräfin de la Ferrière und d'Herblais von und zu Königswarth*«
hieß.

Einem letzten Wunsch ihres gefallenen Gemahls entsprechend,
sollte sich Marianne eiligst von Berlin weg und »auf die Marienburg« begeben. Als Kölnerin dachte sie zunächst an »die Marienburg«, das vornehmste Villenviertel der Domstadt; ihre Freunde
in der »Firma« fürchteten, es könnte nur die alte Ordensburg in
der Nähe von Danzig gemeint sein, die sich leider längst in den
Händen »des Iwans« befand. Doch es ergab sich dann, daß Mariannes künftiger Aufenthalt das erst gegen Ende des vorigen
Jahrhunderts in pseudo-mittelalterlichem Stil erbaute Welfenschloß Marienburg auf dem Schulenberg bei Springe an der Leine
sein sollte, das dem vormals regierenden Herzog von Braunschweig gehörte, Seiner Königlichen Hoheit Ernst August, Prinz
von Hannover, von Großbritannien und Irland, Herzog zu
Braunschweig und Lüneburg.

Marianne bekam von ihrer »Firma« einen »Marschbefehl« sowie
den Auftrag, zwei Kisten mit Geheimmaterial (vornehmlich
Cognac der Marke »Hennessy V. S. O. P.«) nach Schloß Marienburg zu »verlagern«, dazu einen Dienstwagen mit Fahrer, und
verließ Berlin, wohlausgestattet mit Garderobe, Schmuck, Gold,
Devisen und Proviant, gerade noch rechtzeitig vor der endgülti-
gen Einschließung der Stadt durch die Rote Armee. Sie wurde
an ihrem Reiseziel sehr freundlich aufgenommen und erlebte das
Kriegsende und die Wirren der ersten Besatzungsmonate in sicherem Abstand von allen Unannehmlichkeiten und im Schutz des
über dem Welfenschloß flatternden *Union Jack*, den Seine Königliche Hoheit, der Hausherr, als Prinz von Großbritannien vor-
sichtshalber hatte hissen lassen . . .

Marianne war eben ein Sonntagskind. Das zeigte sich auch, als
sie im Herbst 1945 von niederrheinischen Amtsgerichten und
Katasterämtern, einer Düsseldorfer Privatbank und der gräflich
de la Ferrière und d'Herblais'schen Güter-, Forst- und Liegen-
schaftsverwaltung Nachrichten erhielt, die ihr eine Vorstellung
von dem enormen Umfang des Erbes gaben, das ihr von ihrem
kurzfristigen Gemahl hinterlassen worden war. Allein der – zum
Teil auch städtische – Grundbesitz, die beiden Schlösser und die
wertvolle Gemäldesammlung verdreifachten ihr ohnehin schon
beträchtliches Vermögen, und später sollten sich die Industrie-
aktien im Depot der Düsseldorfer Bank als ein Aktivposten erweisen, der alles andere in den Schatten stellte.

Wir täten übrigens Marianne bitter Unrecht, wollten wir annehmen, daß es ihr bei der Vermählung mit dem ihr fast unbekannten
Hauptmann um dessen Vermögen gegangen wäre. Ausnahms-
weise hatte sie dabei keinerlei materielle Vorteile im Auge gehabt.

* Der Name wurde aus Gründen der Pietät geringfügig verändert.

Das einzige, das sie – neben etwas Mitleid mit dem so netten und wohlerzogenen jungen Mann – zu ihrem plötzlichen Entschluß bewogen hatte, war der Wunsch, so rasch wie möglich Namen und Background zu wechseln ...

Inzwischen ist mehr als ein Vierteljahrhundert vergangen. Aus Marianne, der ursprünglichen Mia Schmitz aus Kalk, nachmaligen Gräfin de la Ferrière und d'Herblais, wie sie sich kurz nannte, ist längst eine Lady Mary-Ann geworden, die mit dem jüngeren Sohn eines britischen Herzogs verheiratet ist und – neben einer piekfeinen Stadtwohnung in London S. W. 1, einem Landsitz in Buckinghamshire, einer Zwölf-Zimmer-Eigentums-Etage in Paris, Avenue Foch*, einer hübschen Villa am Cap d'Antibes und einer weiteren in Nassau, Bahamas – auch ein vornehmes altes Palais am Düsseldorfer Hofgarten ihr eigen nennt, von wo aus sie als immer noch sehr aktive und attraktive Vierzigerin sich in sehr dezenter – und für sie lukrativer – Weise der Public Relations eines bedeutenden internationalen Erdöl- und Chemie-Konzerns annimmt, auch dessen diverser Anliegen an mitunter zunächst störrische, am Ende aber für ihre Argumente dann doch aufgeschlossene Gesetzgeber.
Sie ist mit Konzernbossen, Erzbischöfen, Rennstallbesitzern, Bankiers und Ministern befreundet und einem – gelegentlich auch intensiven – Flirt mit diesen Herren selten abgeneigt, die Erzbischöfe dabei ausgenommen. Den eigenen Mann trifft sie nur gelegentlich, in Ascot oder Deauville, und sie ist dann vorbildlich nett zu ihm, obwohl er sich aus ihr – wie aus Frauen überhaupt – gar nichts macht. Immerhin hat er sie ja, wenn auch nicht ganz freiwillig, geheiratet und entging so – aber das ist eine lange, besser nicht wieder hervorgekramte, recht eigen- und etwas abartige, ja fast dämonisch zu nennende Geschichte – einer Verurteilung zu langer Zwangsarbeit in einem besonders intoleranten und klimatisch ungünstigen Land. Wenn demnächst – es ist nur noch eine Frage von Wochen – der ältere Bruder ihres Gemahls, der seit über zwanzig Jahren in einer privaten geschlossenen Anstalt untergebracht ist, von seinen Leiden erlöst sein wird, bekommt Marianne den Titel einer Marchioness. Und Mariannes Schwiegervater wird bald darauf – so ist es abgemacht – seinen gesamten, auf etwa dreißig Millionen Pfund Sterling geschätzten Grund- und Aktienbesitz auf Mariannes Mann übertragen, wodurch – sofern der alte Herzog dann noch fünf Jahre lebt, aber dafür wird Marianne schon sorgen – die enorm hohe Erbschaftssteuer gespart wird. Sie bekommt übrigens die alleinige Verfügungsgewalt über das herzogliche Familienvermögen, wodurch ein Entmündigungsverfahren vermieden wird, das bei der Le-

* Selbstverständlich auf der Straßenseite mit den geraden Hausnummern, die absolut »o« ist, während die »ungerade Seite« nur von denen für vornehm gehalten wird, die dort wohnen.

bensweise ihres Gatten sonst unumgänglich wäre. Ja, und eines Tages wird sie Herzogin werden ...

Schon heute verkehrt sie, die »tapfere junge Frau, die auf eigenen Füßen steht«, an mehreren europäischen Königshöfen und in den Familien zahlreicher Staatspräsidenten, nimmt sich nicht nur – übrigens gemeinsam mit der schönen Frau Dr. Gabriele Henkel und dem rüstigen Playboy und Kunstfreund Gunter Sachs – des »Modern Art Museums« in der Münchener Prinzregentenstraße an, sondern auch – als Kuratoriumsmitglied – des »Musée de l'Art Moderne« zu Paris, Avenue de New York, sitzt in den Ehrenpräsidien zahlreicher Vereinigungen unterschiedlichster Art, von der »International Groenendaels' Breeders' Association« über den »Nassau Yacht Club« bis zur »Distressed Gentlefolk's Aid Society«. Sie hat ihre eigene Loge in der »Royal Albert Hall«, darf den Chef des Pariser Bankhauses Rothschild »Guy« nennen, die Fürstin Bismarck »Ann-Mari« und den Onassis- und Kennedy-Schwager, Prinz Stanislaus Radziwill, schlicht »Stasch«.

Diese wenigen, ganz wahllosen Beispiele zeigen bereits, daß Mia Schmitz, nunmehrige Lady (und künftige Herzogin) Mary-Anne, in hohem Maße »in« ist, vielleicht – dieser Komparativ sei ausnahmsweise gestattet – »inner« als die meisten ihrer vornehmen Freunde und Bekannten. Sie hat es geschafft. Sie ist »o«, ganz »o«. Und sie kann von sich sagen, daß sie, wie Benjamin Franklin, von Kindesbeinen an fleißig gewesen ist, nach dem Sprichwort »Sich regen, bringt Segen« gehandelt und sich niemandem einfach so hingegeben hat, wie es die jungen Mädchen heutzutage tun, die mit jedem Kerl, der ihnen gerade gefällt, unbekümmert ins Bett steigen ...

Mia Schmitz, die Multimillionärin, Gattin eines künftigen Pairs von England und »liebste Lady Mary-Anne« der internationalen High Society, könnte von manchen, denen die Einsicht in die gesellschaftlichen Zusammenhänge noch fehlt, für im Grunde kaum etwas anderes gehalten werden als eine jener Damen, die man früher Kokotten nannte.

Das aber wäre eine unzulässige Vereinfachung, zudem sehr »un-o-ig« und auch eine völlige Verkennung der Tatsache, daß der Unterschied zwischen einer »anständigen« und einer unanständigen Frau nichts mit Sitte und Moral zu tun hat, sondern mit Klassenzugehörigkeit. Schon Kurt Tucholsky bemerkte in seiner »So verschieden ist es im menschlichen Leben –!« betitelten Sammlung von Aperçus: »Der Kerl versteht nichts von Frauen. Den feinen Damen bietet er Geld an, und auf die Huren macht er Gedichte. Und damit hat er auch noch Erfolg!« *So* ist das. Wollte man allen Herzoginnen, Magnatengattinnen und Industriekapitänsgemahlinnen, die selbst oder deren Mütter und Großmütter aus dem Rinnstein einer Arbeitervorstadt und vornehmlich durch gezielten Einsatz von wohlgeformten Beinen, Bäckchen und Busen in die internationale High Society aufgestiegen sind, ihren Rang absprechen, so müßten sich die wenigen, die übrigblieben, entsetzlich langweilen.

Zudem wäre es sehr ungerecht gegenüber dem schönen Geschlecht, denn auch bei den Herren der Schöpfung soll es ja gelegentlich vorkommen, daß sie nahezu alles, was sie sind, allein ihren Fähigkeiten im Bett (einer Dame oder auch eines anderen Herrn) zu verdanken haben, mitunter nicht einmal solcher – dann gar nicht oder nur unzulänglich erbrachten – Leistung, sondern nur dem Versprechen, sie zu erbringen …

Doch lassen wir dieses bedeutsame Thema auf sich beruhen – es verdient eine sehr viel ausführlichere Behandlung, als sie im Rahmen dieser umfassenden Untersuchung möglich ist –, und wenden wir uns nun, Lady Mary-Ann wegen deren Altersversorgung völlig beruhigt zurücklassend, dem zweiten und letzten Beispiel eines glanzvollen, diesmal männlichen Aufstiegs zu, wobei unser Held alles andere als ein Bettkarrierist ist – dies jedoch keineswegs aus Mangel an Potenz, darf er sich doch, was er auch sehr häufig tut, als »top fit« bezeichnen.

GENERALDIREKTOR DR. EBERHARD C.(icero) TRIMM-BABENHAUSEN, 44, erblickte das Licht der Welt zu Babenhausen an der Günz, Kreis Illertissen, im bayerischen Regierungsbezirk Schwaben, als die »Goldenen zwanziger« Jahre gerade zu Ende gingen und die Weltwirtschaftskrise begann. Von dieser spürte der Knabe als fünftes von insgesamt elf Kindern des fürstlich Fuggerschen Rentamtsobersekretärs Alois Trimm und dessen Ehefrau Anna Maria, geborener Hinterzartner, so gut wie nichts, war doch in der Familie immer, ob Boom oder Krise herrschte, Schmalhans Küchenmeister.

Immerhin durfte der Knabe Eberhard, nach Bewilligung eines väterlicherseits gestellten Antrags auf Schulgelderlaß, der vom Rektor der Volksschule befürwortet wurde, und nach gnädiger Gewährung einer Studienbeihilfe durch Seine Durchlaucht Fürst Friedrich Carl Georg Maria Fugger von Babenhausen, Herr zu Boos, Heimertingen, Wald, Wellenburg, Burgwalden und Markt, Graf von Kirchberg und Weißenhorn, in Höhe von monatlich zehn Mark, die Oberrealschule zu Illertissen absolvieren. Diese Schulzeit fiel in die Epoche des »Tausendjährigen Reiches« und wurde, wie dieses durch äußere Einwirkungen jäh verkürzt. Eberhard, der sich als Sohn gutkatholischer Eltern und Fugger-Stipendiat zunächst von Jungvolk und Hitlerjugend zurückgehalten hatte, holte dieses Versäumnis etwa von Quinta an mit soviel Eifer nach, daß er es noch bis zum Fähnleinführer brachte. Als solcher mußte er sich natürlich zu gegebener Zeit freiwillig melden, kam Anfang 1945, nach bestandenem Notabitur und kurzem Fahnenjunker-Lehrgang, als gerade siebzehnjähriger Fähnrich an die Westfront, wurde zweimal verwundet, mit dem Eisernen Kreuz erster und zweiter Klasse ausgezeichnet, am 20. April 1945, »Führers« letztem Geburtstag, zum Leutnant und dann gerade noch so rechtzeitig in ein süddeutsches Lazarett befördert, daß er nicht in Kriegsgefangenschaft geriet und gleich nach Wiedereröffnung der Universitäten das Studium der Volkswirtschaft beginnen konnte.

Vier Jahre später – die Währungsreform hatte den bis dahin von Eberhard genutzten Möglichkeiten einer Finanzierung des Lebensunterhaltes durch Schwarzhandel just ein Ende bereitet – trat der hoffnungsvolle, weil »*cum laude*« promovierte Doktor der Volkswirtschaft Eberhard C. Trimm seine erste Position in der Wirtschaft an: Er wurde Assistent des Hauptgeschäftsführers einer Spitzenorganisation des Kreditgewerbes mit zunächst achthundert Mark Monatsgehalt, das aber bald in ein Jahressalär von zwanzigtausend Mark umgewandelt wurde, denn Dr. Trimm wurde von seinem Chef ungemein geschätzt. Daß er überhaupt eingestellt worden war, verdankte er mehreren Umständen: Er war Offizier gewesen, zuletzt sogar Kompanieführer, wenngleich diese Kompanie nur noch aus anderthalb Dutzend zerlumpten Gestalten bestanden hatte; er war politisch unbelastet, denn seine mehr kindergärtnerische Tätigkeit als Fähnleinführer des Babenhausener Jungvolks zählte ja nicht; er war an der Universität Mitglied des Rings Christlich-Demokratischer Studenten sowie einer farbentragenden katholischen Verbindung geworden, seit kurzem der Jungen Union beigetreten und hatte sich auch der Moralischen Aufrüstung angeschlossen; das fürstlich Fuggersche Rentamt hatte ihm »gutbürgerliche Herkunft, durch ein Stipendium gewürdigten Fleiß, gefestigte christ-katholische Glaubenstreue, auch in Notzeiten, sowie untadeligen Lebenswandel« zu bescheinigen vermocht, und er machte einen wirklich vorzüglichen Eindruck: Groß, schlank, blond und breitschultrig, stets korrekt gekleidet, mit kurzgeschnittenen, glatten, sorgfältig gescheitelten Haaren, funkelnder, schwarzgeränderter Brille und zwei – von seiner Kriegsverletzung herrührenden – wie Mensur-»Schmisse« aussehenden Gesichtsnarben, wirkte Dr. Eberhard C. Trimm ungemein zuverlässig, loyal, strebsam und vor allem bescheiden, auch sehr ehrgeizig, aber das, so fand sein neuer Chef, schadete ja nichts.

Dr. Trimm brachte von der Universität die allerneuesten Erkenntnisse und Methoden mit, auch eine Fülle von – meist angelsächsischen – Fachausdrücken, die seinem Vorgesetzten, Hauptgeschäftsführer Dr. Egon Treuwasser, anfangs fremd waren. Doch der junge Mann verstand es, Dr. Treuwasser damit nicht in Verlegenheit zu bringen, im Gegenteil: Dritten gegenüber, zumal in Ausschußsitzungen, stellte er sein Licht unter den Scheffel und ließ alle guten Ideen und Anregungen als Einfälle seines Chefs erscheinen. Er informierte Dr. Treuwasser über alles, was in dessen Verband vorging, zumal über das, was über ihn, den Hauptgeschäftsführer, gesprochen wurde, schonte dabei niemanden und trieb seine Loyalität so weit, daß er, wenn einer der anderen leitenden Herren in Abwesenheit Dr. Treuwasser irgendeinen Vorgang einzusehen wünschte, dies solange zu verzögern verstand, bis er das Einverständnis seines Chefs eingeholt hatte. Als einmal frühmorgens das Bundeskanzleramt anrief und bat, den Präsidenten des Verbandes, einen alten Bankier von legendärer Schläue, davon zu verständigen, daß Herr Dr. Adenauer ihn dringend unter vier Augen zu sprechen wünsche, da hielt Dr. Trimm die Chefsekretärin davon ab, dem alten Herrn, der gerade im Hause war und im Nebenzimmer mit dem stellvertretenden Hauptgeschäftsführer und Abteilungsleiter »Steuerfragen«, Dr. Heribert Türmer, über Bunzlauer Keramik, ihr gemeinsames Steckenpferd, plauderte, nun sogleich diese wichtige und eilige Nachricht zu übermitteln. Er telefonierte vielmehr erst hinter Dr. Treuwasser her, der auf Dienstreise war, erwischte ihn schließlich in der Wartehalle des Mailänder Flughafens und verband alsdann den von soviel Eifer und Treue angenehm überraschten Chef, nachdem er ihn ins Bild gesetzt hatte, mit dem Nebenzimmer, damit er selbst dem davon sehr beeindruckten Verbandspräsidenten die Botschaft des Bundeskanzlers ausrichten konnte.

Auf solche und ähnliche Weise befestigte Dr. Trimm seine Position, nahm dafür gern die Antipathie der vier Abteilungsleiter in Kauf, von denen bald keiner mehr das volle Vertrauen Dr. Treuwassers besaß, und ließ sich von seinem Chef, als dieser nach zwei Jahren mit dem Jüngsten der vier in einen ernsten, halb dienstlichen, halb privaten, von Dr. Trimm geschickt herbeigeführten und dann sorgfältig genährten Konflikt geriet, an dessen Stelle zum Abteilungsleiter machen.

Dieser Posten, verbunden mit der Stellung eines – gemeinsam mit einem der drei anderen zeichnenden – Geschäftsführers des sehr angesehenen Verbandes, galt als Sprungbrett, von dem aus man in den Vorstand einer Großbank und damit auf einen der höchstdotierten und einflußreichsten Posten in der gesamten Wirtschaft hechten konnte. Indessen war Dr. Trimm, der nun, da er nicht mehr der bloße Schatten des Chefs war, zur besseren Unterscheidung von zwei anderen Herren der bundesdeutschen Bankwelt, die Trimm hießen, seinen Heimatort Babenhausen mittels Bindestrich dem Familiennamen anfügte, noch erheblich zu jung für solchen Sprung. Er beschloß deshalb, sich von Dr. Treuwasser einen sechsmonatigen Studienurlaub bewilligen zu lassen und in dieser Zeit die wichtigsten Bankplätze der Welt, insbesondere die der USA, zu besuchen. Dr. Treuwasser beglückwünschte ihn zu diesem klugen Entschluß, war sogar bereit, die gesamten Kosten dieser Reise vom Verband übernehmen zu lassen, doch Dr. Trimm-Babenhausen meinte, dies könnte vielleicht einen schlechten Eindruck machen; allenfalls, so fand er, könnte er einen Zuschuß erbitten. Dieser war dann so großzügig bemessen, daß er die Spesen deckte, ohne abgerechnet werden zu müssen ...

Auf seiner Reise knüpfte Dr. Trimm-Babenhausen nicht nur zahlreiche, später für ihn sehr wertvolle Verbindungen zu anderen alerten jungen Managern der internationalen Bankwelt an, sondern durfte auch etliche Vorträge halten, deren Presse-Echo er sorgfältig sammelte. Er schrieb sich sogar als Gasthörer an der Business School von Harvard ein, hörte dort vor allem Vorlesungen von Frau Dr. Milla Alihan über Betriebs- und Menschenführung und war tief beeindruckt von den Verhaltensregeln, die Frau Dr. Alihan für den Führungsnachwuchs der Wirtschaft aufstellte*.

»In der Politik«, so vernahm er Frau Dr. Alihan dozieren, »soll einmal ein Schlaukopf gesagt haben, da sei man gezwungen, einen Aufstieg unter sein Niveau durchzumachen. Doch es gibt genaugenommen kein Unternehmen, in dem nicht auf jeder Ebene Politik gemacht wird. In manchen Firmen wird der Wettbewerb unter den Angestellten bewußt angefeuert, weil man glaubt, daß Konkurrenzdenken sich vorteilhaft auf Qualität und Quantität der Leistung auswirke. Im Wettstreit wie in jedem anderen Kampf gibt es einen Sieger ... Rivalitäten um die nächsthöhere Position sind unvermeidlich. Wer sich an die Regeln des Marquis von Queensbury hält, wird sich auch hier um Fairneß bemühen. Aber es gibt andere, für die Politik besagt, daß moralische Bedenken verfehlt und alle Tricks, sogar ein Schlag unter die Gürtellinie, erlaubt seien. Wie sagte doch Disraeli – der immerhin Queen Victorias Liebling und langjähriger Premierminister sowie Pair von England und Lord Beaconsfield wurde –? ›In der Politik gelten keine Ehrbegriffe!‹«

Und in einer anderen Vorlesung, diesmal über die sich nicht im Verrichten ihrer Büropflichten erschöpfende Nützlichkeit von Sekretärinnen, sagte Frau Dr. Alihan: »Sekretärinnen sind auf Grund ihrer Stellung in der Lage, sehr viel über ihre Abteilung zu wissen, und häufig sind sie im Besitz von Informationen, die bei der üblichen Nachrichtenübermittlung vernachlässigt wer-

* Diese fanden später ihren Niederschlag in Dr. Milla Alihans Werk, »Corporate Etiquette«, das inzwischen auch – in der Übertragung von Reinhart von Eichborn – in deutscher Sprache unter dem Titel »Etikette der Führungskräfte« und mit dem Motto »Den Nachwuchskräften von heute und den Führungskräften von morgen« erschienen ist. Diesem eindrucksvollen Werk sind auch die Zitate entnommen, wenngleich ohne ausdrückliche Genehmigung der Verfasserin, der an dieser Stelle respektvoller Dank ausgesprochen sein soll.

den ... Auch eine Führungskraft, gleich auf welcher Ebene, ist nur ein Mensch. Auch er kostet gelegentlich von dem Bissen Betriebsklatsch, den eine Sekretärin zu bieten hat. Was er zu hören bekommt, kann ihm mitunter nützlich sein, und er sollte ihr das Vergnügen daran nicht verderben. Er mag jede Art von Machiavellismus verabscheuen, aber da er mit diesen Dingen leben muß, darf er sich nicht ausschließen. Geschäftsmoral spielt sich eben nicht streng nach den Richtlinien eines Gentleman ab.«

Dr. Eberhard C. Trimm-Babenhausen nahm diese und viele andere Lehren der erfahrenen Dozentin dankbar auf und bewegte sie in seinem Herzen, erfüllt von Respekt und auch von einem leisen Stolz, hatte er doch schon bislang instinktiv das Richtige getan, indem er dem ältlichen Fräulein Brucksieper, das ihn daheim im Büro betreute, zum Geburts-, Namens- und sogar zum Muttertag Blumen zu schenken, jeden Nachmittag ein oder zwei Tassen Tee mit ihr gemeinsam einzunehmen und dabei allerlei mehr oder weniger belangreichen Klatsch aus anderen Abteilungen gleichmäßig interessiert anzuhören pflegte. Er äußerte dann wohl auch gelegentlich Informationswünsche, etwa indem er sagte, er gäbe viel darum zu wissen, wie rot das Gesicht von Dr. Türmer geworden sei, als er die Dr. Treuwasser – auf seinen Vorschlag hin – verfaßte, sehr scharfe Hausmitteilung über das Rauchen von billigen, wenig aromatischen Zigarren bei Ausschußsitzungen vorgelegt bekommen habe, oder was Dipl. Volkswirt Krüger-Kunze, der zweitälteste Abteilungschef, nach der letzten Sitzung zu Rechtsanwalt Dr. Streunpilz, dem Verbandssyndikus, über Dr. Treuwasser und ihn hinter vorgehaltener Hand, doch in Hörweite des einarmigen Verbandsboten, zu flüstern gehabt hätte.

Fräulein Brucksieper stellte dann – meist in der Kaffeeküche und unter Mitnahme einer Packung Zigaretten – vorsichtige Recherchen an und überbrachte später triumphierend die stets interessanten Ermittlungsergebnisse ihrem verehrten jungen Chef, der sie, soweit dies gerade opportun erschien, bei nächstbester Gelegenheit an Dr. Treuwasser weiterleitete, auch nie vergaß, Fräulein Brucksieper mit Cognacbohnen, ihrer liebsten Nascherei, zu belohnen. Und natürlich schrieb er ihr von seiner großen Reise, wie versprochen, regelmäßig alles das, was er im Büro verbreitet wissen wollte ...

Nach seiner Rückkehr hatte Dr. Trimm-Babenhausen schon bald Gelegenheit, die Früchte seiner Mühen zu ernten und dabei auch gleich weitere Lehren der Frau Dr. Alihan zu beherzigen, was sich dann als sehr nützlich erwies. Und dabei waren die Tricks, die er anwandte, im Grunde ganz simpel: Da hatte er sich zunächst in Indianapolis, anläßlich eines Besuchs bei einem der Vizepräsidenten der First National Bank of Indiana, bereit erklärt, in dessen Club – es handelte sich erfreulicherweise um Rotarier – einen kurzen Vortrag zu halten. Eine Provinzzeitung, deren Wirtschaftsredakteur ebenfalls Rotarier war und von Dr. Trimm einen hervorragenden Eindruck gewann, nachdem dieser ihn mehrmals »genial« genannt hatte, berichtete sehr ausführlich darüber. In dem Artikel, der unter dem Einfluß größerer Mengen von Whisky zustande gekommen war, wurde Dr. Trimm als »Prototyp des neuen, sympathischen deutschen Managers« und als »hoffnungsvoller Spitzennachwuchs, dem eine Führungsrolle in der internationalen Finanzwelt sicher ist«, dem meist ländlichen Leserkreis der Zeitung vorgestellt. Tags darauf erschien auch noch ein Foto, das Dr. Trimm-Babenhausen beim Golfspiel mit dem Präsidenten der First National Bank zeigte.

Natürlich hatte Dr. Trimm diese Veröffentlichungen, wohl versehen mit einigen launigen Bemerkungen über die grotesken Übertreibungen, deren amerikanische Journalisten fähig seien, dem lieben Fräulein Brucksieper geschickt. Wie zu erwarten gewesen war, hatte diese die Zeitungsausschnitte sofort den anderen im Verband tätigen Damen zur Kenntnis gebracht. Die Chefsekretärin war der Ansicht gewesen, daß auch der Hauptgeschäftsführer, Herr Dr. Treuwasser, über die enormen Erfolge seines Protegés informiert werden müßte, zumal Herr Dr. Trimm-Babenhausen ja netterweise nicht versäumt hätte, den Namen seines verehrten Chefs und auch den des Herrn Verbandspräsidenten mehrmals der Presse gegenüber zu erwähnen.

Dr. Treuwasser, natürlich hoch erfreut, sich selbst und seinen so tüchtigen Mitarbeiter in einer gewiß sehr einflußreichen amerikanischen Wirtschaftszeitung gerühmt zu sehen, hatte die Zeitungsausschnitte anläßlich der zwei Tage später stattfindenden Hauptausschußsitzung allen maßgebenden Herren der bundesdeutschen Bankwelt zur Kenntnis gebracht, und als vierzehn Tage danach Dr. Trimm-Babenhausen von seiner langen Reise zurückkehrte und wieder seinen Dienst antrat, da klopfte ihm Dr. Treuwasser väterlich auf die Schulter, sagte: »Mein lieber Trimm!« und erzählte ihm, wie sehr sich die Vorstände einiger großer Banken für ihn interessierten und daß er nun wohl bald eine Einladung zum Golfspiel mit einem der ganz großen Bosse erwarten dürfe.

Die Einladung ließ übrigens nicht lange auf sich warten. Dr. Trimm war darauf vorbereitet. Er hatte sich sogar schon erkundigt, ein wie guter Golfer der große Boß wäre, und erfahren, daß er ganz miserabel spiele. Und er wußte inzwischen auch, daß es außer ihm noch einen zweiten jungen Mann gab, der vorerst noch etwas besser im Rennen lag. Es war sogar ein Studienfreund, den er noch gelegentlich traf und der ihm das selbst erzählt hatte, ohne zu wissen, daß Dr. Trimm auf denselben Posten aus war wie er.

Nun, es versteht sich schon fast von selbst, daß Dr. Trimm den Konkurrenten aus dem Felde schlug. Zunächst spielte er mit dem großen Boß eine Runde Golf und erinnerte sich dabei an gewisse Ratschläge der klugen Frau Dr. Alihan: »Um kein Spielverderber zu sein und dies zu beweisen, muß man unter Umständen bereit sein, sogar zu verlieren. Wenn Sie mit einem Vorgesetzten Golf oder Tennis spielen und mit Abstand besser sind, sollten Sie Ihrem Gegner trotzdem eine Chance geben. Lassen Sie ihn zwischendurch auch einmal gewinnen; bereiten Sie ihn nicht eine ganze Serie von Niederlagen . . .«

Die Beherzigung dieser Ratschläge schuf ein gutes Klima für das anschließende Mittagessen, bei dem der große Boß, sehr sonnig wegen seines Sieges über einen wirklich glänzenden Golfer, Dr. Trimm-Babenhausen bat, sich ihm doch einmal mit all seinen Vorzügen und Nachteilen vorzustellen. Der ließ sich das nicht zweimal sagen.

»Ich bin noch sehr jung«, begann er, »das ist sowohl ein Vorzug wie ein Nachteil. Ich habe, wie ich mir ohne Umschweife zu bemerken erlaube, eine ausgezeichnete Beurteilungsgabe für Menschen. Das kam mir sehr zustatten, als ich mit kaum achtzehn Jahren als blutjunger Frontoffizier die Führung einer Kompanie übernehmen mußte . . .« Und er führte noch drei Beispiele an, darunter eines aus seiner Studienzeit in Heidelberg, in dem ein Kommilitone eine höchst unrühmliche Rolle spielte; er war dann – so Dr. Trimm – zum Austritt aus der Verbindung bewogen worden. »Dieser X –« er nannte den Namen, sah den großen Boß aufhorchen, denn es war der Name des anderen Kandidaten, und wußte, daß sein Pfeil getroffen hatte – »wäre heute noch CVer, wenn ich ihn nicht durchschaut hätte . . .« Dr. Trimm-Babenhausen wurde die rechte Hand des großen Bosses, zwei Jahre später stellvertretendes, nach weiteren zwei Jahren ordentliches Vorstandsmitglied eines großen Instituts, und es war ihm noch oft vergönnt, das, was er seine Beurteilungsgabe für Menschen nennt, mit Erfolg anzuwenden. Mit einunddreißig Jahren verdiente er eine Viertelmillion im Jahr, Aufsichtsratstantiemen nicht eingerechnet. Er heiratete dann die Tochter eines Industriellen, dessen Name seit fünf Generationen Weltruf hat. Leider mußte er als verantwortungsbewußter Bankier etwa zwei Jahre nach der Hochzeit seinem Schwiegervater in aller Freundlichkeit sagen, daß ihm weiterer Kredit nicht mehr gewährt werden könnte. Kurze Zeit später zwang er ihn – wiederum auf eine nette, liebenswürdige Art, denn dazu hatte Frau Dr. Alihan geraten –, den alten Familienkonzern ganz der Hauptgläubigerin, seiner Bank, zu überlassen. Diese bestellte dann Dr. Trimm-Babenhausen, dessen dynamischer Führungsstil seinen älteren Vorstandskollegen unheimlich zu werden begann, zum neuen Generaldirektor der einst schwiegerväterlichen Werke, überließ ihm auch nach und nach zu erfreulich niedrigen Kursen die Mehrheit der Aktien, so daß Dr. Trimm heute sein eigener Herr ist und an den von ihm erwirtschafteten, stetig wachsenden Erträgen den ihm gebührenden Anteil hat.

Der neue Generaldirektor begann die Arbeit in seinem neuen Wirkungskreis übrigens auf sehr dynamische Weise, nämlich mit einem Großreinemachen, wie man es bis dahin in der deutschen Wirtschaft noch nicht erlebt hatte. Fräulein Süßkind, die alte Chefsekretärin seines Schwiegervaters, die seit sechsunddreißig Jahren im Hause war, mußte bis lange nach Mitternacht die Listen der Vorstandsmitglieder, Direktoren, Abteilungsleiter, Prokuristen und anderen leitenden Angestellten tippen, deren Entlassung unverzüglich in die Wege zu leiten war.

Es standen, als Fräulein Süßkind gegen ein Uhr früh die Blätter dem neuen Chef zur Unterschrift vorlegte, genau dreihundertsechsundsiebzig Namen darauf, weisungsgemäß numeriert von 2 bis 377. Dr. Trimm-Babenhausen sah alles genau durch, nickte Fräulein Süßkind freundlich zu und lobte sie für ihre Akkuratesse. Und dann setzte er ihren Namen auf den freigebliebenen Platz Nummer 1 der Kündigungsliste, wobei er, liebenswürdig wie immer, meinte: »*Ladies first*, nicht wahr?«

Herr Generaldirektor Dr. rer. pol. Dr.-Ing. e. h. Eberhard C. Trimm-Babenhausen pflegt zu sagen – er hat es übrigens Berthold Beitz abgelauscht, mit dem er in einigen Ausschüssen, denen sie beide angehören, öfter zusammentrifft –, daß eine Führungskraft »spätestens mit vierzig Jahren im letzten Loch sitzen« muß, das heißt: bis dahin soll er die höchste, von ihm erstrebbare Position erreicht haben.

Nun, Dr. Trimm hat es geschafft, lange bevor er seinen vierzigsten Geburtstag feierte. Er ist einer der blaustählernen, eisgehärteten Konzernbosse mit unsichtbaren Rasierklingen an den Ellenbogen. Er gebietet souverän über ein Wirtschaftsimperium mit Zigtausenden von Arbeitern und Angestellten. Hunderte von Subdirektoren und Prokuristen sowie ein Dutzend ihm treu ergebener und auf jeden seiner Winke hin zu springen bereiter Vorstandsmitglieder blicken zu ihm auf und flüstern ängstlich seinen Namen, wenn sie ihn von weitem erspähen. Er ist Mehrheitsaktionär des von ihm geleiteten Konzerns und braucht keine Hauptversammlung zu fürchten, denn es wird nie eine formierte Opposition gegen ihn geben. Er sitzt auch im Aufsichtsrat der mächtigen Bank, deren jüngstes und dynamischstes Vorstandsmitglied er einst war. Im Arbeitgeber- wie im Fachverband und im BDI hat sein Wort beträchtliches Gewicht; Politiker suchen seinen Rat und seine Unterstützung, und natürlich ist er – dies gehört wie »top fit« zu seinen Lieblingsausdrücken – ministrabel.

Zumindest insoweit, als dies für Außenstehende erkennbar ist, führt Dr. Trimm-Babenhausen eine vorbildliche Ehe. Seine Kinder, sechs an der Zahl, das jüngste noch ein Säugling, das älteste kommt in einigen Wochen in die Schule, werden von einer uniformierten Nurse betreut, seine Frau, deren Mädchenname noch immer Weltruf hat, von einer sehr energischen Krankenschwester. Vielleicht muß Frau Gabriele Trimm-Babenhausen sogar demnächst in eine – natürlich private, in irgendeinem diskreten Tal der Schweiz gelegene – Trinkerheilanstalt ...

Dies ist kaum begreiflich, denn es müßte doch eigentlich einer jeden Frau höchstes Glück bedeuten, an der Seite eines Industriekapitäns, eines mehrhundertfachen Millionärs und topfitten, ministrablen Erfolgsmenschen zu leben, eines Mannes zudem, der nie die ihm kirchlich angetraute Gattin verlassen oder sich gar von ihr scheiden lassen würde. Möglicherweise war Frau Gabriele den enormen gesellschaftlichen Verpflichtungen nicht gewachsen, die Rang und Stellung ihres Mannes mit sich bringen. Der Professor, den sie auf Wunsch ihres um sie sehr besorgten, immer liebenswürdigen Gatten konsultierte, deutete dergleichen an und empfahl ihr längeres Ausspannen, vielleicht auf Bühlerhöhe oder im Alpensanatorium zu Bad Wiessee.

Frau Gabriele aber weigert sich. Sie hat ihren Mann gebeten, sich mit dem Vorsitz im Aufsichtsrat – dem übrigens auch ihr Vater, wenn auch nur aus dekorativen Gründen, angehört – zu begnügen, das Management einem tüchtigen, zuverlässigen Vorstand zu überlassen und mit ihr, den Kindern und sowenig Personal wie möglich auf ein Landgut zu ziehen, irgendwo in der Nähe des Bodensees.

Als er ihr daraufhin erklärte, das sei ganz unmöglich, denn der Konzern schlucke in jedem Vierteljahr ein anderes Unternehmen auf, das es »auf Vordermann« zu bringen gelte, und es verstehe nun einmal niemand besser zu rationalisieren als er, da riet sie dem freundlich lächelnden Gemahl, zum Teufel zu gehen, woraufhin er sie höflich darauf aufmerksam machte, daß Damen den Vortritt hätten.

Denn Generaldirektor Dr. Trimm-Babenhausen ist nicht nur ein dynamischer, topfitter, eminent tüchtiger, daher auch ministrabler Erfolgsmensch; er hat auch Lebensart.

Das Abc des Erfolgs

Angenommen, die Contessa Ira, ihre Mutter, die Fürstin-Witwe, Herr Dietmar von Langenhagen-Zwötzen, Lady Mary-Ann, »Stan« du Blany-Hohenberg, »Pam« von Koltzenbekh-Zarrentin und ihre jeweiligen besten Freunde und Freundinnen, soweit diese *»in«* und *»o«* sind, treffen sich irgendwo – bei den Bismarcks, bei Rudolf August Oetker, bei Frau Dr. Gabriele Henkel, bei Erbprinz Johannes von Thurn und Taxis oder auch bei Herrn und Frau Generaldirektor Dr. Dr. Trimm-Babenhausen – so kann es vorkommen, daß der eine oder andere von ihnen, vielleicht auch die Gastgeber selbst, in der einen oder anderen gesellschaftlichen Frage letzte kleine Zweifel haben und von Unsicherheit befallen werden, einer, was das *»In-age«* betrifft, sehr häufig tödlich verlaufenden Krankheit. Was werden sie tun?

Nun, sofern sie nicht schon allzu frustriert und noch zu therapeutischen Maßnahmen fähig sind, werden sie sich eilig zu informieren trachten, etwa in Erica Pappritzens Etikette-Handbuch blättern, Dr. Milla Alihans Leitfaden für den Erfolgsweg von Führungsnachwuchskräften konsultieren oder Gregor von Rezzoris Idiotenführer durch die deutsche Gesellschaft zu Rate ziehen.

Doch es ist zu befürchten, daß sie trotz der trefflichen Winke, die ihnen dort geboten werden, immer noch keine Antwort finden auf die eigentliche, die brennendste Frage, nämlich wie man absolut sicher sein kann, sich nicht zu blamieren und Prestige zu gewinnen, anstatt etwas davon einzubüßen.

Hier gilt es nun Abhilfe zu schaffen, und da es sich als unmöglich erwiesen hat, sämtliche Fragen, die auftauchen können, in Form eines noch handlichen Katalogs zu beantworten, gehen wir den umgekehrten Weg: Wir stecken selbst den Rahmen ab, in dem wir uns gesellschaftlich zu bewegen gedenken, und zwar anhand des nachfolgenden ABCs des Erfolgs, das sich übrigens, wie Laborversuche gezeigt haben, in relativ kurzer Zeit auswendig lernen läßt. (Den Rekord hält gegenwärtig Frau Kommerzialrat Klops-Zur Mühlen, die es in 7 Stunden 46 Minuten und 11 Sekunden schaffte und nur ihr sehr geringfügige Aufsagefehler machte.) Alles, was außerhalb dieses Rahmens liegt, ignorieren wir einfach. Wir können es verhöhnen *(»Ein etwas fragwürdiger Herr, dieser junge Doktor Schreyvogel! Will von mir wissen, was ich von einer weiteren Dynamisierung der Renten halte ...! Wahrscheinlich ein Juso ...«)* oder ganz arrogant sagen: *»Also, ich weiß ja nicht, in welchen Kreisen*

Sie sonst verkehren, aber bei uns hat man weiß Gott andere Interes-
sen . . . !«
So verschafft man sich hohen Prestigegewinn, enorme Sicherheit sowie gesellschaftliche Orgasmen – früher »Höhepunkte
des Festes« genannt –, die im Verlaufe des Abends beliebig
oft wiederholt werden können. (Rekordhalterin ist zur Zeit
eine Dame in Reinbek bei Hamburg mit sechzehn – natürlich rein gesellschaftlichen – Einzelorgasmen nebst zwei im
gemischten Doppel, und das an einem einzigen Abend! Sie
sieht einer Herausforderung durch Frau Annemarie H. in Köln,
besser bekannt als »Brillanten-Mia«, mit großer Gelassenheit ent-
gegen.)

Doch nun zu unserem *ABC des Erfolgs*, das lediglich noch einer
kurzen, rein technischen Vorbemerkung bedarf:
Die in alphabetischer Reihenfolge aufgeführten Stichworte und
Kernsätze, die durch *Kursiv*schrift hervorgehoben sind, liefern
durchaus »o«-igen Gesprächsstoff in hinreichender Menge für
jede Begegnung mit der *Crème de la crème* – und mit anderen
sollte man ohnehin nicht verkehren –, dazu in normaler Schrift
und nur als Hintergrund-Information gedacht, allerlei nützliche
Winke. *Auf andere Themen als die behandelten sollte man sich unter gar*
keinen Umständen einlassen.
Und noch eines: Das nicht *kursiv* Gedruckte (oder in Klammern
Gesetzte) braucht nicht auswendig gelernt zu werden . . . !

A

ADEL hat, wie wir wissen, seit mehr als einem halben Jahrhundert
keinerlei Bedeutung mehr; die Vorrechte, soweit sie noch bestanden, wurden 1918 abgeschafft; *»in Österreich ist sogar die*
Führung von Adelsprädikaten verboten – arme Hetty Bohlen-Halbach
geborene Auersperg!«
Der Adel spielt also überhaupt *keine Rolle mehr – außer natürlich*
gesellschaftlich, denn da ist er nach wie vor tonangebend, (was vielleicht
damit zusammenhängt, daß die meisten eingesessenen Aristokraten Nord-, Süd- und Westdeutschlands nichts von dem verloren haben, was sie hatten: ihre schönen Titel, ihre meist ebenso
schönen Schlösser, ihre Güter, Wälder, Brauereien und Banken,
ihren Schmuck, ihre dicken Aktienpakete, ihre guten internationalen Beziehungen, ihr gewaltiges Ansehen bei den ehemaligen
Untertanen und nicht zuletzt natürlich ihre Würde, ihre gesellschaftliche Unersetzlichkeit und ihren enormen Charme). *»Eine*
Party ohne ein paar Prinzen und Prinzessinnen, also, das ist für mich über-
haupt keine Party!« (Es gibt schätzungsweise zwölf- bis fünfzehn-
tausend deutschsprachige Träger von hocharistokratischen Titeln,

darunter etwa dreitausend königliche und sonstige Fürsten, Prinzen und Prinzessinnen, so daß täglich mehr als tausend Parties versorgt werden können ...) »*Ralf-Heidam hat jetzt einen Direktionsassistenten, einen Prinzen von Sachsen – er will ganz schlicht »Herr von Sachsen« genannt werden, fabelhaft, nich?«* »*Rehlein sammelt Hocharistokraten wie andere Leute Noldes und Klees – jetzt hat sie einen, der ist zwölfmal Grande von Spanien ... Wie sich das wohl auf die Potenz auswirkt?«* – »*Also, neulich traf ich beim Herzog von Beauford den jungen* ›*Ping*‹ *Bismarck – oder war es* ›*Pong*‹*? Is' ja auch egal – also, Graf, sagte ich, ich kenne Ihren Herrn Vater, war bei ihm zur Jagd und so. Also, was ich sagen wollte, es ist gut, daß es noch Traditionen gibt, nich?«*

ABERGLAUBE: »*Ich bin natürlich nicht abergläubisch, aber an einem Dreizehnten, noch dazu einem Freitag, also, da kaufte ich nicht mal Daimler zu pari!«* – »*Also, ich sage dir, Rehlein, gerade als Jobst-Marquard meinen BH auf den Rücksitz wirft und den Knopf drückt, der die Rücklehne elektrisch versenkt, da springt eine schwarze Katze vor uns über den Waldweg. Also, ich wußte gleich, daß etwas schiefgehen würde ...«* – »*Wissen Sie, Gnädigste, das Stahlgeschäft hat an sich für Aberglauben keine Verwendung, aber ich habe da kürzlich eine sehr interessante Sache erlebt ...«* – »*Also, Darling, Hals- und Beinbruch! Und toi-toi-toi!«* – »*Tatsch wudd, sage ich immer ...«* – »*Rehleins chinesischer Butler soll immer wie zufällig 'ne Gabel im Geschirrspülautomaten liegen lassen – das gibt unverhofften Herrenbesuch, nich?«* – »*Nee, Gräfin, das können Sie mir ruhig glauben, ich kenne die Branche aus dem Eff-Eff, und es steht sogar schon bei Tucholsky: Crêpes Suzette darf man nich nachzuckern, dann werden sie sauer ...«* – »*Und wo laßt Ihr jetzt hellsehen ...?«*

ARROGANZ ist ein »*must*« (sprich: mast, was schlicht »Muß« bedeutet). (Die eigene Arroganz läßt man Leute spüren, die gesellschaftlich tief unter einem stehen, auch wenn sie – versehentlich? Oder eigens zu diesem Zwecke? – zur selben Party eingeladen worden sind wie man selbst.) »*Ach, Sie sind auch hier? Ja, Konsul Liesenfeld mischt immer ganz gern, damit man nicht so ganz unter sich ist. Neulich hat er sogar die Zigeuner bewirtet, die zur Garden-Party fiedelten ...«* – »*Das freut mich aber für Sie, daß Sie so was auch mal erleben!«* – (Die Arroganz anderer ist zu loben, es sei denn ...) »*Ich finde den Markgrafen fabelhaft arrogant – wie der eben den Oberkellner fertiggemacht hat! Einfach Klasse!«* – »*Rehlein kann so süß arrogant sein – erzählt die Pointe auf französisch, was keiner versteht ...!«* – »*Diese arrogante Ziege sagt doch zu mir, sie hätte das Stück Hummer zuerst auf der Gabel gehabt ...!«*

ASCOT-WOCHE: siehe Pferde.

AUTORITÄT kann mancherlei bedeuten: »*Würklich, Jobst-Marquart, habe ich gesagt, ich wünsche mir von dir etwas mehr Autorität gegenüber dem Personal! Gestern hast du Dr. Isenbügel zweimal mit ›Herr‹ angeredet . . .!*« – »*Gell, Mausi, Forell is' doch 'ne Autorität, was dieses neue Syndrom betrifft?*« – »*Das ›Meurice‹? Warum nich ins ›Ritz‹? Ich find' das richtig autoritär von dir . . .!*«

B

BAR zu bezahlen, ist weder »*in*« noch »*o*«. »*Onkel Kraft-Gottlieb pflegte zu sagen, wenn man den Schneider sofort bezahlt, kann man auch gleich Anzüge von der Stange kaufen!*« – »*Rehlein sagt immer, was es koste, sei egal, nur heut noch fertig muß es sein, schließlich hat sie ein Konto bei Balmain . . .*« – »*Ich mag nicht auch noch ein Scheckbuch mit mir herumschleppen . . .*« »*Das erledigt Ralf-Heidams Sekretariat! – Geld beult die Taschen so aus, nich?*« – »*Ich laß mir immer Schecks geben . . .*«

BRIDGE ist sehr »*o*«, vor allem für Herren, die so im Streß stecken, daß sie ihre Terminkalender schon für zwei Jahre im voraus »ausgebucht« haben. (Verwenden Sie um Himmels willen nur englische und französische Ausdrücke! *No trumps* oder *sans atout*, Cœur, Pik, Treff, Karo, Honour tricks, Rubber und so weiter. »*Ein Mensch, der ›drei Spaten‹ ansagt, ist für mich gesellschaftlich erledigt!*« Und knallen Sie, auch wenn Sie General sind, ja nicht die Karten auf den Tisch! Beim Bridge herrschen strenge, »*o*«-ige Sitten: Sogar Mogeln gilt plötzlich als unfein. Daher spielen vor allem Bankiers Bridge zur Entspannung.)

BAHAMAS: Sollten Sie noch kein Häuschen dort haben oder eine eigene Insel, so treten Sie wenigstens dem »Nassau Yacht Club« als korrespondierendes Mitglied bei. Verschicken Sie Ansichtskarten aus Nassau; das geht sehr gut auch von Düsseldorf oder Garmisch aus. (The Nassau Picture Postcard Service erledigt das für Sie gegen kleine Gebühr!) »*Rehlein ist irre gut im Ssörf-Reiding, und Ralf-Heidam jagt Schwertfische, find ich unheimlich dufte . . .*« – »*Nein, wir gehen dieses Jahr nicht nach Nassau. Professor Forell hat mir Acapulco verschrieben – da kann man nichts machen.*«

BÜCHER: Merken Sie sich drei, vier Titel aus der »Spiegel«-Bestseller-Liste. Lesen Sie gelegentlich – »diagonal« – den Klappentext, das genügt. Und ja kein Lob! »*Böll wird immer traumatischer, nich?*«

BUTLER (hier »Böttler« genannt) *bezieht man natürlich direkt aus England* (von einer renommierten Exportfirma dieses unglücklichen Landes, wo manche Herzöge sich schon selbst die Schnürsenkel binden, und wo das Silberputzen häufig schwedischen Aupair-Girls überlassen wird!) Es gibt jedoch auch eine deutsche Quelle: In München 55 (Anstallerstraße 34, Telefon 089-5011391)* bildet eine reizende alte Dame in zweieinhalb-wöchigen Ferienkursen »jeden jungen Mann, der über eine natio-nale Gesinnung ... und einen einwandfreien Leumund« verfügt, zum Haus- und Kammerdiener aus, der auch servieren kann, ja, oftmals über die richtige Reihenfolge der Bestecks besser infor-miert ist als die Hausfrau. Sie folgt dabei dem Leitfaden, den ihr seliger Mann, Herr Johann Keidel, dessen Namen das Institut noch heute trägt, vor fast einem halben Jahrhundert aufgestellt hat. *»Wir lassen unseren Fahrer jetzt umschulen – er freut sich auf den Diener-Kurs wie ein Kind ... !«* Man kann – wie Arndt von Bohlen und Halbach oder Konsul Bruno Schubert – seinen Butler aus Afrika importieren oder – wie »Prinz Aurel« Goergen – aus Martinique oder gar aus China wie Helmut Horten oder aus unter-entwickelten Gegenden der Bundesrepublik wie Axel Springer, Max Grundig, Richard Gruner, Friedrich Flick, Georg von Opel, Gustav Schickedanz und viele, viele andere. *»Ich sage immer: farbig währt am längsten ...«* – *»Unser Josef kommt aus Vilsbiburg – sehr fleißig und willig, bloß daß er sich seit vierzehn Tagen jeden Abend 'ne halbe Stunde frei nimmt. Er geht zur Maiandacht ...«* – *»Wohl dem, der* – wie Johannes von Thurn und Taxis – *einen Hampel hat!«* Oder einen Antonius – wie Bankier Friedrich Carl (»Sunny«) von Oppenheim – oder einen James – wie Rudolf August Oetker. *»Wir ham das steuerlich hervorragend gelöst: Ralf-Heidam hat jetzt einen Butler, 'n jungen Schauspieler, er wird im Betrieb als technischer Zeichner geführt, himmlisch, was?«*

C

CLUBS: *»Also, wenn ein Club nicht wirklich irrsinnig exklusiv ist, dann lohnt es sich doch gar nicht, da beizutreten, finde ich ...«* In Düssel-dorf gehört »man« dem »Malkasten« an und dem »Industrie-Club« natürlich und dem »Reiter- und Rennverein«. Am besten lassen Sie sich von Konsul Herbert Liesenfeld (4 Kalkum bei Düsseldorf, An der alten Mühle) beraten und »sponsorn« (d. h. zur Zuwahl vorschlagen, sprich: s-ponnßern). Er kann und wird Ihnen auch bei der piekfeinen »Deutschen Gesellschaft für Aus-wärtige Politik« in Bonn behilflich sein. Und beim Kölner »Union-Klub«. Und beim Souveränen Malteser-Ritterorden.** Und über-haupt.
In Hamburg sollten Sie sich von Horst-Herbert (Alsen) in den NRV, den »Norddeutschen Regatta-Verein«, in den »Hamburger

---

* Der Ruhm der Entdeckung gebührt Peter Brügge, Society-Star-Reporter des »Spiegel«!
** Wenden Sie sich an Hanno Graf Wolf von Metternich, Köln-Junkersdorf, Am Hof 30.

Schleppjagd-Verein«, in den »Polo-Club von 1898«, dann in den »Club an der Alster«, den »Anglo-German Club« sowie den »Union-Club« einführen lassen. Vielleicht noch in die »Harmonie« (gegründet 1789, aber nicht sehr revolutionär) und in den »Übersee-Club« (wenngleich Sie dort auf Axel Caesar Springer stoßen können). Daß Sie außerdem Rotarier und Golfer sein sollten, versteht sich von selbst. *»Also, Ralf-Heidam läßt sich die Unterschriftsmappen immer in den Club bringen . . .«*

In München brauchen Sie keinem Club anzugehören. Es genügt, Rotarier zu sein, a bisserl Golf zu spielen und zu reiten. Wer sich im Kreise steinalter Militärs und stockkonservativer Aristokraten wohlfühlt, kann dem »Preysing-Club« beitreten. Sehr nett macht es sich, der »Société d'encouragement pour l'amélioration des races de chevaux en France«, dem »Nassau Yacht Club«, »Pratt's« (Park Place, London S. W. 1), dem NRV sowie dem »Malkasten« anzugehören . . .

Haben Sie Schwierigkeiten mit der Aufnahme in bestimmte, sehr exklusive Clubs – es ist möglich, daß Konsul Liesenfeld und Horst-Herbert doch nicht ganz so kooperativ sind, wie wir gehofft haben –, dann machen Sie es wie ein sehr berühmter amerikanischer Schriftsteller, der so lange und so neiderregend von seinem Club, *»Farragut's«*, schwärmte, bis ihn einer der Herren, denen er so viel von *»Farragut's«* erzählt hatte, eines Tages beiseite nahm und darum bat, »gesponsort« zu werden. Monate später traf der immer ungeduldiger gewordene Anwärter den großen Schriftsteller wieder. »Es tut mir leid, mein Lieber«, sagte er, aber das ›*Farragut's*‹-Präsidium hat Ihren Antrag zurückgewiesen . . .!« Der so Verschmähte, ein führender Literaturkritiker der USA, platzte fast vor Wut – und genau zu diesem Zweck war *»Farragut's«* von dem großen Schriftsteller gegründet worden. Der Club hatte nur ein Mitglied, das zugleich das Präsidium bildete, nämlich ihn selbst, und er domizilierte auf der Bank unter dem Denkmal von Admiral Farragut auf dem Madison Square in New York. Es war die süße Rache des Romanciers für eine miserable Rezension . . .

CLIQUEN: *»Rehlein zieht immer noch mit dieser Clique um Alfonso Hohenlohe herum – die is doch nun wirklich schon ziemlich out, nich?«* Grundsätzlich sollte man einer Clique nur solange anhängen, bis man sich einer anderen, »in-neren« anschließen kann. *»Also, Kinder, ich weiß nich, bei Münemanns war's ja früher mal ganz nett, aber man soll solche Dinge ohne falsche Sentimentalität seh'n: Der Mann hat kein Geld mehr! Ich habe jetzt in Moritz Anschluß an die Meute vom Johannes Thurn und Taxis, das ist doch ein ganz andres Niveau, schon vom Finanziellen her . . .«* – *»Wir waren bei den Henkels zu der fabelhaften Soirée – erst Matthias Walden über Manipulation, na ja, aber dann der Hummer Thermidor und überhaupt, sehr viel fundierter, nich?«* – *»Erstens war es würklich ganz harmlos, Götz-Eberhard, wir waren viel* *zu müde, und dann hab' ich ihm deinen Pyjama nur gegeben, weil er ja schließlich zu unserer Clique gehört, nich?« – »Gewiß, Herr Kommerzialrat, aber das Schlimmste is' nich die Mitbestimmung an sich, sondern diese Cliquenwirtschaft der Gewerkschaften ...« – »A bisserl Niveau, also das gehört schon dazu, gell? Und mit a nette Cliquen auf so a Pfundshochseeyacht, also das ist doch alleweil was ganz anders wie deren ihre Kommunen, net woa ...?«*

D

DABEIGEWESEN SEIN: *ein absolutes »must«!* Ob es sich nun um die Scala-Premiere in Mailand handelt oder um das Sechstagerennen, um die Beisetzung des Fürsten Öttingen-Öttingen, das Happening mit Rosy-Rosy, die Große Wohltätigkeits-Soirée der Fürstin Bismarck, die Garden-Party (mit Topfschlagen) des Botschafters von Kongo-Brazzaville, die Treibjagd im Perlacher Forst, die Festspiele in Bayreuth oder die Vernissage dieses irrsinnig begabten jungen Naiven – *»Wie heißt er doch gleich? Gablaczek oder Gablonsky oder, na ja, ist ja auch egal ...«* –, ob um das Turnier in Aachen, die Woche der Brüderlichkeit, den »Bal paré« von Burdas Bunter Illustrierter oder das »Bergfest« genannte Stelldichein der bundesdeutschen, von BDI-Präsident Fritz Berg angeführten Industrie-Prominenz im Kölner Hotel Excelsior – *man muß einfach dabeigewesen sein! »Wir können ja bei Anneliese von Bohlen gleich nach dem Essen verschwinden, Horst-Dietmar, und dann gehen wir rasch noch zu Karajan, wenigstens während der Pause, gell? Und eh' es wieder anfängt, droppen wir in bei der Vernissage, dann auf einen Sprung rüber zu ›Humpelmayr‹, da feiern Ralf-Heidam und Mausi ihre Scheidung, und ich hab fest versprochen, daß wir uns zeigen. Und dann noch zum Catchen – da muß man einfach dabeigewesen sein!«*
In Bonn, wo sich alles auf engstem Raum abspielt, wird um Dabeigewesensein-Rekorde gekämpft. *»Stell dir vor, Rehlein war an einem Tag auf elf Empfängen, und dann noch zum Gala-Souper! Und jedesmal in einem anderen Cocktail- oder Abendkleid und mit neuer Perücke – der Portier vom ›Königshof‹ war nachher ganz fertig mit den Nerven ...«* Achten Sie darauf, wo TV-Scheinwerfer stehen, Sie kommen sonst nicht aufs Bild!

DEAUVILLE im August – ein *»must«*! Ebenso Chantilly in der ersten Juni-Hälfte und dann Longchamp ...! *»Nein, von Pferden brauchst du nichts zu verstehen, Ralf-Heidam ... Aber man will doch mal modische Vergleiche ziehen, nich?«*

DERBY *in Hamburg* ist für die hansestädtische High Society und weit über diese hinaus *ein gesellschaftliches Doppel-»must«!* Einmal muß man beim »Großen Preis« dabeigewesen sein und, auf dem

Sattelplatz oder der Ehren-Tribüne, dem Fernsehen als Zwischenschnitt gedient haben; zum anderen muß man selbstverständlich an dem Frühstück teilgenommen haben, das Jochen Scharlach an diesem Tage zu geben pflegt, Axel Springers Ex-Schwiegersohn. Er lädt in sein Pöseldorfer Gärtchen rund dreihundert handverlesene Prominente ein – es schmerzt, nicht dazuzugehören! –, und bewirtet sie unter bunter Markise . . . – »Nein, wie reizend! Schau mal, Mausi ist auch da, Rehlein, mit ihrem Dritten, nein, nicht der, der den Arm um sie hat, der andere, der Dicke da, Ruhrgebiet, glaube ich . . .« – Wenn Jochen Scharlach einmal des Treibens müde und besonders gnädig gestimmt ist, läßt er Rudolf August Oetker das Derby-Frühstück ausrichten. Der darf dann noch die Gästeliste um ein paar Leute aus seiner Clique bereichern – »Ich weiß nich, Ralf-Heidam, ob wir hätten kommen sollen. Mit Krethi und Plethi mag man ja auch nich, wenn du vers-tehst, was ich meine . . .« – und sich beinahe »in« fühlen. (»Is-scha wohl aus Bielefeld, der dschunge Mann, und die Frau aus Bayern. Scheinen aber ordentliche Leute zu sein . . . Das mit dem Taufen von Schiffen nach allen Verwandten hat er ja wohl nachgelassen und nennt sie jetzt nach unseren Kirchtürmen, nich?« – »Ich finde, zum Daahby kann man nur Saphire tragen . . .« – »Ich sage immer, Hummer ist der beste Koch, aber nich im Dschuni, Monat ohne r, nich?«

DUZEN: Beinahe ein »must«, weil ja fast jeder mit fast jeder schon mal verheiratet, mindestens aber kurzfristig sehr intim war und sich Aristokraten ohnehin duzen. »Mausi sagt, ihr Kai-Ingo sei von Rehlein richtiggehend gesiezt worden! Soll das nun 'n Affront sein oder glaubt sie, Mausi weiß nich, daß Kai-Ingo voriges Wochenende mit Rehlein in Travemünde war . . .?«

DRITTKLASSIG: Da es nicht einmal mehr bei der Bundesbahn eine dritte Klasse gibt, bedeutet dieses Adjektiv soviel wie ›einfach unmöglich‹. »Ein drittklassiger Haut-und-Liebe-Doktor – hat Heidrun sogar gefragt, obse 'n zu scharfes Geschirrspülmittel benutzt . . .« – »Ich dachte erst, der neue Münchner Rektor sei irgend so'n drittklassiger Politologe – dabei ist er ja ein Prinz Lobkowicz und der Schwager vom Waldburg-Zeil und der Gaby Wittelsbach . . .«

E

ELITEN: (Es gibt selbstverständlich viele Eliten: die Elite der Eleganz und die des Geldes, die des Sports und die der Industrie; es gibt Elite-Schulen und vermutlich auch Elite-Kindergärten, Elite-Universitäten und Elite-Regimenter und Elite-Friedhöfe, darunter solche, auf denen – wie auf der Avenue Foch – »man« eigentlich nur auf der einen Seite der Hauptallee, der wirklich elitären, liegen kann. Es gibt Eliten, die andere Eliten verachten, mit geradezu elitärer Arroganz nur sich selbst gelten lassen. Aber darauf kommt es nicht an. Wichtig ist nur eines): »Was Elite is? Also, wie soll ich dir das erklären? Paß mal auf: Also, ich und der Onkel Freddy und die Heidrun und das Rehlein und die Tante Mirzl und der Boms und die Großeltern in Baden-Baden, und Dr. Caspary und der Onkel Professor und die Uschi, die Mausi, die Musch, der Ralf-Heidam und vielleicht noch der Onkel Justizrat und der Onkel von Musch, der mit dem lila Kleid und dem goldenen Kreuz, das ist zusammen Elite, nich wa? Und du natürlich auch, Gaby, wenn du groß bist! Die Mammi? Also, als sie noch mit mir verheiratet war, da war sie natürlich auch Elite, so wie jetzt die Heidrun ... Aber man kann eben nich alles haben ...« – »Gaby hat mich gefragt, was Elite is. Na ja, ich hab's ihr erklärt. Wie? Also, wenn du's besser kannst – bitte!« – »Paß auf, Gaby: Nehmwama an, wir gehn zusammen mit dir Eis essen, der Paps und ich, und im ›Luitpold‹ isses sehr voll, gell? Und da sind viele Leute, die wollen auch Eis essen, finden aber keinen Platz. Und dann kommt der Geschäftsführer und läßt für uns ein' Extratisch und drei Stühle auf die Terrasse stellen, gleich am Mittelgang, wo ein' alle sehn, und entschuldigt sich auch noch, daß wir hamm warten müssen, nich? Das is Elite! Für Onkel Freddy und für Rehlein, Mausi, Musch und Boms oder gar für Tante Mirzl – da hätt er das nich gemacht!«

EXTRA: »Nein, nein, ich nehm' das große Menü mit Forelle und Châteaubriand, so wie's da steht, nichts extra, das dauert nur länger, bloß anstatt Consommé möcht' ich 'ne Lady Curzon und vorher 'nen Hummer-Cocktail mit 'nem Schuß Armagnac, keinen Cognac, bitte! Den vertrag' ich mittags nicht. Und zur Forelle – ist doch meunière oder? Nein, blau mag ich nicht! Dann nehm ich statt Forelle lieber Salm, ganz ohne alles, nur ein Stückchen Zitrone und ein, zwei Kartöffelchen, aber ohne Petersilie! Und keine Kräuterbutter, sondern frische Meerrettichsahne, ja? Aber dann will ich statt Châteaubriand lieber Ente, einfach canard à l'orange mit einer ganz schlichten Karamelsauce und pommes mousseline statt Kroketten, ja und zum Dessert möcht ich dann lieber keine Crème Caramel, sondern Salzburger Nockerl, das macht ja keine Umstände, nich? – In Le Rosey hab ich gelernt, was auf den Tisch kommt, wird gegessen, aber man soll den Leuten auch klarmachen, daß man sich nicht alles bieten läßt ...«

EXTRA FÜR DICH ist »ich persönlich« (siehe dieses) in der zweiten Person und wird stets angewendet, wenn es einfach »für dich« heißen könnte: »Heute gibt es Schinkenauflauf – extra für dich« – »Der Dr. Lausitzer kann warten. Ich hab den Termin abgesagt, extra für dich!« – »Heut hab ich schon zweimal gebadet – mit Arden-Milch! (Der Schinken mußte weg, von Lausitzer's Kanzlei war abtelefoniert worden, und Rehlein hatte nachmittags diesen rauchigen Sailor zum Tee ...) Extra für dich!«

ETIKETTS wirklich sehr feiner, international berühmter Couturiers lassen sich – samt den Lumpen, in die sie einst eingenäht wurden – auf Versteigerungen von Nachlässen billig erwerben und in Creationen anonymer Meister (Horten, Oberpollinger, Neckermann) so einnähen, daß sie bei passenden Gelegenheiten Eindruck machen. Zur Not kann man auch einen Pulli bei Balmain kaufen und das Etikett zur Veredelung des Mantels benutzen . . .

EVENTUELL dient bloß noch zur leichten Tarnung der Dringlichkeit wirklich ›zentraler‹ Anliegen: *»Rehlein, kannste nich eventuell Kai-Ingo anrufen und ihm ausrichten lassen, daß du eventuell erst morgen früh . . .?«* – *»Ich sagte schon zu Heidrun, daß wir unsere nächste große Party eventuell schon im eigenen Chalet bei Moritz geben werden . . .«* – *». . . ob man nicht eventuell den Kurfürstendamm schon jetzt in Axel C. Springer-Damm . . .«*

F

FRISEUR (hier ist natürlich nur der Herrenfriseur gemeint; der für Damen heißt Coiffeur oder ist kombiniert mit dem Beauty-Shop. Neuerdings haben wirklich feine Damen, etwa Heidi Horten, eine Maskenbildnerin . . .): *»Ralf-Heidam bekommt nirgendwo einen so guten Messerschnitt wie im ›Castle for Men‹, also würklich!«* (Wie schon der Name erkennen läßt, ist dieser Friseur in Hamburg-Pöseldorf, Milchstraße. Dort stellen Maler aus; »Lord« Eduard Brinkama – er wohnt nebenan – ist Stammkunde; Hocharistokraten fliegen von weither ein . . . Dennoch ist der Friseur Thiede im Souterrain des Hotels Vier Jahreszeiten noch um einige Grade feiner, schneidet er doch, ganz nach den individuellen Wünschen, altpreußisch kurz oder neuromantisch lang, Kunden wie »Otto Fürst« von Bismarck die Haare, auch Rudolf August Oetker, Feiko Fürchtegott Reemtsma, Horst-Herbert Alsen und dem wunderschönen Peter Boenisch, langjährigem Chefredakteur von »Bild«. *»Und Prinz Moritz von Hessen kommt eigens aus Rom, um sich bei Thiede maniküren zu lassen! Findste das?«* (Hoheit residieren übrigens auf Schloß Panker bei Lütjenburg . . .) Der »richtige« Friseur ist aus dreierlei Gründen überaus wichtig: »Man« wird dort von den »richtigen« Leuten gesehen; »man« sieht und spricht seinerseits die »richtigen« Leute, und man bekommt nebenbei auch noch einen mehr oder weniger guten Haarschnitt.
Die jeweils gerade »richtigen« Friseure in anderen Städten als dem auch in dieser Hinsicht sehr konservativen Hamburg erfragt man am besten bei Ehefrauen aus der *Crème de la crème* mit Sinn für Kunst und Schönheit, in Düsseldorf nur bei Frau Dr. Gabriele Henkel, in München am besten bei Frau Julia von Siemens oder bei Prinzessin Helene (»Hella«) von Bayern, geborener Gräfin

Khevenhüller-Metsch. *»Wo läßt sich denn der liebe Johannes kämmen?«*
»Götz-Detlev schickt immer nur sein Toupet zu Patega (im ›Breiden-bacher Hof‹, Düsseldorf), *ja, durch den Butler – das is rationeller, sacht er …«* – *»Doktorchen, Sie sollten mal den Friseur wechseln, Crew Cut ist gar nicht mehr ›in‹, und als Gynäkologe könnten Sie doch gut schulterlang tragen …«*

FORTSCHRITTLICH (oder »modern«, »tolerant«, »liberal« und even-tuell auch »recht großzügig«) zu sein, ist durchaus »in«. (Es darf aber nicht mehr bedeuten, als daß man eine Werkskantine einrich-tet, Picasso sammelt oder die Wiedereinführung der Prügelstrafe an Gymnasien, die von den eigenen Kindern besucht werden, strikt ablehnt.) *»Ralf-Heidam ist wahnsinnig fortschrittlich …! Er macht jetzt sogar Kontakt-Essen mit Leuten der mittleren Ebene. Das hilft denen, ihre Frustrationen abbauen, fabelhaft, nich?«* – *»Das gute alte Dreiklassenwahlrecht, also, das war genau das Richtige, aber ich denke da fortschrittlicher als Sie: Man kann die Leute nicht mehr einfach vor der Urne antreten lassen, finde ich, dazu gehört 'n bißchen Sozialklimbim, Betriebsausflug, Tombola und so …«* – *»Monika, habe ich gesagt, Sie wissen, wie fortschrittlich ich bin, aber wenn Sie abends unter dem Servier-kleidchen keinen BH tragen, dann lenkt das die Herren nur ab, und es ist doch ein Arbeitsessen!«*

FERNSEHEN liefert neben Sex, Hunden und Mode die besten Ge-sprächsthemen: *»Also, ich finde den Höfer fabelhaft. Sie sollten ihn als Botschafter nach Moskau* schicken. Den Frühschoppen müßte er natür-lich weitermachen …«* – *»Ich wüßte gern, ob Grzimek zur Beerdigung von Flipper war …«* – *»Die Schwägerin von Rehlein, weißt du, die so aus-sieht wie die Veruschka Lehndorff, die ist auf Kulenkampff fixiert. Sehr guter Stall, übrigens, der Kuli! Sie hat den Bildschirm, so wie wir, an der Schlafzimmerdecke und liegt dann nackt vor Kuli auf dem Bett, unheim-lich gut, was?«* – *»Der Löwenthal macht seine Sache glänzend, aber er sollte einen besseren Immitsch-Berater und vor der Sendung zwei Alka Seltzer gegen sein Sodbrennen nehmen, vor allem aber ab und zu ein paar wirkliche Gags einbauen, nich?«* – *»Ausgewogener – das is genau das richtige Wort! Wenn wir den Spätkommentar an Heiligabend von Paczensky sprechen lassen, können wir die nächsten fünfzehn an Studnitz, Walden und Schlamm geben …«* – *»Warum soll beim ›Heiteren Berufe-raten‹ nich' auch mal 'n Intendant auftreten – zum Beispiel der Mai aus Saarbrücken? Oder wär das zu schwer … ?«* – *»Heidrun war immer ganz verträumt, wenn Karlheinz Maegerlein die Sportpredigt hielt …«* – *»Also, ich find den Tarzan irre sexy …«*

* Der Ort ist beliebig austauschbar.

G

GOLF *ist ein »must«* (jedenfalls im norddeutschen Raum und im »besseren« Nordrhein-Westfalen. Im etwas legereren Süden macht man von Golf, [sprich: Goohff, jedoch kann es sein, daß man das in Garmisch oder im Tegernseer Golfclub für einen leichten Sprachfehler hält, über den es taktvoll hinwegzuhören gilt] nicht gar soviel her. Hamburgs ambitioniertester Golf-Club – von 1906, am Falkenstein – hat Aufnahmesperre, die man aber mit fetten, glücklicherweise steuerlich voll absetzbaren Spenden durchbrechen kann. Es gibt auch noch den Reinbek-Wohltorfer von 1901 und den Hittfelder Golf-Club, die ebenso vornehm und teuer sind, sowie fünf weitere Clubs). *»Ich finde, man kann vor lauter Boofkes, die da rumwimmeln, kaum noch spielen – Golf droht ein reiner Massensport zu werden ...!«* – (Falls Sie Schwierigkeiten mit der Aufnahme in einen kleineren Club haben sollten,) *»wenden Sie sich doch einfach an Dalosia* (Krings, geborene von Huszar, die Gattin des Aachener Schermesserfabrikanten und Deutschen Golf-Verbands-Präsidenten Heinz O. Krings)!« – »Wir spielen nur noch in Mohammedia* (Marokko, sehr exklusiv)! *Ich hab da einen ganz süüßen kaffeebraunen Caddie. Ich teile ihn mir mit Barbara* (geborene Hutton, geschiedene Prinzessin Mdivani, geschiedene Gräfin Haugwitz-Hardenberg-Reventlow, geschiedene Mrs. Cary Grant, geschiedene Fürstin Trubetzkoy, geschiedene Madame Porfirio Rubirosa, geschiedene Freifrau von Cramm usw.)!« – »Ralf-Heidam bekommt von mir zu Chanukka eine Harfe* (= *Lazy caddie,* Drahtgestell für den leichteren Transport von acht Schlägern) *...« – »Mit vier ungeraden Eisen, zwei Hölzern und einem Putter im Bag meinen diese Leute, sie seien die Windsors ...!«* – *»Kennen Sie den Niederrheinischen* (Golf-Club)*? Loch für Loch von* (Klöckner-Konzern-Eigner Günter) *Henle gestiftet, großartig, was?«* (Einkommensteuerabzugfähig beim Finanzamt Duisburg.)

GELD *ist ein »must«.* (Es gilt in Europa als »un-o-ig«, darüber zu reden, was man so alljährlich »macht« und wieviel man sich bereits auf die hohe Kante gelegt hat. Aber es kann nicht schaden, gelegentlich von der fürchterlichen Erbschaftssteuer zu reden, die einen nachts nicht schlafen läßt, oder zu erzählen): *»Also, zwohundertfünfzig Mille wollte mir dieser Konserven-Fritze für unsere Grützners* hinblättern ...! Na ja, kommt naturgemäß bei uns nicht in Frage. Demnächst erscheint noch einer und will unser goldenes Tafelsilber für zweihundertvierzig Personen abschleppen ...!«* – *»Ich finde, erst so von der siebten, achten Stelle auf dem Konto an entkrampfen sich die Leute ein bißchen ...«* – *»Wir ham's ja, gottseidank, hab' ich der Gaby erklärt, aber es gibt Leute, die können sich nich mal 'n Chauffeur lei-*

---

* Eduard Grützner, Genremaler des 19. Jahrhunderts; es handelt sich hier um die ganz reizenden Gemälde »Rasiertag im Kloster« und »Im Klosterbräustübchen beim Ave-Läuten«.

*sten ... Man muß dem Kind das klarmachen, find' ich, damit es 'n Gefühl
für Geld bekommt ...«*

GRAMMATIK ist kein »must«, im Gegenteil.

GARDEN-PARTY. *»Falls Sie sich auch Ihren Lawn ruinieren wollen,
geben Sie eine Garden-Party ...« – »Bei* (dem mit ›in ‹-nen Düsseldorfer Finanzmann Herbert) *Liesenfeld dauerte sie drei Tage und
Nächte ... Soraya war auch da ... und echte Zigeuner geigten unter den
Magnolien ... Ich find's irgendwie immer sehr romantisch, aber meistens
regnet's ja ...« – »Ralf-Heidam fordert immer Polizei an, die die Fahrer
einwinken muß, find ich irgendwie sehr chic, nich?« – »Würstl sind doch
ganz passé! Das letzte Mal hatten wir einen ganzen Büffel am Spieß, und
das nächste Mal soll uns Käfer einen Elch braten ... Man kann sie aus
Lappland einfliegen lassen, frisch natürlich, denn die tiefgefrorenen brauchen zu lange zum Auftauen!«*
(Zu einer Garden-Party brauchen Sie, außer etwas Garten, absolut nichts, was sie nicht mieten könnten, sehr repräsentative Gäste
eingeschlossen; und danach brauchen Sie einen neuen Gärt-
ner ...)

GAMSLEDERNE, das heißt: von bayerischen Burschen und auch
reiferen Männern bevorzugte Hotpants, finden Bams, Mausi,
Musch und Rehlein sowohl kleidsam wie praktisch und sexy. Ihre
eigenen Ehemänner hingegen tragen, sobald sie die Donau in
südlicher Richtung überschritten haben, Trachtenanzüge mit
scharfgebügelten Lodenhosen, knappem Jankerl und altrosafar-
bener Krawatte von Meister Max Dietl, München.

H

(HUNDE sind ein ebenso »o«-iges und »in-iges« wie unverfäng-
liches und ergiebiges Gesprächsthema. Sie verdienen deshalb ganz
besondere Aufmerksamkeit. Nahezu jeder Rassehund ist *»in«*,
einige sind ausgesprochen »o«, zum Beispiel Cairn-Terrier,
Afghanen, Maremmas, Huskies, Bassets, Ibizanische Windhunde,
Chihuahuas [sprich: Tschiwháwhás], ungarische Hirtenhunde
vom Puli aufwärts, Groenendaels [sprich: Groonendaals], Peki-
nesen, Hovawarts und so weiter. Aber auch nicht sehr reinrassige
Hunde sowie gewöhnliche Promenadenmischungen mit meist
hohem IQ bringen Prestigepunkte, wenn sie mit einem flotten
»Ach, wissen Sie, Stammbaum haben wir selber!« und einer kleinen,
aber sehr rührseligen Geschichte in die High Society eingeführt
werden. *Auch Hunde haben ihren gesellschaftlichen Rang, und ein Basset
ist etwa soviel wie ein junger Graf,* der für eine vornehme und sehr
beschäftigte Bank als Frühstücksdirektor fungiert.

Die Gespräche mit Hundebesitzern werden nach bestimmten Regeln geführt, wobei *Vulgärausdrücke wie »fressen« ausnahmsweise »un-o-ig«* sind und unbedingt vermieden werden müssen. Ist der Hund, über den gesprochen werden soll, anwesend, so lautet das Konversations-Gambit):

»Nein, ist der schön! Oder ist es eine ›sie‹ . . . ?« (Das Gespräch kann dann weitergeführt werden mit Fragen oder Feststellungen wie): *»Es würde mich wahnsinnig interessieren, was er* (oder sie) *zum Frühstück bekommt . . .«* oder *»Ich bin unheimlich gespannt, einmal aus erster Hand zu hören, ob es wirklich stimmt, daß –* hier ist, wenn man ihrer ganz sicher ist, die Rasse einzusetzen, sonst einfach ›sie‹ – *so phantastisch klug und so wahnsinnig anhänglich sind . . .«* oder ganz schlicht: *»Donnerwetter, ist das eine Persönlichkeit! Unheimlich aristokratisch, nicht?«*
Über Hunde kann immer und solange man will gesprochen werden.

HOBBIES *sollte jeder haben.* (Aber wahrlich nicht jedes Hobby ist *»in«* oder gar *»o«*! Wirklich erstklassige Hobbies für Herren mittleren und noch gesetzteren Alters sind: Kochen, eventuell nur Steaks am Holzkohlengrill braten oder eine raffinierte Art des Flambierens von Crêpes Suzette, das Sammeln von antiken Orientteppichen einer bestimmten, vorzugsweise innerasiatischen Provenienz sowie von langbeinigen Teenagern, wobei auf nicht zu hohen IQ zu achten ist.)
Für eine Dame kommen eigentlich nur zwei Hobbies in Frage; das andere ist: wirklich schöner Schmuck.
Herren sollten fischen, am besten Lachs in Schottland, da ist man noch unter sich – Haie sind nicht mehr »in«. (Schon für zwei- bis dreihunderttausend Mark kann man sich an einem wirklich *»o«*-igen Fluß in Schottland, vielleicht am River Test, Wye, Eden oder Dee, *»ein Stück Lachs«* – d. h. die alleinigen Fischereirechte – kaufen. Man kann auch für schon etwa 400 DM pro Angel und Woche gast-fischen bei dem einen oder anderen Earl, Herzog oder Brauherrn.) *»Natürlich ist mein Mann im Flyfishers' Club«* (Whitehall Court, London S. W. 1 – piekfeine Adresse!) *»Wirklich, Gunter Sachs sammelt Zinnsoldaten – nein, nicht ausschließlich, Sie Schelm, aber ich find's schon ziemlich micmac, wie?«* (»Klio«, Gesellschaft der Freunde und Sammler kulturhistorischer Zinnfiguren e. V., 3167 Burgdorf, Vorsitzender: Generalmajor a. D. Adolf Wolf, gibt nähere Auskunft, falls man sich Gunters Hobby anschließen möchte.) *»Die ( )Loden-)Freys‹ haben ihr ganzes Haus voller Käfer und Insekten – nein, unter Glas, aber Millionen Stück . . .! Also, ich weiß nicht, da sammelt man doch besser Fayence* (sprich: Fajanks) *. . .«* – *»Mein Ralf-Heidam ist ganz versessen auf Jade* (sprich, leicht durch die Nase: Djeehd) – *nein, natürlich bin ich nicht eifersüchtig – es ist eben sein Hobby . . .!«*

HIPPIES: *»Also, ich begreife einfach nich, wie sich junge Leute sowas antun können – an die langen Haare fängt man ja an, sich zu gewöhnen, aber die Garderobe, wenn man sie überhaupt so nennen kann, nee, also ...«* – *»Meine Frau hat sich bei der Jil'son Edelhippykleid gekauft – mal was andres, nich?«* – *»Ja, natürlich, haschen wir gelegentlich, man will da ja mitreden können – nein, wir seppvaständlich nur schwarzen Afghan ...!«*

I

IQ (sprich: Ei-kju, Intelligenz-Quotient). *»Ralf-Heidam meint, mein Ei-kju sei wie sein Blutdruck: viel zu hoch!«* (Das Einstreuen angelsächsischer Fachausdrücke und Modewörter in die »o«-ige Unterhaltung ist wahnsinnig *»in«* – merken Sie sich drum ein paar): *»Kai-Ingo war so down, ich hab den Jungen für morgen bei Professor Forell zum check-up angemeldet ...«* – *»Kai-Ingo, komm, mach mal shake-hands mit der Tante ...«* – *»Rehlein hat von Axel ein penthouse apartment in Bogenhausen eingerichtet bekommen – wie der input, so der output, sage ich immer ...«* – *»Burda sucht 'n neuen Yes-man, mit nicht viel pep, nicht zu effischent, nicht zuviel Driew, einen der zum styling paßt, von hohem Adel natürlich, aber mit jumen tatsch, guter Aktentaschenträger, und ›Wirklich fabelhafter Einfall, Herr Senator!‹ muß er sagen können ... na, wär' das nich'n Job für dich, Kraft-Eberhard?«* – *»Für Mausi 'n Screw-Driver (Orangensaft – sprich dschuuß – mit Wodka, wörtlich Schraubenzieher, Nebenbedeutung: ›Büchsenöffner‹), mir nur 'n Vichy, ich brauch 'n chaser (sprich Tscheeser, ›Nachspüler‹) zum Hennessy ...«* – *»Und wo lassen Sie liften?«* – *»Wir schauen noch in die Lounge vom Bayerischen Hof, Musch, mal seh'n, ob der Beitz ›hi!‹ sagt und 'n Epprootsch macht – ich find' ihn noch 'n Tatsch sexyer als den Prinz Aurel ...«* – *»Ralf-Heidam sagt immer, gut geteimt ist halb gemänetscht ...«* – *»Rehlein sagt, seit sie hot pants aus Alpakkalamé trägt, kann sie sich vor Fan-mail kaum noch retten – vielleicht hat sie zwei Ansichtskarten auf einmal bekommen, die hält doch jedes nervöse Augenzucken für 'ne Messitsch ...«*

INTELLEKTUELLE eignen sich nicht zu geselligem Verkehr oder gar für fröhliche Parties. Man sollte sie da liegen lassen, wo sie ohnehin meistens stehen – links ...

IRRE GUTE MARTINIS (wie sie zum Beispiel Heidrun ihren Gästen schon vor dem Lunch in beträchtlichen Mengen serviert, haben mit dem, was man ursprünglich einmal unter »Martini Cocktails« verstand, nur noch den Namen gemeinsam. Sie) *müssen »sehr trocken«* sein (das heißt: zu 99,98 Prozent aus reinem, gutgekühltem Gin – bei Heidrun: Gordon's – bestehen, mit einer gefüllten Olive garniert sein) *und aus großen Cocktailschalen* – nicht aus Schnapsgläschen – *getrunken werden.* (Der Name »Martini« rührt noch von einem Wermutwein her, den man früher mit einem Spritzer Gin versah. Heidrun nimmt, anstatt »Martini«, supertrockenen »Noilly Prat«-Wermut, und zwar, mittels Pipette, genau einen halben Tropfen je Martini, sowie ein winziges Stückchen Zitronenschale, das einmal über dem Glas angeknickt wird, damit ein Hauch des darin enthaltenen bitteren Öls den Geruch des reinen Gins ein wenig verdeckt.) *Selbstverständlich haben ein paar solcher unheimlich duften Martini-Cocktails nicht das Geringste mit vulgärem Saufen zu tun, etwa dem des Gärtners, den man manchmal schon am hellen Tag einen Schluck Wacholderschnaps* (englisch: Gin) *nehmen sieht* . . .

ITALIEN, *ein Haus in:* »*Man*« *kann kaum noch nach Italien reisen, allenfalls »off-season«* (Offßiisn, außerhalb der Saison) *und dann nur noch zum Rennen nach Monza, zur Scala-Premiere in Mailand, zur Privataudienz beim Papst in Rom oder zum Filmfestival am Lido* (amerikanisch: Leidhooh). (Was man jedoch in Italien jederzeit besuchen kann, ist ein Haus; es braucht nicht einmal das eigene – »*unsere Villa auf Ischia«* – zu sein): »*Wir waren bei Freunden, die einen ganz entzückenden Palazzo in der Nähe von Ravenna haben . . .*« (Es handelte sich um das »Grande Albergo Paradiso« in Cattolica.) »*Unsere Yacht liegt in Portofino . . .*« – »*Ralf-Heidam hat sich von Karim* (Aga Khan) *eine Besitzung an der Costa Smeralda* (Sardinien) *aufschwatzen lassen.*« – »*Also, mich bringen keine zehn Pferde mehr nach Italien, Gnädigste! Sogar im ›Imperiale‹ in Santa Margherita ham die Zimmermädchen gestreikt . . .! Heidrun hat zweimal selbst die Betten aufdecken müssen . . .! Da kann man ja auch gleich kämpen wie die Boofkes, nich?*« – »*In Positano, da is' noch Schliff beim Personal – da gibt's keine Gewerkschaft, nur die Maffia . . . ja, und sehr gutes Publikum, würklich – is ja jetzt auch irre ›in‹, nich?*« – »*Also, was den Italienern fehlt, das is ne starke Hand. Und das Volk sehnt sich ja auch im Grunde danach – in Griechenland zum Beispiel . . .*« – »*'Ne halbe Million hat Emilio für den Fummel berechnet, ich bin fast umgefallen, aber es waren natürlich nur Lire! ›Wie dumm von mir, Maestro!‹, hab ich gesagt, und er war dann auch nich mehr gekränkt – diese Italiener sind ja so sensibel . . .* (zumal, wenn sie, wie Emil Schubert, aus Sachsen stammen . . .) *!*«

J

JAGD *ist ein absolutes »must«* (auch wenn man sich überhaupt nicht daran ergötzen kann, nichts davon versteht, ein miserabler Schütze, ängstlich, farbenblind und Vegetarier ist). »*Seppfaständlich sind wir auf ›Wild und Hund‹ abonniert – wofür halten Sie mich?*« (Der liebe Arndt von Bohlen und Halbach, der sich nicht das geringste aus der Jägerei macht und das laute Knallen ebenso haßt wie den ewigen Bambi-Braten, gibt für sein Jagdschloß, die Bewirtung prominenter Jagdgäste aus dem internationalen Jet Set, die Revierförster und deren Etat alljährlich rund siebenhunderttausend Mark aus.) *»Arndt ist da, finde ich, vorbildlich!«* (Wie man sich als Herr zu den diversen Jagdveranstaltungen kleidet, erfragt man am besten bei Berthold Beitz – Essen-Bredeney, Weg zur Platte –, als Dame bei Frau Heidi Horten – Tenuta Villalta, Madonna del Piano, Kanton Tessin –; beide werden bereitwillig Auskunft geben.) *»Also, zur Leopardenjagd trage ich immer einen ganz schlichten Hosenanzug aus Gazellenleder, dazu ein naturseidenes Blüschen von Tiktiner in Nizza, dazu kleine, vormittagliche Smaragd-Brillant-Besteckung, ein auberginefarbenes Gazellenlederhütchen und nur einen Solitär …«* – *»Ralf-Heidam und ich sind dieses Jahr zur Jagd bei den Bismarcks, den Fürstenbergs, den Wittelsbachern, den Thurn und Taxis und bei dem lieben Ernst-Wilhelm Sachs eingeladen, also da brauche ich mindestens vier verschiedene Ensembles, nich?«* (siehe auch *Schleppjagd*).

JUWELEN: In Hamburg kauft man, einem Ausspruch von Hofjuwelier F. R. Wilm, früher Berlin, zufolge, Schmuck *»nur bei Wilm und bei Bramfeld & Gutruf«*; mit Bedauern fügt Herr Wilm hinzu: *»Große und sehr wertvolle Sachen kaufen die Hanseaten aber in Paris, London und Düsseldorf, weil man in der eigenen Stadt nicht wissen soll, wieviel sie für Schmuck ausgeben …«* (Aus ganz ähnlichen, nur umgekehrten Erwägungen heraus, kaufen Düsseldorfer ihren sehr großen, sehr teueren Schmuck lieber in Düsseldorf, vorzugsweise bei Kern auf der Königsallee …) *»Rehlein hat ein süüßes Diadem bekommen, einfach himmlisch, lauter dicke Brillanten und Saphire, nein, nicht von Wilm, von Bräckerbohm in Köln, sie hat schon versucht, es ihm wieder zurückzuverkaufen, denn sie kann es ja doch nicht tragen – du weißt doch, wie eifersüchtig ihr Kläuschen ist, von ihrem Mann ganz zu schweigen …«* – *»Wenn Ysabel* (Styler, die jüngst verstorbene Ex-Konsulin von Thailand) *abends mit dem Ablegen des Geschmeides nicht fertiggeworden war, trug sie schon zum Frühstück sechs Pfund Perlen …«* – *»Heidi Hortens Brillant-Tiara ist nicht rechtzeitig zum Wiener Opernball fertiggeworden; Helmut hat ihr zum Trost einen Hundertzehnkaräter nebst Leibwächter geschenkt, also, da werden ja die Juweliere nie mehr pünktlich liefern …«* – *»Treten Sie doch näher, gnä' Frau, wir sind hinreichend hoch versichert!«* – *»Also, Ralf-Heidam wollte mir doch so ein Kollier aus schwarzen Perlen schenken – weil wir doch zur Beerdigung vom Herzog Ludwig hinmußten nich? nein, nicht geschäftlich, rein gesellschaftlich natürlich – also, Rehlein, du weißt ja, ich bin nicht abergläubisch, aber man sieht sie ja doch nur auf ganz hell, gell?«* (siehe auch SCHMUCK.)

JOCKEY – nein, kein kleiner Mann, den man auf seinen, das heißt nicht auf seinen, sondern auf unseren edlen Gäulen für uns Trophäen gewinnen und die Stallfarben tragen läßt, sondern eben *»le Jockey«*! Einfache Leute sagen wohl auch »Jockey Club«, aber es heißt natürlich: *»Ich war heute im Jockey«* (Rue Rabelais, Paris, wo sonst?) »*Das Feinste vom Feinen, also würklich! Etwa zwölfhundert handverlesene Mitglieder, die richtige crème de la crème, nich? Rehlein ging ohne Strümpfe zum Prix Lupin in Longchamp, einfach irre, wie mondän das da zugeht, und unheimlich exklusives Publikum und da höre ich doch tatsächlich den Marquis de Rochouard sagen: ›Hübsche kleine Person, reizendes Spielbein, aber splitternackt, gewissermaßen – sagen Sie ihr, Jérôme, daß sie sich erst mal etwas anziehen muß ...‹*«

JETSET: »*Hortens haben sich schon erkundigt, was 'ne private Mondfähre kostet, aber es wird wohl am Personalmangel scheitern, nich?« – »... mit 'ner gebrauchten ›Mystère‹ wollten die Leute uns imponieren – also, würklich! Nächstens halten sich schon welche, die mit Scharnow nach Mallorca fliegen, quasi für Jet-Setter ...*«

K

KAMMERDIENER – *ein »must«!* (siehe auch »Butler«). »*Mit gesammeltem Ernst hat sich der perfekte Kammerdiener in Luft aufzulösen, sobald er überflüssig wird. Nie darf der Diener hören, was der gnädige Herr Baron oder der Herr Generaldirektor mit seinen Gästen spricht. Selbst bei den massivsten Witzen bleibt ein Kammerdiener kühl wie ein Eismeerfisch. Er darf weder grinsen noch lachen. Dieses Vergnügen hebe er sich für später auf.*« (Anweisungen, gegeben in einer Kammerdienerschule, zitiert nach Christian Urhammer.)

KLEIDERSORGEN »*... zu Gast bei einem Cocktail, den die Münchner Boutique-Besitzerin Maja Schulze-Lackner (›Maja of Munich‹) für Prinzessin Marie-Louise von Preußen gab ... Hauptdiskussionsstoff war der Abendkleid-Skandal, der sich auf dem Hamburger Wohltätigkeitsball der ›Weißen Laterne‹* abgespielt hat. Dirigenten-Ehefrau Eliette von Karajan und Gräfin Sabine Nayhauß trugen beide das gleiche ›Edelhippie‹-Kleid (beige Chiffon, bestickte Weste, Stückpreis 1600 DM) aus der ›Maja‹-Boutique ...! Durch einen Zufall kam es zur Panne: ›Im September kaufte bei mir Angela von Hohenzollern das eine Kleid. Das andere hing ich dann sofort auf die Seite, weil ich es nur noch an eine weit weg wohnende Kundschaft verkaufen wollte. Da kam Frau von Karajan. Da Angela gerade ein Baby erwartet und sowieso nicht auf Bälle geht, verkaufte ich das zweite Stück an Eliette. Ich konnte ja nicht ahnen, daß sich Sabine (Gräfin Nayhauß) die Abendrobe von Angela ausleihen würde‹, erklärte mir Maja – in ›Hot Pants‹ wie die meisten weiblichen Party-Gäste, zu denen Lo (Fichtel &) Sachs, die Kessler-Zwillinge, Gräfin Yella Thun, Prinzessin Edda von Anhalt (in Samtshorts), Innenarchitektin Gisi Ashley und Rosemarie (geschiedene Alsen*

---

* »Chiengmai-Fest der Weißen Laternen«, alljährlich Mitte Dezember im Hotel Atlantic stattfindende Wohltätigkeitsveranstaltung zugunsten des Deutschen Aussätzigen-Hilfswerks, dem dabei mitunter bis zu 1200 DM Reinerlös zufließen.

geschiedene) Springer zählten ...« (Münchner »Abendzeitung«-
Society-Starreporter Michael Graeter) – *»Also, Rehlein, ich finde,
das müßte einfach verboten werden, nich? Das gleiche Kleid zweimal!
Ralf-Heidam hat schon mit dem Justizminister darüber gesprochen; er
will es prüfen lassen ...« – »Mausi und Boms ist das doch auch passiert,
es war gräßlich, und Joschi, dieser Flegel, kam auch noch auf die beiden
zu und sagte laut: ›Reizende Idee! Wie Zwillingsschwestern! Glänzend
ausgedacht!‹, wo doch jeder weiß, daß Mausi die Boms wegen ihrer dritten
und Boms die Mausi wegen deren zweiter Scheidung nicht mehr ausstehen
kann ...« – »Also, würklich, ich hab' rein gar nichts mehr anzuziehen,
Ralf-Heidam! Reseda ist out, das Auberginefarbene war gestern, die
zehn, zwölf Fummel, die mir Charlie Ritter vor fast einem Vierteljahr
gemacht hat, sind schon ziemlich passé, das Maisgelbe von Dior ist mir zu
eng, das Champagnerfarbene von Schiaparelli, die drei Laméanzüge und
die Abend-Hotpants von Jil Sander kennt inzwischen jeder – wir müssen
absagen, Ralf-Heidam, oder ich muß nackt gehen oder ... also würklich ...!«*

KRANKHEITEN sind ein »must«, es sei denn, man ist *»topfit«*. Doch
nicht alle Leiden sind »o«-ig genug, beplaudert zu werden. Manches dagegen ist unheimlich *»in«*: *»Gabriele hatte einen Breakdown,
wegen der Tischordnung ...« – »Ralf-Heidam, der Fürst hier hat auch
eine Phimose ...!« – »Professor Kerbel sagt, an der Klitoris soll man
nicht rühren, was sagst du dazu?« – »... Lo liegt mit ihrem simplen
Pfeiffer schon seit zehn Tagen zu Bett!« – »Rehlein ist allergisch gegen
Blumenzwiebeln und Pelze, nur gegen Kronenzobel nich ...« – »Meine
linke Brust is 'n Tick kleiner als die rechte, nich? Und ich war schon bei
x Kapazitäten, und als ich nu gestern bei Professor Stieglitz war, da
nimmt er sie so in die Hand und saacht: ›Ich werde Ihnen 'n bißchen Mas-
sage verschreiben, gnä Frau ...‹« – »Also, ich hab 'n Komplex, einen
richtigen Psy, was Boxer betrifft ...« – »Nee, ich mach' mir da nichts
vor, das is kein gewöhnlicher Schnupfen, das is ein Syndrom ...« – »Mein
lieber Forell, habe ich zum Professorchen gesagt, nu entscheiden Sie sich:
Entweder es is was würklich Kompliziertes oder Sie müssen mir mit Ihrer
Liquidation erheblich entgegenkommen ...« – »Es is doch nur die Nasen-
scheidewand, gnä' Frau, hat er zum Rehlein gesagt, Sie hätten dazu nich
mal den BH abzulegen brauchen ...«*

L

LADYLIKE (sprich: leedileik) ist nahezu alles, was wirkliche Damen
wie Rehlein und Mausi und Heidrun und Musch so tun. Nur wenn
Musch dem Rehlein einen neuen, sehr dekorativen Typ ausspannt,
bevor dieser herumgezeigt worden ist, und auf Vorhaltungen von
Heidrun mit einem Götz-Zitat antwortet, also, *das ist nicht leedileik ...!*

LASSEN: (Es gibt Leute, die arbeiten, und andere, die beschäftigt sind, und schließlich solche, die zu tun haben und andere arbeiten lassen. Sie lassen überhaupt sehr viel:) *»Guy läßt Rehlein jetzt malen, Ganzakt natürlich, bei diesem wahnsinnig talentierten Russen, diesem ausgeflippten Typ, du weißt schon ...«* – *»Wo lassen Sie schreiben, Hoheit?«* – *»Ralf-Heidam, wie heißt dieser Wassermann, von dem wir uns das Horoskop stellen lassen?«* – *»Also, morgens kann ich nich, Musch, da laß ich mich massieren, und um elf laß ich mir von Babs bester Kraft ein Treatment geben; dann laß ich mir Lunch kommen und von Anton den Kurszettel vorlesen, dann laß ich mir von Heidruns Italiener Stunden geben, dolles Bäckhänd hat der Bursche. Dann laß ich mich frisieren und maniküren und laß mir dabei von Bärbel den Tee servieren und den neuesten Klatsch erzählen, man will ja auf dem laufenden sein, nich? Und um halb sechs laß ich mir von ›Putty‹ Sussex einen Cocktail spendieren und ein paar Tips geben, laß mich dann von Knut abholen und zu Verenchen fahren und laß mir die neue Kollektion zeigen ... Also, laß ihn so um neun, halbzehn kommen, Musch, nach dem Dinner, dann bin ich auch ruhiger. Ich hab' mir doch noch nie zuvor eine Warze besprechen lassen ...«* – *»Und wo lassen Sie beten, Durchlaucht?«*

LIEFERANTENEINGANG: *ein absolutes »must«*, das manche Architekten, gerade bei Apartment-Hochhäusern, oft übersehen. *»Da ist ein gewisser Hertz-Eichenrode von der ›Welt‹, gnä' Frau, wegen eines Interviews; er wartet am Lieferanteneingang ...«*

LIEFERANTEN – *ein »must«!* Hier eine Liste, die keinen Anspruch auf Vollständigkeit erhebt, aber einen Grundstock bilden kann:

ARGOT, deftige Pariser Wurst nach Spezialrezept sowie Gutsleber- und Leberrotwurst *nur von* Grashoff in Bremen, der auch Ia Konfitüren hat.

BÄRENTATZEN aus Polen und Rumänien sowie Löwenfilet (6 Monate Lieferfrist!), aber auch normale kalte und warme Büffetts, notfalls bis nach Flensburg: Gerd Käfer, München.

CAIRN-TERRIER edelster Zucht: von IKH Prinzessin Sophie von Hannover, Großbritannien und Irland, geb. Prinzessin von Griechenland und Dänemark, 8166 Neuhaus bei Schliersee, Oberbayern.

DAYONG und andere chinesische Spezialgewürze: G. Tschang, Hamburg 1, Bremer Reihe.

ENGLISCHE SEEKISTEN UND BAROMETER: Eduard Brinkama, »Lord von Pöseldorf«, Hamburg 13, Milchstraße.

FUMMEL: Christian Dior, Balmain oder – es ist eine Familientradition, die bis in die Glanzzeit dieser Firma, in die 30er Jahre, zurückreicht – bei Molyneux, alle Paris.

GOBELINS: L. Bernheimer, München, Lenbachplatz.

HUMMER, natürlich lebend, sowie frisch eingeflogenen Kaviar: Annemarie Seifarth, Hamburg-Norderstedt (Tel. 040-5 24 00 28).

INVESTMENT: Richard Essex, München 2, Preysing-Palais.

JAMS, JELLIES sowie Shortbread: Fortnum & Mason, London W. 1, Piccadilly.

KRAWATTEN und Shawls: Gunter Sachs (»micmac«, München), Yves Saint Laurent, Paris; Eaton »OE« ties: Harrods, London.

LEDERWAREN – natürlich nur von Gucci, Milano.

MODELKLUNKER: Jil Sander, Hamburg; Maison Haase, München.

NUDELN, GRÜNE (Tagliatelle verdi), nur von Patrini's, München 2, Weinstraße 6.

OBERHEMDEN, selbstverständlich nach Maß, von: Haupt & Schmeiß, Hamburg, Etage am Neuen Wall; Hans Reiser, München 23, Leopoldstraße 149a.

PERSILLADE (Petersilienflocken mit Knoblauch): Fouchon; alle trockenen Gewürze: Hédiard, beide Place de la Madeleine, Paris.

QUARK aus Milch von Guernsey-Kühen sowie Frühkartoffeln: Dame Sybil Hathaway, D. B. E., Sark, Channel Islands.

REITSTIEFEL: Heribert Dirrigl, München 2, Amalienstraße 14a, Hoflieferant des belgischen und des griechischen Königshauses sowie der (Zirkus-)Prinzessin Christel Sembach-Krone.

SÜSSIGKEITEN: Marquise de Sévigné, rue du Faubourg St. Honoré, Paris.

TAFELSILBER: Georg Jensen, Kopenhagen (Nachbestellungen auch bei deutschen Filialen, z. B. Düsseldorf, Königsallee 26).

UHRMACHER: Vacheron & Constantin, Genève.

VLAUSH-TISSUE (Klopapier designed by Frank Gianninoto Associates) mit dieser eigenwilligen Bezeichnung und Schreibweise nur von Generalkonsul Hans Klenk (Hakle-Werke), 65 Mainz-Gonsenheim.

WEINBERGSCHNECKEN: »Escargot«-Ternovsky, Bourg-en-Bresse, 10, rue Bichat, gegenüber dem Rathaus (auch vorzügliches Restaurant).

ZIGARETTEN: Sobranie, Sobranie House, London W. 1 (Spezialmischungen nach persönlichem Geschmack mit Aufdruck »Specially blended for . . .« auf jeder Packung).

M

MENUVORSCHLÄGE: »Man aß mit Händen und Füßen; die meisten Gäste kauerten und kauten auf Fellen und Kissen. Von der Decke hingen Trauben, Artischocken und Knoblauchzehen. Auf der zehn Meter langen Tafel lagen: sechzig Hummer, dreihundert Krebse, zwei Zentner Muscheln, viertausend Belon-Austern, hundert Hühnerschenkel, vierzig Pfund Spanferkel, fünfzig Pfund Kalbshax'n, siebzig Pfund Roastbeef, zwanzig Pfund Lachs und dreißig Pfund Käse in siebenundzwanzig Sorten . . . Man trank sechzig Flaschen Champagner, hundertfünfzig Liter Wein, dreißig Flaschen Whisky, vierzig Flaschen Wodka . . . Zum Nachtisch gab es einen halben Zentner Erdbeeren (aus Israel), sechzig Ananas . . . dazu den Endlosstreifen mit der berühmten Freß-szene aus ›Tom Jones – zwischen Bett und Galgen‹ in Cinerama . . . Ich sah noch nie soviele zufriedene Gesichter, man konnte hören, wie es jedermann mundete. Es labten sich: Prinz Ferfried von Hohenzollern, Erica Thyssen, Graf Gundi Lösch, der halb Niederbayern besitzt, Verleger Hubert Burda, Bleistift-Erbe Graf Toni Faber-Castell . . . Gunter Sachs und Axel Springer junior mußten verzichten, weil der Lufthansa-Streik . . .« (Nach einem Bericht von Michael Graeter in der Münchner Abendzeitung vom 1. Februar 1971).

»Am 11. Mai 1966 trat der katholische Schriftsteller Reinhard Raffalt wieder einmal in den nach vielen Frühlingsblumen duftenden grünen Salon des Ehepaares Dr. Konrad und Gabriele Henkel und sprach vor sechzig Gästen über ›Gotteslästerung‹. Alsdann speiste man: Möweneier auf Morcheln, Essenz von jungen Tauben, getrüffelten Kapaun, Käseplatte, Erdbeeren ›Aurora‹. Dazu gab es 1964er Maximiner Stiftswein, 1958er Wiltinger Gottesfuß feine Auslese, 1960er Mouton Rothschild Cadet und Champagner der Marke ›Heidsieck Monopol Red Top‹. Das Deckblatt der Menükarte zeigte die Reproduktion einer ›Allegorie des Frühlings‹ von dem Florentiner Renaissance-Maler Andrea Boscoli, deren Original die Hausfrau ihrer eigenen kleinen Sammlung von Handzeichnungen entnehmen konnte. Während die Gäste tafelten, trat Künstler Karl-Heinz Schaeffner mit einer Renaissance-Laute vor sie hin und spielte, was eine elegante Programmkarte angekündigt hatte: Musik an englischen und spanischen Fürstenhöfen des 16. und 17. Jahrhunderts: Fantasias, Pavanas, Galliardes y Diferencias ...« (Nach einem Bericht von Peter Brügge im Nachrichtenmagazin »Der Spiegel«.)

»Also, Ralf-Heidam, ich hab mir gedacht, wenn die Tournedos Rossini serviert werden, dann lassen wir Karajan die Ouvertüre zu ›Figaros Hochzeit‹ dirigieren – oder wie hieß der Friseur ...?« – »Für die Menükarte dachte ich mir was von der Kollwitz als Kontrast, nich?« – »Also, wenn wir auch sehr fortschrittlich sind, Mausi, ich persönlich mag keine Dichterlesungen vor dem Kalten Büfett – die Leute drängeln dann so fürchterlich ...« – »Die Essenz von jungen Enten im ›Tour d'Argent‹ war viel besser, nich? Na ja, Persil bleibt Persil!« – »Nach den frischen Haifischflossen geben wir Biermast-Kobe-Filetsteaks von handmassierten japanischen Angus-Rindern aus schottischer Highland-Zucht, dessis wahnsinnig ›in‹ ...« – »Wir nehmen immer Pommes Parmentier – da weiß man doch, was man hat, nich?«

MALEN: Sie sollten sich unbedingt malen lassen, am besten von Professor Mathias Padua (Sammel-Rufnummer: 08022-5013) oder von Aaron Shikler, der ein ganz süßes Bild von Jackie Onassis für die Sammlung des Weißen Hauses gemalt hat. Nicht ganz so gefällig, aber auch sehr »in« sind Porträts von Salvador Dali. Besonders chic ist ein Ganzakt der Hausfrau, anmutig liegend, für Empfangshalle oder Salon, auf Wunsch auch von Professor Padua (von dem übrigens auch die wunderschönen, bislang oft fälschlich einer frühen Schaffensperiode des ›Karstadt‹-Chefdekorateurs zugeschriebenen Fresken im Eingang zur Lebensmittelabteilung des Münchner Kaufhauses Oberpollinger stammen).

MODERN siehe FORTSCHRITTLICH

N

NACHSCHLAGEWERKE: Neben dem »Duden«, der einem über die Klippen der Rechtschreibung hinweghelfen kann und beim Scrabble unentbehrlich ist, sowie einem Lexikon, das einem ermöglicht, unheimlich dufte neue Fremdwörter in die Cliquen-Sprache einzuführen (siehe XENOPHOBIE), sollte man über alle Bände des »Genealogischen Handbuchs des Adels« verfügen (»Was ist denn die Lix überhaupt für eine Geborene ...?« Sie ist, wie sich dann rasch zeigt, enttäuschenderweise eine Béthune-Hesdigneul, also aus sehr gutem Stall, aber vielleicht hat man bei einer anderen mehr Glück ...); ferner braucht man die neuesten Ausgaben von »Who's who?« und »Wer ist wer?« – aber Vorsicht! Oft lassen sich die Angehörigen der *Crème de la crème* rascher scheiden und wieder trauen, als die Herausgeber drucken lassen können, und anstelle von III) Paula, geb. Himpell müßte es schon längst V) Praline, geb. Katuweit heißen. Dagegen ist auf sonstige Hobbies der Großen, soweit angegeben, hinreichend Verlaß, und wenn man den Baron Karl Theodor von und zu Guttenberg trifft, dann weiß man, daß man mit ihm über Jagd sowie Außenpolitik plaudern kann.

NAMEN von wirklich feinen Leuten läßt man scheinbar achtlos hie und da fallen und beeindruckt damit seine Gesprächspartner mehr oder weniger tief. Dieses *name dropping* ist eine hohe Kunst, die gelernt sein will. Man darf nicht allzu plump vorgehen – *»Wie der liebe Marcel mir letzten Herbst noch sagte ... Sie kennen doch den großen Marcel Proust?«* –, denn möglicherweise weiß der andere, daß dieser Schriftsteller bereits (1922) verstorben ist. Man sollte auch ganz sicher sein, daß derjenige, mit dessen Namen man sich gerade brüstet – *»Der Gaekwar von Barodi is'n wunderbarer Liebhaber ...!«* – nicht fünf Minuten später darum bittet, einem vorgestellt zu werden.
Umgekehrt ist es sinnlos, sich auf intimste Freundschaft mit Leuten zu berufen, die, obzwar sehr prominent und von uns mit ihren Kosenamen ins Gespräch geworfen, andere nicht beeindrucken können. Schwärmen wir etwa dem Fürsten Bismarck von »dem lieben Ossi« vor, so wird Durchlaucht erstens nicht sofort an Direktor Oswald Paulig denken, den Hamburger SPD-Fraktionschef, sondern zunächst an »Ossi« Sayn-Wittgenstein, auch zweitens, wenn über diesen Irrtum aufgeklärt, uns nicht so ehrfürchtig bestaunen, wie wir gehofft hatten. Drum ist es besser, sich an die folgende Liste zu halten; sie umfaßt nur Namen, die a) Eindruck machen, b) jederzeit bedenkenlos fallengelassen werden können, weil ihre Träger durchweg reizende Leute und hinreichend *»good sport«* sind, die Dropper ihres Namens nicht bloßzustellen. Also, bedienen sie sich:

ABS – Bankier Hermann Josef, nur den Nachnamen verwenden!
BAUTZ – Krupp-Stiftungspräside Berthold Beitz.
COUVE – Maurice Couve de Murville, Diplomat und Ex-Premier.
DENISE – (vierte) Baronin »Heini« Thyssen-Bornemisza.
ELIETTE – »die liebe Eliette« von Karajan.
FERDI – »der liebe Ferdi« Mülhens (4711).
GIANNI – »der liebe Gi(ov)anni« Agnelli (FIAT).
HETTY – Henriette von Bohlen und Halbach, »ein prima Kumpel«.
IAN – »der gute alte Ian«, John 13. Herzog von Bedford.
JOSCHI – »der liebe Joschi«, Star-Agent Josef von Ferenczy.
KARIM – »der liebe Karim«, Seine Hoheit Karim Aga Khan IV.
LOPPE – »der liebe Loppe«, Graf Leopold Bismarck, Jahrgang '5'
MAXE – »der gute alte Maxe« Schmeling.
NIKI – »die süüße, sehr begabte Niki« de Saint Phalle.
ÖTSCH – »der liebe Ötsch«, Otto Wolff von Amerongen.
PEPE – »der göttliche Pepe«, *BILD*-Oberboß Peter Boenisch.

QUANDT – Industriemilliardär Dr. Herbert Quandt, nur Nachname!
RUDI – »der liebe Rudi«, *SPIEGEL*-Verleger Rudolf Augstein.
STASCH – Prinz Stanislaus Radziwill, Jackie Onassis-Schwager.
TONY – »der liebe Tony«, Anthony Earl of Snowdon.
USCHI – »die liebe, wirklich unheimlich begabte Uschi« Glas.
VERUSCHKA – »die tapfere Veruschka« Gräfin Lehndorff.
WALLIS – »die liebe, gute Wallis« Herzogin von Windsor.
XY-ZIMMERMANN, Eduard – »der gute, alte Ganoven-Ede«.
ZAHN – einer der vier Brüder Zahn, »ein ganzes Gebiß« (Abs); der Älteste, Dr. Johannes,
Senior der C. G. Trinkaus-Bank, heißt »GOLDZAHN«, der Jüngste, Dr. Joachim, »Sprecher«
(= Generaldirektor) von Daimler-Benz, kann in Abwesenheit »MILCHZAHN« genannt werden.

So, und nun ›choppen‹ Sie fleißig! Lassen Sie – als Herr – durch-
blicken, daß die mehr oder weniger erlauchten Träger der von
Ihnen scheinbar achtlos fallengelassenen männlichen Namen Sie
in einer sehr heiklen Angelegenheit um Rat und Hilfe gebeten
haben; daß die Damen Ihnen eine zärtliche Erinnerung bewahren.
Weibliche Benutzer der obigen Liste müssen den Eindruck zu
erwecken trachten, daß sie gerade erst das Bett, Bad oder Boudoir
mit dem oder der Betreffenden geteilt haben. Das hebt (richtiger:
liftet) ihr Ansehen gewaltig!

O

OKKULTISMUS: *Reges Interesse für Übersinnliches ist ein absolutes gesellschaftliches »must«, eine conditio sine qua non . . .!* Man kann sich
mit den Weissagungen des »Bild«-Zeitungs-Horoskops begnügen
oder, wie »Bild«-Verleger Axel Caesar Springer, einen hauptbe-
ruflichen Leibastrologen beschäftigen; man kann sich – was sehr
»O« ist! – von einer älteren Dame der besten Gesellschaft, etwa der
Fürstin-Witwe Lobanow-Rostowsky, die Karten schlagen lassen,
in der Sylvesternacht bei Julia und Peter von Siemens in der
Küche Blei gießen und es der Dame des Hauses zur Deutung
präsentieren; man kann Frau Bundeshellseherin Buchela in
Bonn konsultieren – vorher mit Frau Ria Alsen vom Weinhaus
Maternus in Bad Godesberg sprechen! – oder, wie einige der
dynamischsten bundesdeutschen Industrie-Bosse, ein Siderisches
Pendel benutzen . . . *Aber irgend etwas Okkultes muß man schon betreiben* (oder betreiben lassen)! *»Ralf-Heidam ist ein richtiger alter
Steinbock!«* – *»Rehlein läßt sich am liebsten von Prinz Meli-Lupi pen-
deln . . .«* – *»Also, Musch, ich habe zu Kai-Otfried gesagt, wir müssen
etwas tun, sonst sind wir out, nich? Hellingraths sollen erst kürzlich einen
Guru zum Souper gehabt haben, und wir hatten noch nichma einen Der-
wisch . . .«* – *»Würklich, Götz-Eberhard, schon Papa hat immer gesagt,
es gibt mehr dolle Dinge zwischen Bogenhausen und dem Himmel, als wir
uns im Lyzeum träumen lassen . . .«* – *»Bei Annelie Grundig soll bei
Séancen besonders guter Empfang sein – na ja, kein Wunder, nich?«* –
*»Also, ich weiß nich, Knut-Holger, im Privatleben natürlich, aber ob
man die ganze Konzernpolitik wirklich wie der Axel auf einen einzigen*

Chefsterndeuter abstellen soll? Der Kerl braucht doch nur mal Jupiter mit Venus zu verwechseln, und schon sind die Dividenden im Eimer!« – »Mit dem Mond im dritten Haus, sacht sie, da würde sie nich mal mit Onassis ins Bett steigen – also, ich weiß nich . . .«

ORDEN: heben kolossal, können aber leider nur zu Frack und großer Abendrobe getragen werden. (Man achte bei der Anschaffung auf die Farben der Schleifen und Bänder. Vorsicht bei dänischen Orden! Es gibt da welche mit schwarzer Schleife, die sich vom Frack überhaupt nicht abheben . . .) Bundesrepublikanische Orden können über die zuständige Industrie- und Handelskammer bezogen werden. Steuerlich voll absetzbare Wahlkampfspenden sind mit Ordenswünschen leicht zu koppeln *(»Ralf-Heidam macht da 'n Junktim . . .«)*. Wegen eines sehr dekorativen Ordens vom Heiligen Grabe zu Jerusalem – es gibt neben dem päpstlichen auch noch den des Archimandriten – wende man sich an den Generalsekretär, Arndt von Bohlen und Halbach. Der sehr eindrucksvolle weiße, goldbestickte und rot abgesetzte Umhang, der normalerweise nur zu Fronleichnam und in den eigenen vier Wänden getragen wird, ist von Balmain zu beziehen. Der ebenfalls recht kleidsame, auch durch Umhang hervorstechende Orden von St. Agatha wurde früher von Konsul a. D. Hans-Hermann Weyer zum Stückpreis von sechstausend Mark (zuzüglich Umhang und Mehrwertsteuer) geliefert. Andere Orden, die sehr empfohlen werden können, sind: Großer Stern mit Brillanten zum Kommandeurkreuz des Ordens Isabel la Católica (Auskunft: Generalkonsul Dr. Carl Underberg); Königlicher Hausorden von Hohenzollern (Auskunft: Freiherr Ernst Carl von Gersdorff, Leiter der Generalverwaltung des vormals regierenden Preußischen Königshauses, Bremen); Orden der afrikanischen Erlösung (Auskunft: Konsul von Liberia Hans Georg Cramer, Köln-Marienburg); Vasco-Nuñez-de-Balboa-Silvester-Orden der Republik Panama (Auskunft: Konsul Eugen Baum, Hannover); Stern des St. Marcus-Ordens des Patriarchen von Alexandria und Gesamtafrika (Auskunft: bei diesem, Place Mohammed Ali, Alexandria); Offizierskreuz des portugiesischen Christus-Ordens (Auskunft: Fritz P. Molden, Wien XIX.) *»Ralf-Heidam, jetzt haste dir Hummermayonnaise auf den Satin vom Weißen Elefanten gekleckert . . .«*

OTTO (VON) HABSBURG (Pöcking über Starnberg, Hindenburgstraße 15) steht für sehr chice, gut abendländische Vorträge in festlichem Rahmen jederzeit zur Verfügung. (Anrede: Kaiserliche und königliche Hoheit.)

POLO – *ein Sport, bei dem man noch unter sich ist.* (Während es in Großbritannien knapp fünfhundert Polo-Spieler gibt, an der Spitze
Prinz Philip, Lord Cowdray und der Maharadscha von Jaipur,
sind es in der Bundesrepublik noch keine fünfzig, organisiert in
nur zwei Klubs, dem »Hamburger Polo-Club von 1898«, in dem
Hocharistokraten und Society-Größen zweimal wöchentlich auf
eigenem Klein-Flottbeker Rasen diesem sehr kostspieligen Sport
huldigen, und im »Düsseldorfer Polo-Club« mit bloß dreizehn –
etwas weniger aristokratischen und prominenten – Mitgliedern.
Zum richtigen Polo braucht jeder Spieler mindestens vier Pferde,
aber der Herzog von Edinburgh hält sich deren elf.) *Ein Polo-*
Pferd darf niemals »Pferd« genannt werden, sondern heißt Pony! (Jedes
Pony kostet etwa zehntausend Mark, dazu jährlich etwa zweitau-
sendfünfhundert Mark Unterhalt.) *»Ralf-Heidam sagt immer, das*
einzig Billige am Polo seien die Stöcke ...« (Sie kosten knapp 25 DM
das Stück und werden, weil sie so leicht brechen, dutzendweise
gekauft ...) Mit der ganz beiläufigen Bemerkung, *»der erste Polo-*
Club wurde 1859 in Cachar im Staate Munnipore gegründet, und zwar
von General J. F. Shere, der, wie ich mich erinnere von meinem Großvater
gehört zu haben, damals noch Regimentsadjutant in der bengalischen
Armee war, bei der Sylhet Light Infantry ...«, kann man die Leute
zu starrem Staunen und jede Konversation zum Erliegen bringen.

PFERDE *sind ebenso wichtig wie Hunde.* (Siehe auch Derby, Deauville,
Rasse, Schleppjagd Clubs usw.) *»Ralf-Heidam ist ein Pferdenarr,*
also würklich! Er braucht nur das Wort ›Vollblut‹ zu hören, dann ver-
gißt er, daß er mitten in einer Konferenz ist ...« – »Wir züchten Haf-
linger – sie sind so goldig, nich? Und auch ziemlich in – Generalkonsul
Underberg seine sind nich halb so edel wie unsere, hat Dr. Meckel gesagt,
und der ist ein wirklich erstklassiger Fachmann, nich ...?« Es empfehlen PR-Berater wie Imag. Pfleger, mindestens drei Fachzeit-
schriften zu abonnieren, darunter eine englische, etwa *»Country*
Life« oder *»Horse and Hound«,* sie, zusammen mit Handschuhen,
Reitpeitsche und einer schicken, etwas altmodischen Kopfbedek-
kung, überall im Hause herumliegen zu lassen und auch sonst durch
Wandschmuck, Tapeten und Nippes erkennen zu lassen, wie sehr
einem Pferde am Herzen liegen. *»Das erste, was ich von Ralf-Heidam*
geschenkt bekam, war Bindings ›Reitvorschrift für eine Geliebte‹ ...«
(Sie brauchen sich in Wirklichkeit nicht das geringste aus Pferden
zu machen; aber sammeln Sie fleißig Würfelzucker, immer mit
der entschuldigenden Erklärung: *»Sie müssen mal erleben, wenn ich*
in den Stall komme und vergessen habe, Zucker mitzubringen ...!«
Schlanke junge Damen machen sich, zumal in Hotelhallen, an
Bars oder in Tea Rooms, sehr gut im Reit-Dreß – Peitsche nicht
vergessen! Manche nehmen wirklich Reitstunden.) *»Wir sind na-*

türlich im Hauptverband für Zucht und Prüfung (deutscher Pferde e. V.,
Deutsche Reiterliche Vereinigung – FN) . . .«

PERSÖNLICH – ein wichtiges Wort! Sagen Sie öfter: »*Also, was
mich persönlich betrifft . . .«; dann wissen die anderen, daß Sie wirklich sich meinen. »Ich persönlich laß mir am liebsten schönen Schmuck
schenken, das ist doch was Persönliches, nich?« – »Rehlein sagt immer,
jeder Mann hat eine andere persönliche Note . . . Also ich persönlich
möcht' wirklich wissen, was sie damit meint . . .«*

PERSONAL *ist nicht mehr, was es war* (zum Beispiel: so billig, so un-
ermüdlich dienstbereit und tüchtig, so bescheiden und so leicht
zu ersetzen wie früher). Zu Parties sollte man sich geschultes
Personal mieten. Es macht nichts, wenn der Lohndiener im laufenden Monat auch schon bei Jädickes, Grünbeins, Teeschwofels
und Caspareks serviert hat, die nun alle zu uns kommen. »*Personal,
ich meine: wirklich geschultes Personal, wird immer knapper . . .« –
»Versucht es doch mal in Hongkong . . .! Heidi Horten hat da ein wirkliches Schnäppchen gemacht – natürlich hat er Schlitzaugen, aber er kann
sogar reine Seide bügeln . . .« – »Rehlein hat einen nubischen Butler, fabelhaft, nich? Sie läßt ihn aber weiße Handschuhe tragen . . .«* (Siehe auch
»Butler«.)

Q

QUEEN, *die*: Die Queen, wie sie auch hierzulande genannt wird,
genießt auf dem Kontinent, zumal in der Bundesrepublik, mindestens ebensoviel Sympathie und noch höheres Ansehen als in
ihrem eigenen Inselreich. Das mag damit zusammenhängen, daß
ihr gegenwärtiger Familienname, Windsor-Mountbatten, eigentlich Sachsen-Coburg-Gotha-Battenberg lauten müßte. Seit 1714
waren alle Inhaber des Thrones von Großbritannien und, mit
einer Ausnahme, auch ihre Ehepartner deutscher Herkunft. »*Das
gibt uns schon ein gewisses Recht, zu sagen: Sie ist eine von uns . . .!«*
(Zumal sehr, sehr reiche Leute dürfen so sprechen, denn die
Königin von Großbritannien ist, auch wenn sie und ihr Gemahl
ständig über die allzu geringen Bezüge im Rahmen ihrer Zivilliste
jammern, eine der reichsten Frauen der Welt. Das hartnäckige
Fordern von Apanageerhöhungen ist, wie so vieles in England,
eine alte Tradition . . .)
Die Queen eignet sich hervorragend als Quelle zusätzlichen Prestiges für alle, die ihrem Beispiel folgen: »*Also, würklich, Rehlein,
sie sind ja sooo viel besser! Ich schicke schon seit Jahren alle Anzüge und
Kostüme zu Lilliman & Cox nach London; dort läßt ja auch die Queen
reinigen . . .« – »Heidrun hat Himmel und Hölle in Bewegung gesetzt,
um herauszufinden, woher die Queen ihre Kinderwagen bezieht – sie halten*

es begreiflicherweise geheim ... Also, wenn du es niemandem weiterer-
zählst: von Millsons' Ltd., Pram Makers, und zwar das Modell von
1960, als Prinz Andrew geboren wurde ...« (Kinderkleidung kauft
die Queen übrigens nur bei La Châtelaine in Paris ...)
(Es gibt zahlreiche Produkte, die das Wappen der Queen tragen
und deren Hersteller *»By Appointment«* Hoflieferanten von »Buck
House« sind. Man kann nur hoffen, daß die Queen nicht gezwungen ist, sie alle zu benutzen oder zu genießen ...) *»Rehlein hat*
jetzt ›Sleepeezee‹-Matratzen, genau wie die Queen; sie verspricht sich
davon noch mehr Zulauf ...« – »Also, ich weiß nich, Mausi, nu probier
ich schon die neunzehnte Teesorte der Queen aus – ja, natürlich von Fort-
num & Mason! –, diese schmeckt wie Seife ...« – »Würklich, Heidrun,
du meinst, ich soll mir auch bei Norman Hartnell etwas machen lassen?
Also, ich weiß nicht ... Warum kauft die Queen nicht bei Balmain?«
Auch Elizabeth, die Königin-Mutter, genießt höchstes Ansehen
und kann infolgedessen prestigefördernd eingesetzt werden:
»Ralf-Heidam hat mir aus London eine große Flasche Veilchenparfüm
mitgebracht, von Yardley ... – nichts Besonderes? Also, nu erlaube mal,
die sind Hoflieferanten der Queen-Mother, speziell für Parfüms ...!«
(Wenn Sie sich mit Engländern über die Vorzüge der Queens
unterhalten, dann sollten Sie vorsichtiger sein als der Marquess
of Blandford – »Jojo« –, der mit Susan, seiner Frau, einer geborenen Hornby, von den Hornbys auf Shelly House, Sie kennen sie
sicher, bei der Queen in Windsor zum Dinner, aber ganz *en famille,*
eingeladen war und auf die Frage, ob er und seine junge Frau
auch so enorme Schwierigkeiten hätten, genügend Hauspersonal
zu finden, fröhlich erwiderte: *»Well, Ma'am, wir hatten Glück. Wir*
konnten ein paar ältliche Queens auftreiben; die machen sich ganz gut ...« –
Queens nennt man nämlich in England auch einen bestimmten,
übertrieben affektierten und eine enorme Vorliebe für viel schönen Schmuck zeigenden Männertyp, den man hierzulande, wo die
Monarchie ja leider abgeschafft ist, schlicht »Tanten« oder »Tun-
ten« nennt ...)

QUINTESSENZ: *»Ralf-Heidam hat ›Gruppenbild mit Dame‹ diagonal*
gelesen, und er vermittelt mir dann die Quintessenz, nich? Man will ja
mitreden können ...«

QUECKSILBRIG *lachen ist ein gelegentlich unerläßlicher Beitrag wirklicher*
Damen zur gepflegten Konversation, dies zumal in der Stille einer stern-
klaren Tropennacht, wenn auf der Luxusterrasse mit Blick auf die
Lagune der irrsinnig gutaussehende Latifundienbesitzer sich erbietet, seinen
Kopf (oder doch den eines seiner besten Plantagenarbeiter) gegen zwei
gutgeeiste Martinis zu wetten, daß es ihm noch vor Morgengrauen gelin-
gen werde, eine Locke aus der Intimsphäre der bildschönen, doch bislang
unnahbaren Contessa vorweisen zu können – derartig kitschige Kli-
schees werden nicht nur von älteren Schnulzen-Romanciers gerne

verwendet, sondern auch von wirklichen Jetsettern zum Inhalt
ihrer wachen, also meist nächtlichen Stunden gemacht. Drum:
Keine Scheu, meine Damen! Lassen Sie den Boy nackt nach dem
Solitär tauchen, versengen Sie den greisen Bankier und heimlichen
Maffia-Boß mit ihren glühend sinnlichen Blicken, und lachen Sie
quecksilbrig . . . !

R

RASSE: »*Hans-Holger, wir haben heute abend einen jüdischen Mitbürger
unter uns, den Baron Elie de Rothschild, ich wollt's dir nur vorher gesagt
haben . . .*« – »*Rehlein hat mit Saddrudin die Rassenfrage erörtert; sie
sind zu dem Ergebnis gekommen, daß man sie nur gesellschaftlich lösen
kann . . .*« – »*Ich finde, wenn einer ein wirklich großes Vermögen hat,
dann kann er ruhig Inder sein, nich? ›Ari‹ Onassis is ja auch kein
Europäer . . .*«

REISEZIELE: »*Rhodesien is wieder ganz ›in‹ . . .*« – »*Wir machen ne
Safari mit dem Prinzen Auersperg, ja . . .*« – »*Also, würklich, is ganz
prima, nich, Hans-Holger? Ich saach grad zu Ralf-Heidam, daß wir
dieses Jahr in Burundi waren . . . Man weiß ja auch würklich nich mehr,
wo man noch hinfahren soll, nich?*« – »*Nee, China hamwa noch nich ge-
bucht, ich saare immer, erstma abwarten, nachher is Scharnow da, und
man kann vor lauter Bussen den Kaiserpalast nich mehr sehen . . .*« –
»*Marbellja is ja ganz nett, nich? Aber das Publikum hat auch sehr
nachgelassen . . .*« – »*In Kairo wohnen wir immer im Hilton, da weiß man
doch, wo man dran is; es ist genau wie in Berlin . . . !*« – »*Malcesine? Na,
das is doch ganz out! Meine Friseuse weiß schon, wie man das aus-
spricht . . .*« – »*Wir haben unser Chalet bei Lugano und die kleine Villa
am Meer gleich hinter Positano, unsere olle Kate in Kampen, das Gut in
Irland, den Bungalow auf Ibiza, das Häuschen in Escorial und die Jagd
in den Ardennen – da möcht man ja auch mal 'n Antillen-Kruus machen,
nich?*«

RATLOS: »*Ob mir der Klee mehr zusagt als der Kandinsky, hat er mich
gefragt, Ralf-Heidam, – es standen noch nichma Preise dran, ich war
ganz ratlos . . .*«

REZEPTE sind ein ungemein beliebter Gesprächsstoff, nicht allein
unter Damen. Man sollte daher immer ein paar wirklich gute, alte
Rezepte bereithalten, mit denen man glänzen kann. »*Also, Hans-
Holger würde gekaufte Konfitüre nichma mit'm Löffel berühren, Musch!
Ich nehme immer Pfund auf Pfund . . .*« (in hübschen Einmachglä-
sern und reicher Auswahl von Grashoff in Bremen). Hier ein
wirklich gutes Rezept, dessen beiläufige Wiedergabe auf einer
Soirée viele Prestige-Punkte einbringen wird: »*Man legt achtzehn*

*Lerchen, nachdem diese geputzt, geflammt und die Füße schön eingesteckt
sind, in eine Kasserolle nebst ein viertel Pfund Butter, etwas Salz, fein-
gestoßenen Pfeffer und dämpft sie acht Minuten lang auf schwachem Feuer.
Dann gibt man einen Eßlöffel voll feingehackte Petersilie, ebensoviel
Chalottezwiebel und einen Eßlöffel feingehackte Champignons daran
und läßt die Vögel damit nochmals vier bis sechs Minuten dämpfen, stäubt
hierauf einen Eßlöffel voll Mehl hinein, gießt ein Trinkglas weißen Wein
und ein halbes Glas kräftige Fleischbrühe hinzu, läßt es miteinander gut
durchkochen und richtet die Vögelchen auf einer Schüssel hübsch an.«*
(Aus dem Würzburger Kochbuch von 1873; auf der Menükarte
als *»Alouettes aux fines herbes«* zu verzeichnen. Anstelle von Lerchen
kann man auch Dompfaffen nehmen. Wegen eines Bezugsquellen-
nachweises wendet man sich, aber vielleicht zunächst ohne Angabe des Verwendungszwecks, an den Präsidenten des Deutschen
Naturschutzringes e. V., Herrn Professor Dr. Dr. Bernhard
Grzimek.)

RESTAURANTS: Schon für 300 Schweizer Franken können Sie die
Goldene Karte des Clubs Gault-Millau erwerben, die Ihnen Son-
derbehandlung oder sagen wir: besonders gute Behandlung in
einigen Spitzenklassen-Restaurants verheißt! Wenden Sie sich
dieserhalb an die Sekretärin: Marie-Christine du Roy de Blicquy,
42, Boulevard de la Saussaye in Neuilly.

REIZEND: ein unerhört wichtiges Wort, das aber nur im Sinne von
›nett‹ gebraucht werden sollte. Zeigt Ihnen also der Hausherr
seine Hobbykeller mit der elektronisch gesteuerten, von einem
Bundesbahnoberinspektor a. D. betreuten Spielzeugeisenbahn,
präsentiert Ihnen die Dame des Hauses ihre kleine Riemen-
schneider-Sammlung, den Geburtstags-Botticelli, die elektrisch
verschiebbare Riesentanzfläche, unter der ein geheizter, magisch
beleuchteter Meerwasser-Swimming-Pool zum erfrischenden Bade
lockt, und dann die mittels Knopfdruck geräuschlos versenkbare
80-qm-Glaswand und den granitnen Mammutkamin im Freien,
so lassen Sie sich nicht beeindrucken! Sagen Sie nur: *»Reizend,
wirklich ganz reizend hamses hier!«*

S

SCHNEIDER: *Einen erstklassigen Herrenschneider zu haben, ist für den
wahren Gentleman ein gesellschaftliches »must«.* Erstklassige Schneider
erkennt man daran, daß sie um ein Geringes teurer sind als gewöhnliche Schneider. Die Preise für einen Anzug liegen bei ihnen
gegenwärtig um vierzehnhundert Mark ... In Hamburg nimmt
Josef Beck Maß für wahre Gentlemen wie Axel Caesar Springer
oder auch den westfälischen Stahlindustriellen Erich Benteler.

An weiteren Elite-Schneidern der Hansestadt sind Staben, Kröger und – *last not least*, da sehr konservativ und oldfashioned englisch – Ladage & Oelke zu nennen. Die ganz alten und sehr vornehmen Hamburger – wobei sich »alt« auf den Reichtum der Familie, nicht auf die Lebensjahre des Betreffenden bezieht – haben ihren Schneider in London, Savile Row, und dort läßt selbstverständlich auch der – an sich nicht in diese Kategorien gehörende – BILD-Mensch Peter Boenisch arbeiten.

Max Dietl in München gehört ebenfalls zu den konservativen Elite-Maßschneidern und kleidet die Generalkonsuln Gustav Schickedanz und Carl Underberg, natürlich auch Münchens Idol, den Zirkus-Chef Carl Sembach-Krone, der schon aus Gründen des Berufes und der Repräsentation auf vornehm-konservative Kleidung Wert legt. Josef von Ferenczy, Star-Manager und Manager der Stars im Bereich der Massenmedien, der beträchtlichen modischen Ehrgeiz entwickelt und bereits als *arbiter elegantiarum* der jüngeren Hautevolée Münchens gelten kann, läßt bei Michael Hussmüller arbeiten, daneben wohl auch bei Pierre Cardin in Paris.

Für die Anhänger der vornehm-altenglisch-erzkonservativen Richtung besteht das große Handicap für korrekte Kleidung darin, daß es nicht mehr genug Butler gibt. Früher suchte man sich den Mann so aus, daß er die eigenen Maßanzüge »antragen« konnte. Erst wenn ein neuer Anzug wie ein alter Anzug aussieht, ist er für den wahren Gentleman tragbar. Man geht deshalb immer mehr dazu über, wirklich erstklassige Gesellschaftskleidung bei Moss Bros. in London zu kaufen. Dabei handelt es sich natürlich um bereits getragene Sachen, meist aus Nachlässen, doch nur von erstklassigen Schneidern. Da Moss Bros. ja vornehmlich Garderobe ausleiht, ist es für die Firma eine Kleinigkeit, ein paar etwa notwendige Korrekturen vorzunehmen.

Wenn man mehr als fünf Milliarden Mark auf dem Sparkassenbuch hat, kann man seine Anzüge wieder bei C & A oder Müller-Wipperfürth kaufen ...

SCHMUCK – so Rehlein – kann man nur bei Harry Winston in New York, bei Bulgari in Rom, bei Boucheron in Paris, bei Wilm in Hamburg, bei Bräckerbohm in Köln, bei van Cleef & Arpels in Paris und New York sowie bei Kern in Düsseldorf kaufen. *»Also, ich hab schon Leute bei Cartier kaufen sehen, einfach unmöglich – natürlich, wenns was besonders Hübsches ist, nehm ichs trotzdem ...!«*

SCHLEPPJAGD wäre *ein absolutes gesellschaftliches »must«*, wenn man dabei nicht auch noch querfeldeinreiten müßte. Die mit Abstand beste Meute – dies bezieht sich nur auf die Hunde! – versammelt alljährlich von Anfang August bis Mitte Dezember der Hamburger Schleppjagdverein (Präsident: Prinz Manfred zu Bentheim und Steinfurt, Schatzmeister: Horst-Herbert Alsen). Gesellschaftlicher Höhepunkt ist der Point-to-Point-Ball im September, wo leider nur Mitglieder und deren weiblicher Anhang Zutritt haben. Die Herren tragen dann rote Fräcke mit schwarzseidenen Kniehosen und Eskarpins, (notfalls von Moss Bros., London, auszuleihen). Das Evenement findet im Anglo-German Club statt. Für einen Nicht-Schleppjäger ist es müßig, den schwierigen Fachjargon der Rotfräcke zu erlernen; sie sprechen doch nicht mit ihm ...

SCHEUSSLICH – ein gleichfalls ungemein wichtiges Wort (vergleiche REIZEND)! Wenn sich Frau Generalkonsul Schlippenkötter am Holzkohlengrill das Chinchilla-Cape versengt, daß es riecht wie beim Großfeuer im Affenkäfig; wenn Baron Hartmannsweiller-Trügcksch, päpstlichem Kämmerer di spada e cappa, vom Plastikverschluß eines von der Stripperin des ›Eve‹ allzu heftig gewirbelten BHs eine Jacketkrone ausgeschlagen wird; wenn Rehlein von ihrem Liebhaber in flagranti erwischt wurde, noch dazu mit ihrem Ehemann, und sie dann einige Tage lang nur noch sehr behutsam Platz zu nehmen vermag – bei solchen und ähnlichen Anlässen empfiehlt sich ein leichtes Bedauern ausdrückendes: »Na, scheußlich, Sie Ärmste(r)!«

T

TITEL sind ein »must«. »Unter sich braucht man sich ja nich immer gegenseitig mit ›Frau Generalkonsul‹ anzureden, aber nach außen hin, also, ich weiß nich ...« – »Schniebrett, Sie haben wahr und wahrhaftig die Einladung schlicht an ›Herrn Eichenlaubträger Komtur Professor Dr. jur. Dr. rer. pol. Friedrich August Freiherr von der Heydte, MdL‹ gerichtet? Mensch, wissen Sie denn nicht, daß der Baron auch Brigadegeneral der Reserve ist, Sie Unglückswurm? Habe mir gleich gedacht, daß wir ihn irgendwie verprellt haben müssen, sonst wäre er doch wenigstens zum Kameradschafts-Gottesdienst gekommen ...« – »Mami, Kiki Haniel hat gesagt, ein Bergassessor a. D. sei immer noch feiner als ein Ministerialdirigent im bayerischen Staatsministerium für Unterricht und Kul⁺us ...« – »Bitte, Mausi, mach du doch Frau Konsul Anneliese Grundig klar, daß ich im Corps Consulaire, und damit überhaupt, deutlich vor ihr rangiere. Eine kann schließlich nur Doyenne sein, nich?« – »Rehlein meint, ein Professor für Byzantinismus, das is 'n Schmuck für jede Party ...« – »James, James, Frau Generalkonsul ist ohnmächtig geworden – Libyen hat mit Ägypten fusioniert! Ach, Frau Generalkonsul, so kommen doch Frau Generalkonsul wieder zu Frau Generalkonsul ...!« – »Also, würklich, ich persönlich lege überhaupt keinen Wert darauf, obwohl sich ›Frau Commendatore‹ ja würklich sehr gut anhört ...« – »Nu setz dich doch endlich hin, du Arschloch, man sieht ja

nichts – ach, Verzeihung, Herr Rentkammerpräsident, ich hatte Sie für
Seine Durchlaucht gehalten . . . !« – Konjugieren Sie:
»Ich persönlich finde die Anrede ›Herr Großkomtur‹ etwas übertrieben,
mir genügt's, wenn Sie abwechselnd ›Herr Generaldirektor‹, ›Herr Se-
nator‹ und ›Herr Doktor‹ zu mir sagen . . .« – »Du, Rehlein, du soll-
test dich jetzt als Altessa nicht mehr mit so jungen Bengels abgeben . . .«
»Er hat Anspruch auf 21 Schuß Salut und Beflaggung über die Toppen,
nich, aber er is fast taub und sieht nur von hier bis da . . .«
»Sie ist ein ganz gemeines Aas, dieses Luder – ach, liebste gnädige Frau,
wir sprachen gerade von Ihnen, darf ich Ihnen Generalkonsul Asbach
vorstellen . . .«
»Es muß nur noch das Imprimatur von Herrn Senator Dr. Burda erhal-
ten . . .«
»Wir, das heißt, Herr Generalkonsul Dr. Hans Gerling, Herr Konsul
Walter Gerling, Herr Generalkonsul Egon Steigenberger und ich, also,
wir kamen gerade aus dem Foyer, nich?, da kommt . . .« – »Ihr müßt euch
wenigstens merken, Kinder, wo Costa Rica liegt, schließlich ist Pappi jetzt
der höchste Vertreter davon in ganz München . . .«
»Sie werden zugeben müssen, daß ein Konsul mehr ist als ein Vize-
konsul . . .«

TODESARTEN, *standesgemäße: »Früher konnte man als Gentleman eigent-*
lich nur vom Gaul stürzen und sich den Hals brechen, an Austernvergif-
tung sterben oder in den Armen einer wirklich erstklassigen Kokotte –
durch die Privat-Jets is 'n bißchen mehr Abwechslung da, nich?«

TRINKGELDER: *»193,85 für 'n Lunch zu zweit – ganz schön! Also,*
gehmse mir ne gestempelte Quittung über 194,00 – die Differenz könnse
behalten . . .« – »Wennde dem Caddie vorher 'n Dirham gibst, dann sollste
mal seh'n, wie sich Direktor Becker verschlägt . . .« – »Ich saare immer
zu Horst-Holger: Je weniger du gibst, desto mehr strengen sich die Leute
an . . .« – »Die ganze Zeit, die dieser Standesbeamte geredet hat, habe
ich mich gefragt: Wieviel gibt man so 'nem Mann?« – »Der graubaarige
Bote von Michelsen hat vor Schreck den Hummer fallen lassen, als Mausi
ihren Morgenmantel so ganz zufällig aufklappen ließ – und dabei wollte
sie sich doch nur das Trinkgeld sparen . . .« – »Wir geben prinzipiell
nichts; diese Leute tun doch nur ihre Pflicht, nich?« – »Onkel Senator
Amsinck, Gott hab ihn selig, hat den Mädchen immer einen China-Dollar
auf den Teller gelegt, meistens einen falschen, dann hamse 'n Knicks ge-
macht und ›Gott lohn's Ihnen, Herr Senator!‹ geflüstert – ja, das war'n
noch Zeiten, was?«

U

UHREN: *»Zum Golf trägt Ralf-Heidam natürlich 'ne ›Rolex‹, sonst*
tagsüber 'ne ›Piaget‹, und zum Frack diese ›Junghans‹, wir sind dem

(Großindustriellen Karl) *Diehl das schuldig, bis er uns gesponsort hat, nich?«*

UNANSTÄNDIG: *»Es gibt Sachen, die tut man einfach nich, nich? Zum Beispiel zum Cocktail mit 'n braunem Anzug kommen – no brown after six, hat mein Vater schon immer gesagt, nein, das is natürlich nich politisch zu verstehen, Sie Schelm!«* – *»Jetzt schickt dieser Kerl doch schon nach acht Monaten 'ne Mahnung, wo ich den Anzug erst zweimal getragen habe! Ich find das einfach unanständig ...!«* – *»Rehlein sagt so herrlich unanständige Sachen, ich könnt' ihr stundenlang zuhören ...«* – *»Jetzt, wo ich die Scheidung eingereicht habe, hat mir Hans-Holger sein Konto sperren lassen – richtig unanständig, nich?«* – *»Die Rosmarie wird immer unanständiger – jetzt, wo ich ihr zum Ersten gekündigt hab, wille ihre zwei Tage Resturlaub haben, wie finste das?«* – *»Wenn dir die Leute vom Bau so was Unanständiges nachrufen, Gaby, dann hörste einfach weg! Diese Proleten haben kein Benehmen, und schlimmer als was Onkel Hans-Holger und Rehlein so von sich geben, wirds jä auch nich sein, nich?«* – *»Unanständig – das ist das treffende Wort, Durchlaucht! Und die Staatsregierung tut, als hätte sie keine Pflichten gegenüber dem Großgrundbesitz ...«*

URLAUB: *»Letztes Neujahr waren wir beim Bachmair in Rottach und dann bis zum 15. in Moritz, zum Fasching hatten wir 'ne Einladung von Liesenfelds, dann haben wir 'n check-up gemacht und waren vier Wochen auf der Bühlerhöhe, ja, dann hatten wir diese Jordanier da und sind mit ihnen zum Skifahren nach Megève – ja, im ›Mont d'Arbois‹ natürlich, war ja rein geschäftlich! – und dann hab ich in Paris 'n paar Einkäufe erledigt ... Den ganzen April mußten wir in Rom sein, wegen der Konferenz, und dann waren wir vierzehn Tage in unserem Häuschen in Taormina nach dem Rechten sehen, dann zur Royal Horse Show in Windsor – nein, wir immer im ›Dorchester‹ – und auf'n Sprung auf unserem Gut in Irland. Im Juni hatten wir eigentlich vor, nach New York zu fliegen, aber es war schon zu heiß. Wir sind dann auf'n kurzen Golf-Trip nach Marokko, ja, im ›Mamounia‹ natürlich, wo sonst? Und dann waren wir erst in Bayreuth, dann zu den Polomeisterschaften in Nairobi. Hans-Holger hat sich da 'n paar Anzüge machen lassen, bei Ahamed Brothers, ja, wo der Herzog von Windsor als Prince of Wales immer ... – genau der! Ja, dann wollten wir nach Kampen, aber es kam was dazwischen, wir sind dann nur 'n paar Tage an die Costa Smeralda und dann nach Longchamp, dann zur ›Met‹-Premiere nach New York, und jetzt bin ich würklich urlaubsreif ...«*

V

VOLK, *gewöhnliches:* Man kann seiner natürlich nicht ganz entrater zumal man Kulisse braucht und Leute, die Spalier stehen und winken. Ja, und dann natürlich auch wegen der Werke. »*Der Schornstein muß ja rauchen, nich?*« Aber sonst ist es besser, gar nicht davon zu reden. Die Leute sind ja sooo gewöhnlich! Und sie vermiesen einem die schönsten Fleckchen: Kaum hat man die House-warming-Party im neuen Bungalow an der Costa del Sol hinter sich, schon rollen die ersten Scharnow- und Hummel-Busse an ...! »*Also, Ralf-Heidam sagt immer, die Leute sollen natürlich auch mal raus und Ferien machen; aber es müßte doch 'n bißchen mehr Respekt vor der Exklusivität geben, nich?*« – »*Gaby, ich hab dir schon weiß Gott wie oft gesagt, du sollst nich zum Reiten mit der Tram fahren, da kannste dir sonst was holen ...!*« – »*Ich begreife einfach nich, Horst-Wilfried, warum sie einem ausgerechnet am Wochenende, wo wir so viele auswärtige Gäste erwarten, die Autobahn blockieren müssen ...! Können die Leute nich unter der Woche mal ins Grüne fahren ...?*« – »*›BILD‹ schreibt ja auch, daß der Brandt da zu weit gegangen ist, und ich meine, verehrter Herr Geheimrat, hier kann man sagen: Volkes Stimme, Gottes Stimme, nich?*«

W

WOHLTÄTIGKEIT *ist ein gesellschaftliches »must«,* zumal wenn es sich um Bälle handelt, wo das Fernsehen mit sechs Ü-Wagen dabei ist. Ihre Steuerberater werden Ihnen genau sagen, wieviel Wohltätigkeit Sie üben können, ohne daß Ihnen auch nur eine müde Mark verloren geht. Doch selbst mit dem Sümmchen, das Ihnen dann genannt wird, sollten Sie behutsam umgehen. »*Diese Bettelei is furchtbar, Ralf-Heidam is schon ganz mit den Nerven runter ...! Seit unser Immitsch-Berater diese Sache mit der Frau arrangiert hat, die wir in New York ham operieren lassen – na, die Presse war ja voll davon – also, seitdem kommen immerzu Briefe und Anrufe und Telegramme ... Wir ham natürlich den Vertrag fristlos gekündigt, nich? ...*«
Wirklich erstklassige Wohltätigkeit will gelernt sein. Es gibt Länder, da können Sie schon mit einem relativ bescheidenen Lepra-Lazarett das Zweihundertfache an Steuern sparen. »*Danke, wir haben unseren Sitz in Monte Carlo ...!*« Der Fürst von Liechtenstein ernennt gelegentlich noch Grafen, aber es herrscht in seinem Reich wenig Not, die noch zu lindern wäre.
Vielleicht genügt es Ihnen, die steuerabzugsfähigen Spenden gezielt denen zukommen zu lassen, die einst Ihresgleichen waren? Da gibt es zum Beispiel in Paris eine Stiftung für bedürftige ehemalige Bewohner der Avenue Foch, (wobei allerdings zwischen der geraden und der ungeraden Seite kein Unterschied gemacht wird). In England wartet die *Distressed Gentlefolks' Aid Society* auf Spenden reicher Ausländer, und wenn Sie mal irgendwo Urlaub machen, warum stiften Sie den dafür an Ort und Stelle angeschafften, für eine Mitnahme beim Heimflug ohnehin ungeeigne-

ten Kühlschrank nicht deutschen Landsleuten, denen die Rückreise in die Heimat seit 1945 verwehrt ist ...? Wichtig ist nur, daß es Sie nichts kostet und daß es ausführlich in den Zeitungen gerühmt wird ...!

WIRBEL: Wenn Sie Ihre unbezweifelbaren Talente im Verborgenen blühen lassen und Ihr Vermögen unter den Scheffel stellen, werden Sie bald »out« sein. Mindestens alle vierzehn Tage einmal müssen Sie Wirbel machen. Um was? Na, um sich natürlich! Wie man das macht, sagt Ihnen, wenn auch nicht kostenlos, ein guter Publicity-Berater oder – möglicherweise umsonst – eine erfahrene Society-Größe, die Ihnen gut will. Sie kennen niemanden ...? Nun, dann wollen wir mal sehen, was *wir* für Sie tun können: Klein sollten Sie anfangen, vielleicht mit einer wirklich einmal sehr ausgefallenen Party im Schloßpark irgendeines Badeortes, der Reklame braucht und Ihnen behilflich ist. Laden Sie fünf- bis sechshundert wirklich Prominente ein – ein paar kommen immer! Lassen Sie von Käfer Karussells, Zelte und andalusische Brunnen kommen sowie Kaltes Büffett, Personal und Sitzkissen. Engagieren Sie das Ensemble der örtlichen Bühnen in »Fledermaus«-Garderobe sowie ein halbes Dutzend Starlets aus Schwabing. Sorgen Sie für umfangreiche Vorausinformation von Presse, Funk und Fernsehen. Geben Sie den Redakteuren die Liste der Eingeladenen – nicht die derjenigen, die wirklich zugesagt haben – und sagen Sie, daß Sie ungestört bleiben wollten von Scheinwerfern und Blitzlichtern. Reiten Sie selbst auf einem Elefanten zum Partyplatz, aber erst, wenn die Scheinwerfer eingeleuchtet sind. (Den Elefanten können Sie nur erhalten durch: Zirkus Krone, Pressedirektor Hellmuth G. Schramek.) Lassen Sie sich (hier nun von S. D. Prinz Johannes von Thurn und Taxis, Abteilung Gold) Erinnerungsdukaten prägen und werfen Sie sie mit vollen Händen unter Ihre Gäste; mindestens der Elefant wird Ihnen dankbar sein für die Gewichtsverminderung. Stiften Sie einen der Käferschen Brunnen aus Andalusien der Kurverwaltung und lassen Sie ihn nach sich benennen. Etwa »Kommerzialrat Jahn-Wienerwald-Brathendl-Gedächtnis-Quelle« oder »Frau Dr. Gabriele Henkel-Ehrenfontäne«). Achten Sie darauf, daß nicht alle Starlets auf einmal ihr trägerloses Oberteil verlieren. Halten Sie Presse, Funk und Fernsehen unter Champagner, ältere Society-Reporter unter unverwässertem Scotch Whisky. Lassen Sie ein Feuerwerk abbrennen. Und vergessen Sie nicht, einen kleinen Skandal zu arrangieren, vielleicht einen Ringkampf zwischen zwei Gräfinnen oder eine geohrfeigte Dirigentengattin. Lassen Sie sich etwas einfallen, und denken Sie daran: alle vierzehn Tage etwas anderes ...!

XENOPHOBIE (ist aus zweierlei Gründen aufgeführt: Einmal als Beispiel für seltene Fremdwörter, die man sich an trüben – sprich: lausig langweiligen – Spätnachmittagen, während der Nagellack noch trocknet, von Tante Mimi oder der Zofe aus dem Konversationslexikon heraussuchen lassen, aufschreiben und später auf der Party bei Oetkers in das gepflegte Blabla einstreuen kann, und zwar mehrmals rasch hintereinander): »*Also, daß Rehlein nicht einmal mehr mit einem Mauretanier schlafen darf, also ich find's xenophob vom Freddy, oder nich? Und wenn ich etwas wirklich medioker finde, dann ist's, wenn einer xenophob ist. So wie jetzt der Freddy – xenophob bis unter die Haarwurzeln seines Toupets . . .*« (Das ist sehr wirkungsvoll, und Sie können dann beobachten, wie sich Gäste, scheinbar ganz zufällig, den letzten Band des Großen Brockhaus aus der Rudolf August Oetkerschen Dekorations-Bibliothek herauslangen . . . Zum anderen aber verdient »Xenophobie« [Abneigung gegen Fremde, Ausländerhaß] als Stichwort besondere Erwähnung, weil sie zum »*In*-age« gehört): »*Von Turin an muß man feilschen, sage ich immer, das ist das Orientalische an diesen Italienern . . .*« – »*Ich laß mich abends von Ralf-Heidam immer da unten am Rhein ganz langsam vorbeifahren, da an dem billigen Puff, weißt du? Da steht dieses ganze Ausländerpack Schlange, und ich spür' die angestauten Aggressionen unterm Nerzfutter prickeln, wenn sie einen so anstarren . . .*« – »*Ich begreife einfach nicht, daß die Bundesbahn noch keine getrennten Wagen für Europäer und Griechen eingeführt hat. Neulich bin ich versehentlich in den >Hellas-Expreß< eingestiegen . . .*« – »*Wir haben jetzt drei solcher Makakos als Hilfsgärtner – find ich irgendwie unheimlich, nich? Wo sich Gaby doch immer nachmittags die hellen Streifen wegbräunt . . .*« – »*Der Fahrer von der Luftfracht, der jeden Freitag Max-Marquarts Oberhemden bringt – ich laß' sie in Berlin-Dahlem waschen, da is' das Wasser besser, weil Max-Marquart doch so wahnsinnig empfindlich ist, nich? – also, der neue Fahrer is' jetzt ein Marokkaner. Ich hab' schon bei der Panam angerufen und gefragt, ob der Kerl auch nich vielleicht geschlechtskrank ist; dafür laß ich die Hemden ja nich aus- und einfliegen, nich? Daß man sich dann womöglich infiziert . . .*« – »*Mausis neuer libyscher Butler, ja, natürlich is der beschnitten, das schadet ja auch nichts, aber wie der einem immer in den Ausschnitt schielt, also würklich . . .*« (Möglicherweise handelt es sich bei alledem gar nicht um echte Xenophobie, weil man gegen »Ari« Onassis als Mitfahrer ja gar nichts hätte, von einem Angestarrtwerden von »Gianni« Agnelli oder dem »göttlichen Karim« ganz zu schweigen . . .)

Y

YACHTIN' (sprich: Joh-tinn, mit ganz offenem o) *ist nicht mehr ganz,
was es einmal war*. Wer mit gekrönten Häuptern und Ölmilliardären
an Bord im Atlantik kreuzt, verachtet diejenigen, die nur im Mittelmeer herumschippern. *»Für die Yachten, deren Heimathafen
Monaco oder Venedig ist«, bemerkte einmal Philippe Jullian – Sie werden
ihn sicherlich kennen –, »gilt es als selbstverständlich, daß der Luxus ihrer
Ausstattung und die Qualität ihrer Gäste sie von jedem sportlichen Wett-
kampf ausschließen.«* – Der Royal Squadron Yacht Club von Cowes (auf
der Insel Wight) *ist das Allerschickste. Jeder, der ein bißchen auf sich
hält, hat eine Yacht.* (Alle bundesdeutschen Multimillionäre aufzu-
zählen, die sich eine hochseetüchtige Luxusyacht leisten, würde
Bände füllen.) *»Sie haben's ja sicher schon gehört, daß Oetker seine
›Nordland‹ vermieten wollte, also ich finde das geschmacklos ...«* –
*»Karim läßt sich jetzt das Schickste und Schnellste bauen, was es überhaupt
gibt ...«* – *»Wo lassen Sie bauen? Ralf-Heidam findet, Holland ist
passé ...«* – *»Wenn eine Dame an Bord geht, dann muß sie wissen, auf was
sie sich einläßt, finde ich ...«* – *»Auf Arndts ›Antinous‹ waren Ruppis
neue Strickmuster das Aufregendste ...«* – *»Bei Niarchos hatte ich
zwei Gauguins im Bad, wirklich phantastisch, nich? Und das auf hoher
See! Also, ich bade ja nirgendwo lieber als in einer schicken großen Wanne
auf einer schicken großen Yacht mitten im Mittelmeer, wenn Sie verstehen,
was ich meine, es ist irgendwie so unheimlich schizophren ...«* – *»Heidi
Horten sagt, ihre neue ›Carinthia V.‹ is' mit 28 Knoten schneller als
Aris ›Christina‹, hat sechzehn Mann Besatzung, acht Gäste-Apparte-
ments und dabei nich' mehr als acht Millionen gekostet. Ich hab' schon zu
Kai-Holger gesagt, daß wir uns auch so was bauen lassen sollten, da wär'
man endlich sicher vor den Scharnow- und Neckermännern, nich?«* –
*»Gunter macht für jede neue Eroberung 'ne Kerbe in die Reling – der
Kahn sieht schon aus wie'n Sägefisch ... !«* – *»Nee, wir lassen unsere in
Puerto Cortés registrieren ... Wo das liegt? Weiß ich leider auch nich,
is' aber ungeheuer steuersparend ...«* – *»Wir hatten den Erzbischof an
Bord, den Onkel von der Boms – Ralf-Heidam hat mit der Schiffsglocke
einundzwanzigmal Salut läuten lassen, – findste das?«* – *»Seit Rehlein den
Bahama-Kruus mit Niarchos gemacht hat, redet sie nur noch von Liege-
geld, gell?«*

Z

ZWEITJETS: *»Kai-Ingo is goldig – überläßt mir immer seinen Zweitjet,
wenn ich dringend zum Friseur muß – nein, eine ›Mystère‹, aber irre be-
quem ...«* – *»Ralf-Heidam, habe ich gesagt, und was is', wenn du mit der
Boeing zu Besprechungen unterwegs bist und der Junge kriegt plötzlich
Zahnschmerzen? Soll ich dann vielleicht den Professor aus Hamburg mit
'ner Linienmaschine einfliegen lassen ... Na, das hat er eingesehen ...«*

ZEICHENSPRACHE, wie sie beispielsweise von gewissen Südsee-insulanern zur Erläuterung ihrer (erotischen) Absichten gern verwendet wird, ist noch nicht völlig *»in«*. Beschränken Sie Ihre Zeichensprache deshalb auf »o« wie oben. (Näheres siehe Seite 13)

ZIEL UND ZWECK allen Strebens ist natürlich *das »O«-Sein an sich*, die möglichst perfekte Befriedigung des natürlichen Prestige-bedürfnisses, das abstruse Bedürfnis, *»in«*-ner zu sein als *»in«*. *Gewiß, aber es steckt noch etwas dahinter, nämlich . . .*

(Vielleicht fällt Ihnen ein, was. Dann können Sie's auf dieser und der nächsten Seite notieren, wobei Sie die Wörter »irgendwie«, »also«, »wirklich«, »quasi«, »unheimlich«, »und doch auch wieder« benutzen dürfen, Sie verstehen gewiß, was ich meine, aber, bitte, nicht zu oft, denn sonst wird es, also wirklich, irgendwie quasi unheimlich und doch auch wieder . . .

– Sie verstehen, was ich meine?)

Fiktive oder nur in fiktiven Gesprächen erwähnte Namen wurden nicht ins Register aufgenommen.

Register

FISCHER
TASCHENBÜCHER

Literatur der Gegenwart.

Alfred Andersch
Mein Verschwinden in
Providence
Erzählungen
Bd. 1400

Beat Brechbühl
Kneuss
Roman
Bd. 1342

Die Exekution des Mythos fand
am frühen Morgen statt
Neue Texte aus Griechenland
Hg.: Danae Coulmas
Originalausgabe. Bd. 1398

Günter Bruno Fuchs
Der Bahnwärter Sandomir
Lesebuchroman mit
Kapitelzeichnungen des Autors
Bd. 1396

Günter Grass
örtlich betäubt
Roman
Bd. 1248

Franz Fühmann
König Ödipus
Erzählungen 1954 – 1965
Bd. 1294

Lars Gustafsson
Eine Insel in der Nähe von
Magora
Gesammelte Erzählungen
und Gedichte
Deutsche Erstausgabe
Bd. 1401

Walter Kempowski
Im Block
Bd. 1320

Horst Krüger
Fremde Vaterländer
Reiseerfahrungen eines
Deutschen
Bd. 1389

19 Erzähler der DDR
Hg.: Hans-Jürgen Schmitt
Originalausgabe, Bd. 1210

Hans Werner Richter
Rose weiß — Rose rot
Roman
Bd. 1399

Wie ich zuhaus einmarschiert
bin
Kubanische Erzählungen
Hg.: Peter Schultze-Kraft
Originalausgabe
Bd. 1363

Gabriele Wohmann
Ernste Absicht
Roman, Bd. 1297

Gerhard Zwerenz
Kopf und Bauch
Die Geschichte eines Arbeiters,
der unter die Intellektuellen
gefallen ist.
Bd. 1360

Literatur der Arbeitswelt

Herbert Somplatzki
Muskelschrott
Band 1429

Der rote Großvater erzählt
Band 1445

**Geht dir da nicht
ein Auge auf.** Band 1478

**Josef Ippers
Am Kanthaken**
Band 1489

**Heiner Dorroch
Wer die Gewalt sät**
Band 1510

**Dieser Betrieb wird
bestreikt.** Band 1561

**Mit 15 hat man noch
Träume . . .** Band 1535

2 große sozialistische Utopien

**Edward Bellamy
Ein Rückblick
aus dem Jahre 2000**
»Fischer Orbit«, Band 30

**Werner Illing
Utopolis**
»Fischer Orbit«, Band 37

**Walter Fähnders/
Martin Rector
Literatur im
Klassenkampf**
Eine Dokumentation
Band 1439

Arbeitersongbuch
Band 1403

Werkkreis Literatur der Arbeitswelt

**Helmut Creutz
Gehen oder kaputtgehen**
Band 1367

Liebe Kollegin
Band 1379

Stories für uns
Band 1393

Schichtarbeit
Band 1413

FISCHER
TASCHENBÜCHER

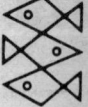